教育部职业教育与成人教育司推荐教材
中等职业学校汽车运用与维修专业教学用书

Qiche Dianqi Shebei Gouzao yu Weixiu

汽车电气设备构造与维修

（第三版）

全华科友　组织编写
高元伟　吕学前　主　　编
李　敏　韩希国　侯建党　副主编

内 容 提 要

本书是教育部职业教育与成人教育司推荐教材，主要内容包括：汽车电气设备的基础知识、电源系统、起动系统、点火系统、照明与信号系统、仪表与电子显示系统、空调系统及辅助电气设备，并附有适量的习题。

本书可供中等职业学校汽车运用与维修专业师生教学使用，也可供汽车使用、维修、检测技术人员参考。

图书在版编目（CIP）数据

汽车电气设备构造与维修 / 高元伟，吕学前主编；全华科友组织编写. —3版. — 北京：人民交通出版社股份有限公司，2018.4（2024.12重印）
ISBN 978-7-114-14303-8

Ⅰ.①汽⋯ Ⅱ.①高⋯ ②吕⋯ ③全⋯ Ⅲ.①汽车—电气设备—构造—职业教育—教材 ②汽车—电气设备—车辆修理—职业教育—教材 Ⅳ.①U472.41

中国版本图书馆CIP数据核字（2017）第265425号

书　　名：	**汽车电气设备构造与维修（第三版）**
著 作 者：	高元伟　　吕学前
责任编辑：	李　良
责任校对：	赵媛媛
责任印制：	刘高彤
出版发行：	人民交通出版社股份有限公司
地　　址：	(100011) 北京市朝阳区安定门外外馆斜街3号
网　　址：	http://www.ccpcl.com.cn
销售电话：	(010) 85285911
总 经 销：	人民交通出版社股份有限公司发行部
经　　销：	各地新华书店
印　　刷：	北京虎彩文化传播有限公司
开　　本：	787×1092　1/16
印　　张：	16
字　　数：	322千
版　　次：	2005年8月　第1版
	2011年1月　第2版
	2018年4月　第3版
印　　次：	2024年12月　第3版　第5次印刷　累计第23次印刷
书　　号：	ISBN 978-7-114-14303-8
定　　价：	35.00元

（有印刷、装订质量问题的图书由本公司负责调换）

第三版前言

为深入贯彻《国务院关于加快发展现代职业教育的决定》以及教育部等六部委《关于实施职业院校制造业和现代服务业技能型紧缺人才培养培训工程的通知》精神，积极推进课程改革和教材建设，为中等职业教育教学提供更加丰富和多样化的实用教材，适应经济发展、产业升级和技术进步，满足交通运输业科学发展的需要，人民交通出版社股份有限公司和相关机构组织全国交通职业院校的专业教师，按照"专业设置与产业企业岗位需求对接、课程内容与职业标准对接、教学过程与生产过程对接、明显提升职业院校毕业生就业质量"的要求，依据教育部颁布的《中等职业院校汽车运用与维修专业领域技能型紧缺人才培养培训指导方案》，对教育部职业教育与成人教育司推荐教材进行了再版修订，供全国中等职业院校汽车运用与维修等专业教学使用。

此次再版修订教材符合国家对技能型紧缺人才培养培训工作的需要，体现了中等职业教育的特色，教材特点如下：

1. "以服务发展为宗旨，以促进就业为导向"，加强文化基础教育，强化技术技能培养，符合高素质中、初级汽车专业实用人才培养的需求；

2. 总结近几年教学改革经验，教材修订符合中等职业院校学生的认知规律，注重知识的实际应用和对学生职业技能的训练，符合中职院校教学与培训的需要；

3. 依据最新国家及行业标准，剔除上一版教材中陈旧过时的内容，教材修订量在20%以上，反映了新知识、新技术、新工艺。

《汽车电气设备构造与维修（第三版）》是中等职业学校汽车类专业的核心课程用书。本书是编者在多年从事汽车构造课程教学及大量社会调研的基础上，充分考虑了目前国内中等职业教育教学的特点，紧密结合汽车新知识、新技术，以理实一体化的教学方法来组织编写的，有较强的针对性和实用性。

全书由高元伟、吕学前担任主编，李敏、韩希国、侯建党担任副主编，参加本书编写工作的还有张立新、李培军、黄艳玲、张义、孙涛、黄宜坤、李泰然、金雷、张丽丽、卢忠德等。

在本书的编写过程中，编者参考了国内外大量资料与参考文献，再次，向相关作者致以最诚挚的谢意。由于编者水平有限，书中难免有不妥和错误之处，恳请广大读者批评指正。

编者
2017年12月

CONTENTS 目录

单元 1 汽车电气设备的基础知识
1.1 汽车电气设备的发展概况 ······················· 2
1.2 汽车电气设备的组成与特点 ···················· 2
1.3 汽车电路常用部件 ······························· 5
1.4 汽车电路图 ······································· 15
1.5 汽车电气设备常用维修工具与检测仪器 ····· 36
理论测试 ·· 45

单元 2 电源系统
2.1 蓄电池 ··· 50
2.2 交流发电机 ······································· 64
理论测试 ·· 79

单元 3 起动系统
3.1 起动系统的组成与原理 ························· 84
3.2 起动机的构造 ···································· 87
3.3 起动系统的检修 ································· 98
理论测试 ·· 109

单元 4 点火系统
4.1 点火系统的组成与类型 ························· 114
4.2 点火系统的工作原理与控制功能 ·············· 121
4.3 点火系统的检修 ································· 124
理论测试 ·· 129

单元 5　照明与信号系统

　5.1　照明与信号系统的功用与组成 …………………………………………… 134
　5.2　照明与信号系统的检修 …………………………………………………… 151
　理论测试 …………………………………………………………………………… 163

单元 6　仪表与电子显示系统

　6.1　仪表的功用与结构 ………………………………………………………… 168
　6.2　警告及指示灯 ……………………………………………………………… 178
　6.3　综合信息显示系统的组成与作用 ………………………………………… 182
　6.4　仪表系统的检修 …………………………………………………………… 185
　理论测试 …………………………………………………………………………… 192

单元 7　空调系统

　7.1　空调系统的结构与工作原理 ……………………………………………… 196
　7.2　空调系统的采暖与通风 …………………………………………………… 203
　7.3　空调系统的检修 …………………………………………………………… 209
　理论测试 …………………………………………………………………………… 215

单元 8　辅助电气设备

　8.1　电动刮水器、洗涤器的构造与检修 ……………………………………… 218
　8.2　电动车窗、电动后视镜、电动天窗与电动座椅 ………………………… 226
　8.3　中央控制门锁 ……………………………………………………………… 232
　8.4　音响系统 …………………………………………………………………… 236
　8.5　安全气囊系统 ……………………………………………………………… 238
　理论测试 …………………………………………………………………………… 244

参考文献 ………………………………………………………………………… 247

单元1

汽车电气设备的基础知识

■ **知识目标：**

1. 了解汽车电气系统的组成及特点；
2. 了解汽车导线、线束及插接器的特点；
3. 了解汽车电路中继电器及电路保护装置的作用及特点；
4. 了解熔断器盒中继电器及熔丝的分布规律；
5. 掌握汽车电路图识读要点与方法；
6. 了解各种常见维修工具和检测仪器的技术特点。

■ **能力目标：**

1. 能操作点火开关及其他常见开关；
2. 能检测熔丝、继电器及各种开关；
3. 能正确识读电路图；
4. 能熟练使用各种常见维修工具和检测仪器。

■ **建议学时：**

6学时。

1.1 汽车电气设备的发展概况

汽车问世一百多年来，汽车的发展给整个世界和人类生活带来了巨大的变化，汽车技术也取得了令人瞩目的进步。汽车电气设备是汽车的重要组成部分，随着汽车技术的进步，汽车电气设备的结构与性能也在不断改进，特别是电子技术在汽车上的应用，在解决汽车节能降耗、行车安全、减少排放污染等方面起着越来越重要的作用。

在很长一段时间内，汽车电气设备及其技术的长足进步主要表现在机械方面，随着电子技术的发展，电子技术在汽车上的应用代表了汽车技术未来的主流。

20世纪60年代以后，随着电子技术的进步，汽车上开始大量采用电子设备，其主要标志是交流发电机，采用二极管整流技术，将交流电变为直流电，发电机的质量减轻、体积减小，发电机的可靠性大幅提高；之后，又用电子电压调节器替代了传统的触点式电压调节器，使发电机的输出电压更加稳定，并减少了维护的工作量。

进入20世纪70年代，电子技术应用在点火系统中，出现了电子控制高能点火系统，点火提前的电子控制系统，使点火能量有很大提高，点火提前控制更加精确，提高了汽车的动力性，降低了汽车的排放污染。为了进一步减少汽车的排放污染和提高汽车整体性能，随之又研发了电控燃油喷射系统(EFI)、电控自动变速器(ECT)、防抱死制动系统(ABS)等。

20世纪80年代以后，汽车采用的电子装置越来越多，如驾驶辅助装置、安全警报装置、通信和娱乐系统等。特别是计算机技术的发展，更给汽车电子控制技术带来了一场技术革命，电控技术已深入到汽车的各个部分，使汽车的整体性能得到了大幅度的提高。

进入二十一世纪，汽车电气设备的发展进入到了前所未有的阶段，汽车电气设备向着更加智能化和自动化方向发展。随着智能交通及卫星系统的发展，要求汽车电器设备能够对车辆进行更加精确、安全、舒适、节能等方面的控制，伴随而来的是具备"自动驾驶"的智能电子时代。

1.2 汽车电气设备的组成与特点

1.2.1 汽车电气设备的组成

汽车电气设备由电源系统、用电设备和配电装置三部分组成，如图1-1所示。

一、电源系统

电源系统包括蓄电池、发电机及调节器。发电机与蓄电池并联工作，发动机不工作时由蓄电池供电，发动机起动后，转由发电机供电。在发电机给用电设备供电的同时，也给蓄电池充电。发电机配有调节器，其主要作用是在发电机转速变化时，自动保持发电机输出电压稳定。

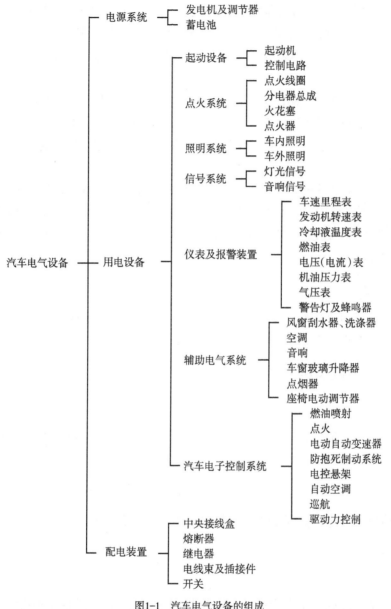

图1-1 汽车电气设备的组成

二、用电设备

（1）起动系统。主要包括起动机及其控制电路，用来起动发动机。

（2）点火系统。点火系统的任务是产生高压电火花，点燃汽油发动机汽缸内的可燃混合气。主要有传统点火系和电子点火系之分，主要包括点火线圈、点火器、分电器总成、火花塞等。

（3）照明系统。包括车内外各种照明灯及其控制装置，主要用来保证夜间行车安全。

（4）信号系统。包括电喇叭、蜂鸣器、闪光器及各种行车信号标识灯等，主要用来保证车辆运行时的人车安全。

（5）仪表及报警系统。用来监测发动机及汽车的工作情况，驾驶人可通过仪表及报警装置，及时发现发动机及汽车各种参数的异常情况，确保汽车正常运行。该系统主要包括电压(电流)表、机油压力表、冷却液温度表、燃油表、车速—里程表、发动机转速表、气压表及各种警告灯等。

（6）辅助电气系统。包括电动刮水器、空调系统、车窗玻璃电动升降器、电动座椅、防盗系统、收录机、夜视系统、倒车影像、便捷登车、自动巡航等。现在辅助电气设备有日益增多的趋势，主要向舒适、娱乐、保障安全等方面发展。车辆的豪华程度越高，辅助电气设备就越多。

（7）汽车电子控制系统。汽车电子控制系统主要指利用计算机控制的各个系统，包括电控燃油喷射系统(EFI)、电控点火系统(ESA)、电控自动变速器(ECT)、防抱死制动系统(ABS)、电控悬架系统(EMS)、自动空调等。电控系统的采用，可以使汽车上的各个系统均处于最佳工作状态。

三、配电装置

配电装置包括中央接线盒、熔断器、继电器、电线束及插接件、电路开关等，使全车电路构成一个统一的整体。

1.2.2 汽车电气设备的特点

一、低压

汽车采用低压直流电，现代汽车的标称电压有12V和24V两种。目前汽油车普遍采用12V电源系统。

二、直流

汽车发动机依靠电力起动机起动，而起动机的电源是蓄电池，当蓄电池的电能消耗完后必须用直流电进行充电。

三、单线制

单线制即是从电源到用电设备使用一根导线连接，而另一根导线则由汽车车身或发动机机体代替，作为回路连接方式，单线制不仅节约导线，使线路简化、清晰，而且也便于安装和检修。现代汽车普遍采用单线制，但在某些汽车上，有些不能形成可靠回路的地方，或多或少地存在着双线制。

四、负极搭铁

采用单线制时，蓄电池的一个电极接到车身上，俗称"搭铁"。蓄电池的负极与车身相连，就称为负极搭铁；反之，若蓄电池的正极与车身相连接，则称为正极搭铁。按我国国家标准的规定，国产汽车电气系统统一规定为负极搭铁。

1.3 汽车电路常用部件

车辆上的电源通过保险装置、继电器、各种开关、插接器、导线及各种配电设备与用电器连接在一起,并使整个电气设备形成一个系统,它们是汽车电路中的常用部件。

1.3.1 导线

汽车电气设备系统的连接导线有低压导线和高压导线两种。

一、低压导线

低压导线有普通导线、起动电缆和搭铁电缆之分。

① 普通低压导线

普通低压导线为带绝缘层的铜质多芯软线,如图1-2所示。低压导线的截面积主要是根据用电设备的工作电流选择,但对于功率很小的电器,仅以工作电流的大小选择导线,其截面积将太小,机械强度差,因此,汽车电系中所用的导线截面积不得小于$0.5mm^2$。汽车用低压导线标称截面积所允许的负载电流见表1-1。

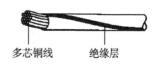

图1-2 普通低压导线

低压导线标称截面积所允许的负载电流   表1-1

导线标称截面积/mm^2	1.0	1.5	2.5	3.0	4.0	6.0	10	13
允许电流值/A	11	14	20	22	25	35	50	60

所谓标称截面积是经过换算而统一规定的线芯截面积,不是实际线芯的几何截面积,也不是各股线芯的截面积之和。

12V汽车电气系统主要线路导线截面积推荐值见表1-2。

12V汽车电气系统主要线路导线截面积推荐值   表1-2

标称截面积/mm^2	用途
0.5	尾灯、顶灯、指示灯、仪表灯、牌照灯、燃油表、冷却液温度表等电路
0.8	转向灯、制动灯、停车灯、断电器等电路
1.0	前照灯、电喇叭(3A以下)电路
1.5	前照灯、电喇叭(3A以上)电路
1.5~4.0	其他5A以上电路
4~6	柴油机电热塞电路
6~25	电源电路
16~95	起动电路

为便于区分汽车线路,车上导线绝缘层采用不同的颜色,各国汽车厂商在电路图上多以字母(主要是英文字母)来表示导线绝缘层的颜色及条纹的颜色,其中截面积在$4mm^2$以上的导线采用单色线,单色导线颜色和代号见表1-3。一般用一个字母表示,若用两个字母表示,则第一个字母大写,第二个字母小写。

导线颜色和代号　　　　　　　　　　　　　　　　表1-3

导线颜色	黑	白	红	绿	黄	棕	蓝	灰	紫	橙
代号	B	W	R	G	Y	Brr	Bl	Gr	V	O

绝缘皮上有两种颜色的导线称为双色导线,而在4mm²以下的采用双色线。双色线的主色所占比例大些,辅助色所占比例小些。辅助色条纹与主色条纹沿圆周表面的比例为1:3~1:5。双色线的标注第一色为主色,第二色为辅助色,例如1.5Y表示其标称截面积为1.5mm²,单色(黄色),而1.0GY表示标称截面积为1.0mm²,双色导线,主色为绿色,辅色为黄色。双色导线颜色代号的选择应符合表1-4的规定。

双色导线颜色的选择　　　　　　　　　　　　　　表1-4

选择程序	1	2	3	4	5
导线颜色	B	BW	BY	BR	
	W	WR	WB	WBL	WY
	R	RW	RB	RY	RG
	G	GW	GR	GB	
	Y	YR	YB	YG	WY
	Br	BrW	BrR	BrY	BrB
	Bl	BlW	BlR	BlY	BlB
	Gr	GrR	GrY	GrBl	GrB

汽车电气系统中,各系统导线的主色规定见表1-5。

汽车电路各系统主色的规定　　　　　　　　　　　表1-5

序　号	系统名称	导线主色	代　号
1	电源系	红	R
2	点火和起动系	白	W
3	前照灯、雾灯及外部灯光照明系统	蓝	Bl
4	灯光信号,包括转向指示灯	绿	G
5	车身内部照明系统	黄	Y
6	仪表及警报指示和喇叭系统	棕	Br
7	收音机、电子钟、点烟器等辅助系统	紫	V
8	各种辅助电动机及电气操作系统	灰	Gr
9	电气装置搭铁线	黑	B

❷ 起动电缆

起动电缆为带绝缘包层的大截面铜质或铝质多丝软线,如图1-3所示。用来连接蓄电池与起动机开关的主接线柱,截面积有25mm²、35mm²、50mm²、70mm²等多种规格,允许电流达500~1000A。为了保证起动机功率的发挥,要求在线路上每100A的电流所产生的电压降不超过0.1~0.15V。

❸ 蓄电池搭铁电缆

搭铁电缆常用于蓄电池与车架、车架与车身、发动机与车架等总成之间的连接。蓄电池搭铁电缆有两种,一种外形同起动电缆,覆有绝缘层,另一种则是由铜丝编织成的扁形软导线,不带绝缘层,如图1-4所示。

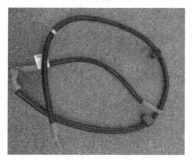

图1-3　起动电缆

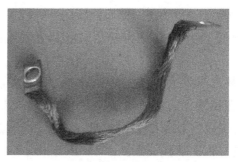

图1-4　蓄电池搭铁电缆

二、高压导线

高压导线是点火系统承担高压电输送任务的导线,用来连接点火线圈至火花塞之间的线路。高压线则有铜芯线和阻尼线之分,其外形如图1-5所示。其工作电压一般在15kV以上,而工作电流很小,故其截面积较小(一般为1.5mm^2),但绝缘层很厚。

三、汽车电气数据总线

随着集成电路和单片机在汽车上的广泛应用,汽车上的电子控制器越来越多,线路越来越庞杂。如果仍采用常规布线方式,将导致汽车上电线数目迅速增加。为了实现汽车计算机与计算机之间的通信和数据共享,现在采用数据总线传输数据,用得较多的数据总线为CAN总线,如图1-6所示。

图1-5　高压导线

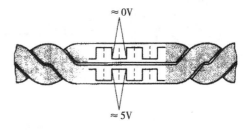

图1-6　汽车数据总线

1.3.2　线束

为了使汽车全车繁多的导线规整、方便安装及保护导线的绝缘层不被损坏,一般都将汽车电路中各低压导线(除蓄电池导线外)用棉纱编织或用聚氯乙烯塑料带包扎成束,称为线束,如图1-7所示。近年来国外汽车为了检修导线方便,将导线包裹在用塑料制成开口的软管中,检修时将开口撬

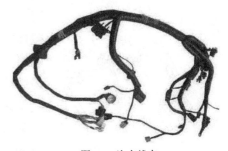

图1-7　汽车线束

开即可。

一般汽车线束都分成几部分,再通过连接器来完成电路连接。发动机前置的汽车常分成发动机舱盖下线束、仪表板转向开关线束、底盘后车灯线束等。

有些轿车电路往往将复杂的电路分解成许多小的线束,再用连接件与中央接线盒连接。

安装汽车线束时,通常将仪表板、各开关连接好,然后安装在汽车上。根据导线的颜色分别连接到相应的电器上,每个线头连接都必须牢固可靠,且接触良好。线束不可拉得太紧,尤其在拐弯处更需注意,在绕过锐角或穿过洞口时,应用橡胶、毛毡类的垫子或护套保护,以防磨损线束。

1.3.3 电路保护装置

汽车电路保护装置用于线路或电气设备发生短路或过载时自动切断电路,保证电气设备及线路的安全。汽车上常用的电路保护装置有熔断器、易熔线及断路器。

❶ 熔断器

熔断器又称熔丝(俗称保险丝),常用于保护局部电路,其额定电流较小。熔断器的主要元件是熔丝(片),其材料是锌、锡、铅等金属的合金。熔断器属于一次性保护装置,只要流经电路的电流过大,熔断器就会熔断以形成断路,从而避免用电器因电流过大而遭受损坏,每次过载熔断器都需要更换。

现代汽车常设有多个熔断器,常见熔断器有熔管式、插片式等,其外形和电路符号如图1-8所示。

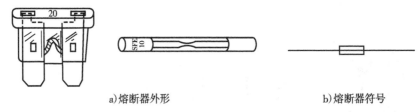

a) 熔断器外形　　　　　　　　b) 熔断器符号

图1-8　熔断器外形和电路符号

❷ 易熔线

图1-9　电路符号和外形

易熔线是为在电流过时熔化和断开电路而设计的导线,是一种大容量的熔断器。其截面积小于被保护导线的截面积,可长时间通过额定电流。易熔线常用于保护电源电路和大电流电路,当电流超过易熔线额定电流数倍时,易熔线首先熔断,以确保线路或电气设备免遭损坏。易熔线的多股绞合线外面包有聚乙烯护套,比常见导线柔软,一般长度为50~200mm,通过连接件接入电路,其电路符号和外形如图1-9所示。

❸ 断路器

断路器是当电流负荷超过用电设备额定容量时将电路断开的一种可重复使用的电路保护装置。电路断路器是机械装置,它利用两种不同金属(双金属)的热效应断开电路,如果电路中存在短路或其他类型的过载条件,强大的电流将使断路器端子之间的线路断路,如图1-10所示。

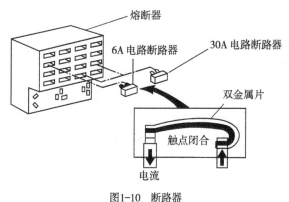

图1-10 断路器

1.3.4 连接器

目前汽车上大量采用连接器(也叫插接器)。连接器是汽车电路中不可缺少的元件,因连接可靠、检修方便而在汽车上广泛使用。为了防止汽车行驶过程中连接器脱开,所有连接器均采用闭锁装置。连接器大致可以分为以下几类：第一类是连接线束和电气元件,第二类是连接线束与线束,第三类是连接线束与车身,还有一类称为过渡连接器,将连接器中需要连接的导线用短接端子连接起来。

插接器的符号和实物如图1-11所示。符号涂黑的表示插头,白色的表示插座,带有倒角的表示针式插头。

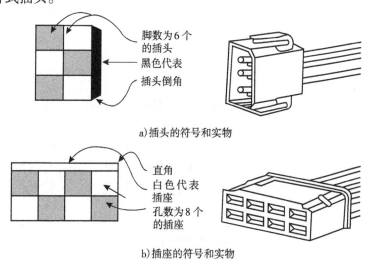

图1-11 插接器的符号和实物

连接器接合时,应先将其导向槽重叠在一起,使插头和插孔对准且稍用力插入,这样就可以十分牢固地连接在一起,如图1-12所示。

当要拆下连接器时,首先要解除闭锁装置,然后再将插接器拉开,不允许在未解除的情况下用力猛拉导线,以防止拉坏闭锁或导线。正确的方法是先压下闭锁装置,再把插接器拉开,如图1-13所示。

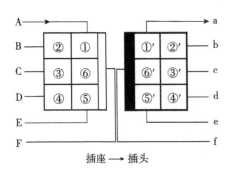

图1-12 插接器的连接方法

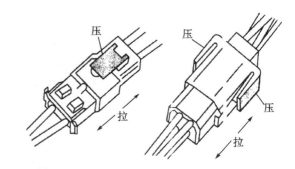

图1-13 插接器的拆卸方法

连接器在电路图上通常用数字、字母及相应的符号表示,见表1-6。

连接器表示方法　　　　　表1-6

在电路图中的符号	连接类型	在电路图中的表示方法(示例)	连接器符号(示例)
Ⓐ、Ⓑ、Ⓒ	直接与零件连接	一个连接器和一个零件	配线束一侧的连接器
		几个连接器和一个零件	配线束一侧的连接器

续上表

在电路图中的符号	连接类型	在电路图中的表示方法(示例)	连接器符号(示例)
1A、1B	与1号接线盒连接	插接编号、连接器符号、接线盒内的电路	连接器符号 1E、插接编号、连接器颜色 黑
2A、2B	与2号接线盒连接		
3A、3B	与3号接线盒连接		
A1、B1	连接配线	插接编号 5 K1 插座一侧 插头一侧 连接器符号	连接器符号 K1 黑 连接器颜色

1.3.5 开关

在汽车电路中,开关是用来控制汽车电路中各种用电设备的电气装置,如灯光开关、刮水器开关、转向开关、空调开关、音响开关等。开关一般安装在驾驶人容易操作的范围。各种开关结构类似,下面以最常见的点火开关与组合开关为例进行介绍。

一、点火开关

点火开关用来接通起动机控制电路并且控制全车的用电器工作。汽车的点火开关装在转向柱上,通常有五个挡位,如图1-14所示。

(1)锁止(LOCK)。钥匙在此位置才能拔出,也在此位置锁住转向盘,以防汽车无钥匙被移动或被开走。

(2)关闭(OFF)。在此位置,全车电路不通,但转向盘可以转动,以便不起动发动机移动汽车使用。

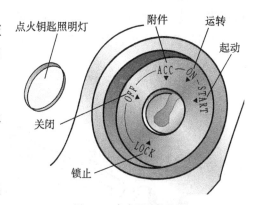

图1-14 点火开关的位置

(3)附件(ACC)。在此位置,汽车附属电器的电路接通,如点烟器、收音机等,但点火系统不通。不起动发动机听收音机时应开在此位置。

(4)运转(ON)。在此位置时,点火系统及汽车各用电器均接通,一般汽车行驶时均在此位置。

（5）起动(START)。由运转(ON)位置顺时针方向旋转钥匙即为起动位置,手放松时,钥匙又可回到运转(ON)位置。在起动位置,点火系统及起动系统均接通以起动发动机。

电路中点火开关常用结构图法、表格法和图形法来表示,如图1-15所示。

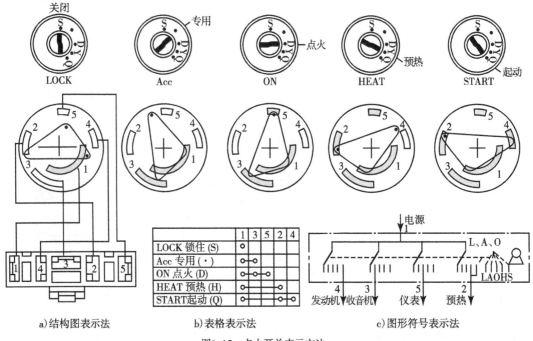

图1-15 点火开关表示方法

二、组合开关

为了保证行车安全,操作方便,在汽车电气系统整体结构设计中,多将转向开关,危险报警开关,示廓灯与前照灯开关、变光开关、刮水器开关、洗涤器开关、喇叭开关等组装在一起,又称为组合开关,如图1-16所示。

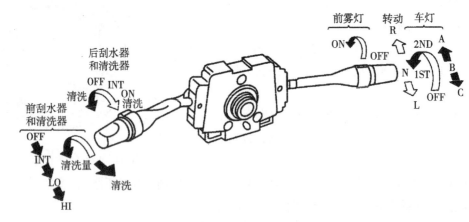

图1-16 组合开关

1.3.6 继电器

继电器是间接开关,有功能型和电路控制型两类。如闪光继电器、刮水器间歇继电器属功能继电器。电路控制继电器在汽车上常见的有卸荷继电器、前照灯继电器、雾灯继电器、起动继电器、喇叭继电器、鼓风机继电器、空调继电器等等,其作用是用小电流控制大电流,以减小控制开关触点的电流负荷,保护开关触点不被烧蚀。继电器的外形和原理如图1-17所示。

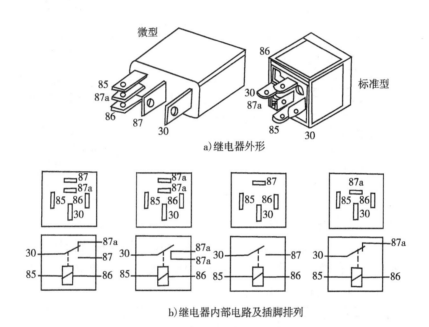

图1-17 继电器内部电路及插脚布置

继电器大部分都采用电磁继电器,它由电磁铁和触点组成。继电器种类有很多。按触点状态分为常开型、常闭型和开闭混合型。

（1）常开继电器。触点在继电器不工作时是断开的,继电器线圈通电时触点才接通。

（2）常开继电器。触点在继电器不工作时是闭合的,继电器线圈通电后触点才打开。

（3）混合型继电器。在继电器不工作时,常闭触点接通,常开触点断开,当继电器线圈通电时,则变为相反状态。

各种继电器的工作状态如图1-18所示。

1.3.7 中央接线盒

为便于诊断故障、规范布线,现代汽车常将熔断器、电路保护装置、继电器等电路易损件集中布置在一块或几块配电板上,配电板的正面安装继电器和熔断器,配电板的背面用来连接导线,这种配电板就是中央接线盒(或称中央线路板)。

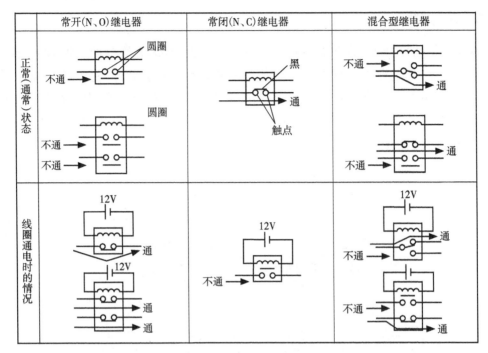

图 1-18 继电器工作状态

图 1-19 和图 1-20 为桑塔纳 2000GSi 轿车中央线路板的正面和背面示意图。大部分继电器和熔断器都安装在中央线路板正面；主线束从中央线路板背面插接后通往各用电器，在中央线路板上标有线束和导线插接位置的代号及节点的数字号，主要线束的插接代号有 A、B、C、D、E、G、H、K、L、M、N、P、R。

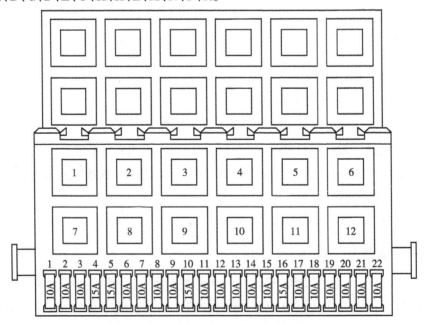

图 1-19 桑塔纳 2000GSi 中央线路板正面布置

汽车电气设备的基础知识

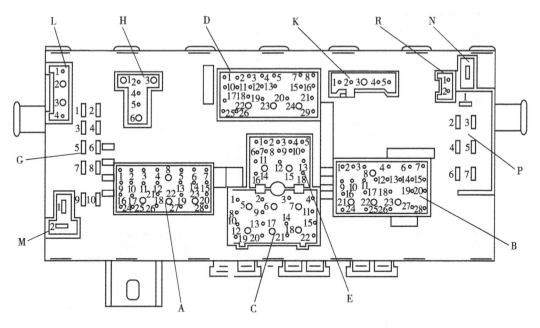

图1-20　桑塔纳2000GSi中央线路板背面布置

A-用于连接仪表板线束,插件颜色为蓝色;B-用于连接仪表板线束,插件颜色为红色;C-用于连接发动机舱左边线束,插件颜色为黄色;D-用于连接发动机舱右边线束,插件颜色为白色;E-用于连接车辆后部线束,插件颜色为黑色;G-用于连接单个插头;H-用于连接空调装置的线束,插件颜色为棕色;K-用于连接双音喇叭继电器线束,插件颜色为灰色;M-空位;N-单个插头;P-单个插头;R-空位

1.4　汽车电路图

1.4.1　汽车电路图的种类

汽车电路图是利用各种符号和线条构成的图形,电路图清楚地表示了电路中各组成元件、电源、熔断器、继电器、开关、继电器盒、接线盒、连接器、电线、搭铁等,有些电路图还表示了电器零件的安装位置、连接器的形式及接线情况、电线的颜色,接线盒和继电器盒中继电器及熔断器的位置,线束在汽车上的布置等。

汽车电路图是维修汽车电气设备的重要辅助工具,特别是随着现代汽车工业的不断发展,汽车上有关电子技术的内容越来越多,电路越来越复杂,所以,对于汽车维修人员来说,有很多故障必须通过仔细阅读电路图,并根据其相应的功能才能对故障进行分析,准确查出故障的部位。

汽车电路图可分为电路原理图和电路定位图。

一、电路原理图

电路原理图(简称汽车电路图)是用图形符号按工作顺序或功能布局绘制的,详细表示汽车电路的全部组成和连接关系,不考虑实际位置的简图,如图1-21所示。

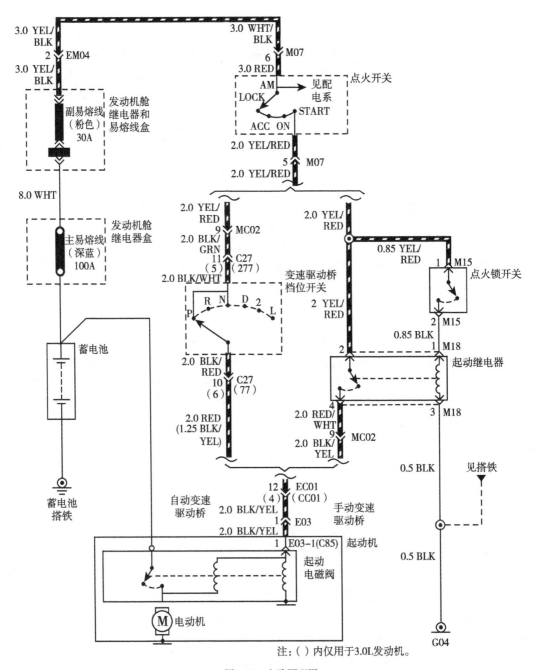

图1-21 电路原理图

电路原理图重点表达各电气系统电路的工作原理,既可以是全车电路图,也可以是各系统电路原理图,尽管各汽车制造公司的表达方式不一,但一般都具有以下特点:

(1)对全车电路有完整的概念。它既是一幅完整的全车电路图,又是一幅互相联系的局部电路图,重点、难点突出,繁简适当。

(2)用电气图形符号表达各电气元件。一般通过这些符号可了解该电气元件的基本结构和作用。

（3）图上显示电位高低的概念。负极搭铁，电位最低，用图中最下面一条导线表；正极火线，电位最高，用最上面的一条导线表示。电流方向基本上是从上到下，电流流向从电源正极→开关→用电器→搭铁→电源负极，电路较少迂回曲折，电路图中电气元件串、并联关系十分清楚，电路图易识读。

（4）各电气元件不再按在车上的安装位置布局，而是依据工作原理，在图中合理布局，使各系统处于相对独立的位置，从而易于对各用电设备进行单独的电路分析。

（5）各电气元件旁边通常注有元件名称及代码（如控制器件、继电器、过载保护器、用电器、铰接点及接地点等）。

（6）电路原理图中所有开关及用电器均处于不工作的状态，例如点火开关是断开的、发动机不工作、车灯关闭等。

（7）导线一般标注颜色和规格代码，有的车型还标注该导线所属电气系统的代码，根据以上标注，易于对照定位图找到该元件或导线在车上的位置。

二、电路定位图

电路定位图用于指示各用电器及导线的具体位置。一般采用绘制的立体图或实物照片的形式，立体感强，能直观、清晰地反映电气元件在车上的实际位置，具有很高的实用价值。电路定位图在某些车型中还进一步划分为线束图、用电器定位图、连接器插脚图、接线盒平面布置图等。

❶ 线束图

线束用来确定电线束与各用电器的连接部位、接线柱的标记、连接器的形状及位置等，如图1-22所示。

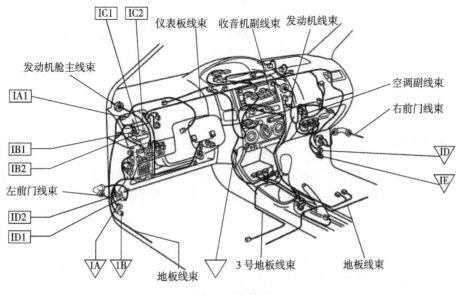

图1-22 线束图

❷ 用电器定位图

用电器定位图用来确定各电气元件、连接器、接线盒、搭铁点、铰接点及诊断座等的分布位置，如图1-23所示。

❸ 线路连接器插脚图

线路连接器插脚图用来确定连接器内各导线连接位置及插脚号码，如图1-24所示。

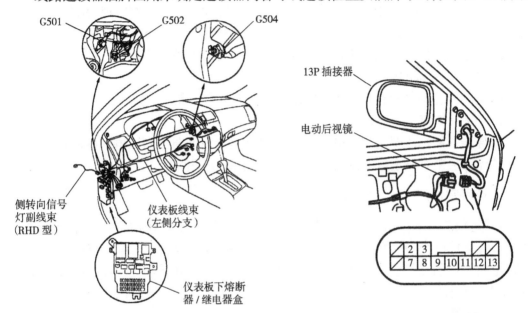

图1-23 用电器定位图　　　　　图1-24 线路连接器插脚图

❹ 接线盒平面布置图

接线盒平面布置图用来确定熔断器、继电器等具体安装方位，如图1-25所示。

目前，大多数汽车制造公司均采用电路原理图结合定位图的表达方式。为便于结合两类图，在多数车型的电路图还附有表格，指出电路原理图上的元器件、导线等在哪一张定位图上。

1.4.2 电路图的基本标识

一、电气符号

虽然不同车型的电路图不相同，但汽车电路图所采用的符号大体相同。汽车电路图中常用的电气符号见表1-7；常用警告灯和指示灯标志见表1-8。

二、导线的标记

在汽车电路图中，每根导线都有线束标记，如导线上标有 W/R，则表示该导线为白色基色带红色条纹的导线。由于各国的母语不同，故线束标记有所不同。我国与美国、日本等国均采用英文字母缩写形式，而德国则采用德文字母。电路图中导线的颜色代号参见表1-1。随着汽车用电设备的增多,导线的数量也不断增加,为了维修及安装方便,除各线束间的插接器不同外,各用电设备之间线束中的导线颜色也是不同的。这样当汽车电路出现故障时,根据电路图上导线的标注,就可以很方便地从线束中找到相应的导线。

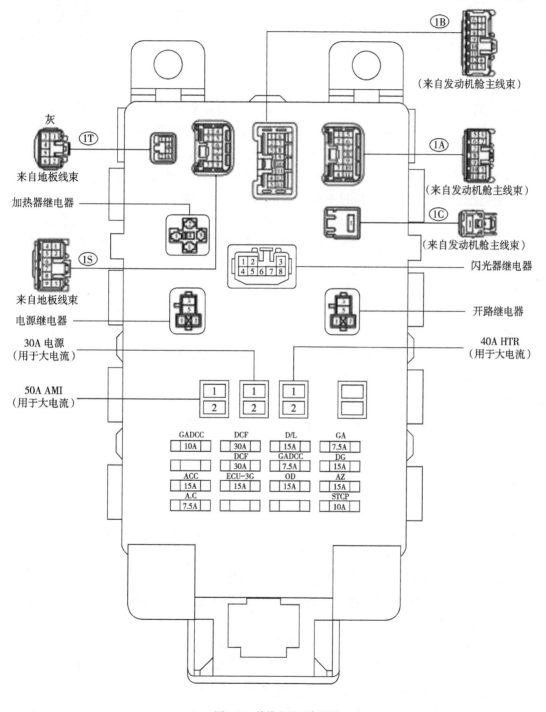

图1-25 接线盒平面布置图

1.4.3 电路图识读的一般方法

汽车电路图,无论是定位图还是原理图,一般都是线条密集、纵横交错、头绪多而复杂,不容易看懂。在认识了汽车电路图中的符号及有关标志,知道了汽车电路图的种类,清楚了汽车电路图中的导线及接线柱标记的基础上,可以按照以下要点及注意事项对整车电路图进行阅读。

一、对整车电路图识读要点

(1)先看全图,善于化整为零。按整车电路系统的各系统功能及工作原理把整车电气系统划分成若干个独立的电路系统,分别进行分析。这样化整体为部分,可以有重点地进行分析,并且各个单元的电路又有其自身的一些特点,以其自身的特点为指导去分析电路就会减少一些盲目性。只要掌握了单个系统的工作原理,就能按照系统的工作过程,查找线路走向,这样,在分析时不会被多余的电路所影响。

(2)认真阅读图注。对照图注熟悉元器件的名称、装置等,通过阅读可以帮助读者尽快了解该汽车上安装了哪些电气设置,再通过电气设置间的线路走向,就可以掌握各电气元件的相互关系。

(3)熟悉线路的配线和颜色标记。由于电路中线路的走向是按照一定规律进行布置的,因此,在电路图中也会将电路走向按照不同的配线装置进一步划分,在分析时,一定要先阅读各系统的配线说明。另外,对于配线颜色也要有所了解,特别是要记住各种颜色的字母标记。这样,即便线路的跨距很远也不会影响读者的阅读。

(4)注意开关的作用。开关是控制电路通断的关键。通常按操纵开关的功能及不同工作状态来分析电路的工作原理。如点火系统供电,点火开关应处于点火挡或起动挡。在标准画法的电路图中,开关总是处于零位,即开关处于断开状态;电子开关的状态则视具体情形而定。电子开关主要包括晶体管及晶闸管等具有开关特性的电子元件。

在一些复杂的电路控制中,一个主开关往往汇集许多导线,分析汽车电路时,应注意以下几个问题:

①蓄电池(或发电机)的电流是通过什么路径到达这个开关的,中间是否经过其他的开关和熔断器,这个开关是手动还是电控的。

②这个开关控制哪些用电器,每个被控电器的作用是什么。

③开关的许多接线柱中,哪些是直通电源的,哪些是接用电器的,接线柱旁是否有接线符号,这些符号是否常见。

④开关共有几个挡位,在每一挡中,哪些接线柱有电,哪些没电。

⑤在被控的用电器中,哪些电器应经常接通,哪些应短暂接通,哪些应先接通,哪些应后接通,哪些应当单独工作,哪些应当同时工作,哪些电器不允许同时接通。

(5)熟记回路原则和搭铁极性。汽车上的电路一般由电源、熔断器、开关、用电器和导线等组成,它的电流流向必定是从电源正极出发,经熔断器、开关、导线等到达用电器,再通过导线搭铁回到电源负极,从而构成完整的回路。在这一过程中,只要有一个环节出现错误,电路就不会构成完整的回路。

例如:

①从电源正极出发,经某用电器(或再经其他用电器),最后又回到同一电源的正极,由于电源的电位差(电压)仅存在于电源的正负极之间,电源的同一电极是等电位的,没有电压。这种"从正到正"的途径是不会产生电流的。

②在汽车电路中,发电机和蓄电池都是电源,在寻找回路时,不能混为一谈,不能从一个电源的正极出发,经过若干用电设备后,回到另一个电源的负极,这种做法,不会构成一个真正的通路,也不会产生电流。所以必须强调,回路是指从一个电源的正极出发,经过用电器,回到同一电源的负极。

(6)了解继电器的工作状态。现代汽车电路中经常采用各种继电器对一些复杂电路进行控制。可以把含有线圈和触点的继电器,分成由线圈工作的控制电路和触点工作的主电路两部分。主电路中的触点只有在线圈电路有工作电流时才能动作。电路图中所画为继电器线圈处于无工作电流状态。了解继电器的工作状态,特别是一些电子继电器的工作状态,对分析电路会大有帮助。

(7)通过分析典型电路,达到触类旁通。许多车型的电路都是相同或相近的,因此,分析几个典型电路,掌握其共同特点和原则,就能了解许多其他车型的电路。

(8)熟记各局部电路之间的内在联系和相互关系。汽车全车电路是由各单元电路组成的,从整车电路来讲,各局部电路除电源和搭铁电路共用外,其他单元电路都是相对独立的,但它们之间也存在着内在联系(如信号共享)。因此,识图时,不但要熟悉各局部电路的组成、特点、工作过程和电流流经的路径,还要了解各局部电路之间的联系和相互影响。

(9)先易后难。有些汽车电路图的某些局部电路可能比较复杂,一时难以看懂,可以先将其他简单局部电路图看懂后,再结合看懂的相关信息,进一步识读较难的电路图。

(10)注意搜集资料和经验积累。

随着新的汽车电气设备在汽车上的不断应用,汽车电路图变化很大。对于看不懂的电路要善于查找收集相关资料;注意深入研究典型汽车电路,触类旁通;特别注意实际工作经验的积累。

以上读图要领对任何电路都适用,此外汽车电子控制系统越来越多,其读图方法除以上所述要领外,对汽车电子控制系统的读图要以电控系统的 ECU 为中心,找出 ECU 的电源和搭铁,找到传感器和执行器,找出 ECU 的接脚排列的规律。

二、电路图的识读注意事项

识读汽车电气线路图时应注意以下几点。

（1）读电源系统电路时应从电源开始,先找到蓄电池、发电机及电压调节器。发电机励磁电路是受点火开关控制的。

（2）查找起动电路必须先找到点火开关、起动继电器和电源开关的控制电路。

（3）查找点火电路时,先找点火控制器(或分电器)、点火线圈、点火开关及火花塞。

（4）查找照明电路时,先找车灯控制开关、变光器、前照灯、示廓灯及各种照明灯。照明电路的一般接线规律是：前照灯的远光与近光不能同时亮；仪表照明灯、尾灯、牌照灯等只有在夜间工作时才亮。

（5）查找仪表电路时,先找到合仪表、点火开关、仪表传感器与仪表电源稳压器。仪表电路都由点火开关控制。

（6）查找信号控制电路时,由于信号装置属于随时使用的短暂工作设备,一般应注意它是接在常火导线上,且仅受一个开关控制,以免影响信号的发出。

（7）查找辅助装置控制电路时,应首先熟悉辅助装置的图形符号、有关控制开关及其功能,而后按照从电源熔断器控制开关到用电设备的顺序进行。

1.4.4 电路图识读举例

由于不同车型电路图的识别差异可能会较大,其识读方法也不尽相同,下面就以几种常见的典型车系的电路图来介绍其识读方法,以达到触类旁通的目的。

一、大众车系电路分析

❶ 大众车系电路图特点

（1）大众车系电路图遵循德国工业标准 DIN 725527,特点是图上部的灰色区域表示汽车的中央接线盒的熔丝与继电器。灰色区域内部水平线是连接电源正极的导线,有30、15、X 等。其中30 线直接接蓄电池正极,称为常火线。15 线接点火开关,当点火开关处于"ON"及"START"挡时通电,给小功率用电器供电,X 线是受点火开关控制的大功率用电器供电火线,当点火开关接至"ON"或"ST"挡时,中间继电器闭合,通过触点给大功率用电器供电。31 线为中央接线盒搭铁线。图最下端是标注图中各线路位置的编号,各线路平行排列,每条线路对准下框线上的一个编号。线路如在图中中断,断口处标注与之连接的另一段线路所在的编号。同时也在上注出各搭铁点。所有电气元件均处于图中间的位置。

（2）采用断线带号法解决交叉问题。在线路的断开处标上要连接的线路号,例如在断线处标黄底方框内有8,其线路图下方端标号为3,只要在线路图下端找到标号为8,则其上部断线处必标有3,说明在两标号即8与3为断线连接处。通过以上两个数字,上、下段电路就连在一起了。

大众汽车电路图符号说明,如图1-26所示。

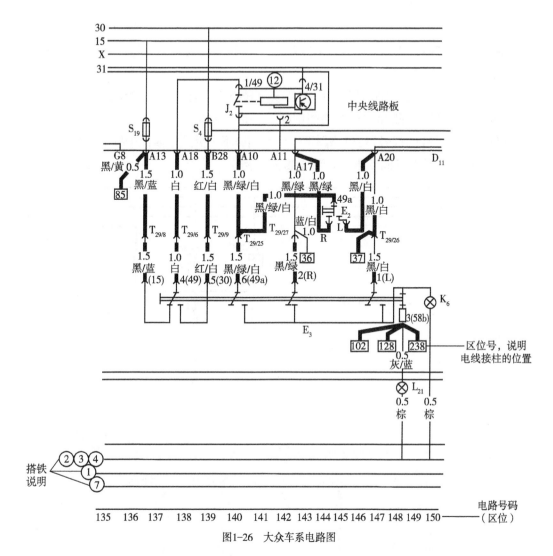

图1-26 大众车系电路图

❷ 大众车系电路图的识读方法

大众汽车电路图的识读方法如图1-27所示,图中的数字标号是注释号,其各部含义如下:

1—三角箭头,表示下接下一页电路图。

2—熔断器代号,图中S5表示该熔断器位于熔断器座第5号位,10A。

3—中央线路板板上插头连接代号,表示多针或单针插头连接和导线的位置,例如D13表示多针插头连接,D位置13针脚。

4—接线端子代号,表示电气元件上接线端子数/多针插头连接针脚号码。

5—元件代号,在电路图下方面可以查到元件的名称。

6—元件的符号,可参见电路图符号说明。

7—内部接线(细实线),该接线并不是作为导线设置的,而是表示元件或导线束内部的电路。

8—指示内部接线的去向，字母表示内部接线在下一页电路图中与标有相同字母的内部接线相连。

9—搭铁点的代号，在电路图下方可查到该代号搭铁点在汽车上的位置。

10—电路接续号，用此标志对电路图中的线路进行定位。

11—线束内连接线的代号，在电路图下方可查到该不可拆式连接位于哪个导线线束内。

12—插头连接，例如T8a/6表示8针a插头针脚6。

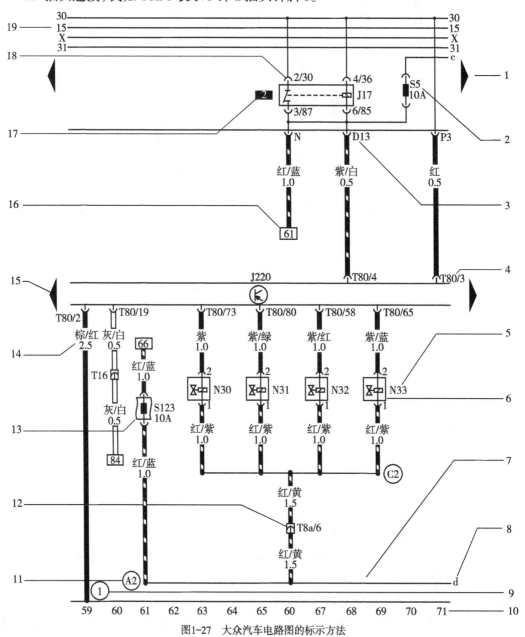

图1-27 大众汽车电路图的标示方法

13-附加熔断器符号,例如 S123 表示在中央电气附加继电器板上第 23 号位熔断器,10A。
14-导线的颜色和截面积。
15-三角箭头,指示元件接续上一页电路图。
16-指示导线的去向,框内的数字指示导线连接到哪个接点编号。
17-继电器位置编号,表示继电器板上的继电器位置编号。
18-继电器板上的继电器或控制器接线代号,该代号表示继电器多针插头的各个触点。例如,2/30 表示:2-继电器板上 2 号位插口的针脚 2;30-继电器/控制器上的针脚 30。
19-线路代码。"30"为常火线,"15"为点火开关接通时的小容量火线,"x"为在点火开关接通、卸荷继电器触点闭合时的大容量火线,"31"为搭铁线,"C"为中央配电盒的内部接线。

二、丰田车系电路图识读

日本丰田汽车与大众汽车一样,是我国进口汽车中数量较多的车种,这些车型的中文维修资料都源自丰田公司的原厂资料,其电路与电子控制系统电路图通常都保留了丰田原厂资料汽车电路图的绘图风格。

❶ 丰田车系电路图的主要特点

(1)电路图中的电气元件通常用文字直接标注。

(2)电路总图中各系统电路按长度方向逐个布置,并在电路图上方标出各系统电路的区域和代表该电路系统的符号及文字说明。

(3)电路图中绘出了搭铁点,并标注代号与文字说明,可以从电路图了解线路搭铁点,直观明了。

(4)电路图中,有的还直接标出线路插接器的端子排列和各端子的使用情况,给识图和电路故障查寻提供方便。

❷ 丰田汽车电路图的识读

识读方法如图 1-28 所示,电路图中大圆圈内数字是注释符号,其各部分的含义如下:

1-系统标题。在电路图上方用刻线划分区域内,用文字和系统符号表示下方电路系统的名称。

2-表示配线颜色。

3-表示与电路元件连接的插接器(数字表示接线端子的编号)。

4-表示插接器的接线端子编号,其中插座和插头编号的方法不同。在插座编号中,顺序为从左至右,从上至下;插头则从右至左,从上至下。

5-表示继电器盒。图中只标明继电器盒的号码,不印上阴影,以有别于接线盒。图示继电器盒号码为 1,表示 EFI 主继电器在 1 号位置。

6-表示接线盒。圈内数字表示接线盒(J/B)号码,圈旁数字表示该插接器插座位置代码。接线盒上一般印上阴影,使其与其他元件区分。不同的接线盒,用不同的阴影标出,以便区分。例如图中的 3B 表示它在 3 号接线盒内；数字 6 和 15 表示两条配线分别在插接器 6 号和 15 号接线端子上。

7-表示相关联的系统。

8-表示配线与配线之间的插接器，带插头的配线用符号"≈"表示，外侧数字 6 表示接线端子的号码。

9-当车辆型号、发动机型号或规格不同时，用括号"（ ）"中内容来表示不同的配线和插接器等。

10-表示屏蔽的配线。

11-表示搭铁点位置。搭铁点在电路图中用"▽"符号表示。

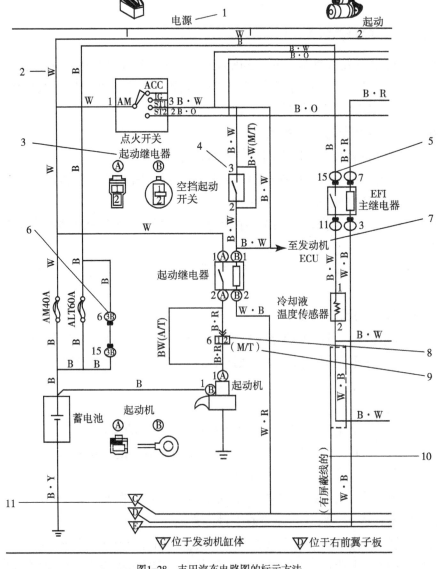

图 1-28　丰田汽车电路图的标示方法

三、通用车系电路分析

❶ 电路图的特点

（1）电路图中标有特殊的提示符号。包括静电敏感符号（用于提醒检修人员，系统内含有对静电放电敏感的部件）、安全气囊符号（用于提醒检修人员，该系统为安全气囊系统或与安全气囊系统相关）、故障诊断符号（用于提醒读者该电路在车载诊断系统（OBD-Ⅱ）检测范围内，当该电路出现故障时，故障指示灯就会亮）、注意事项符号（用于提醒检修人员还有其他附加系统维修的信息），以提醒检修人员在维修时应注意。

（2）电路图中标有电源接通说明。系统电路图中的电源通常是从该电路的熔断器起，在电路图的上方，用黑框表示，并用黑框中的文字说明在什么样的情况下该电路接通电源。

（3）电路图中标有电路编号。通用车系的电路图中，各导线除了标明颜色和截面积外，通常还标有该电路的编码，通过电路编码可以知道该电路在汽车上的位置，以便读图和故障查询。

❷ 通用汽车电路图的识读方法

下面以上海别克轿车自动变速器控制电路为例，说明通用汽车电路图的识读方法，如图1-29所示。

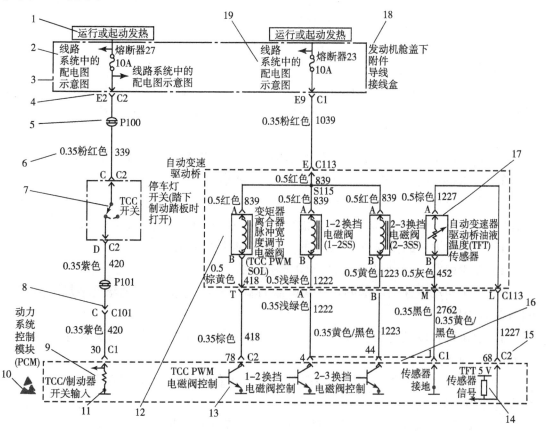

图1-29 通用车系统电路图的标示方法

电路图的数字是注释号,其各部含义如下:

1—"运行或起动发热"表示线路在点火开关处于点火或起动挡时有电,电压为蓄电池工作电压。

2—表示27号10 A的熔断器。

3—虚线框表示没有完全表示出接线盒所有部分。

4—表示导线是由发动机机舱盖下导线接线盒的C2连接插头的E2插脚引出,连接插头编号C2写在右侧,插脚编号E2写在左侧。

5—符号和P100表示贯穿式密封圈,其中P表示密封圈,100为其代号。

6—"0.35粉红色"表示导线截面积为0.35mm^2,导线的颜色为粉红色,数字"339"是车辆位置分区代码,表示该线束位置在乘客室。

7—表示TCC(液力变矩器中的锁止离合器控制)开关,图中处于接通状态表示为常闭开关,其开关信号经过P101和C101,由动力总成控制模块(PCM)中的C1插头30号插脚进入PCM中。

8—表示直列线束插接器,右侧"C101"表示连接插头编号(其中C表示连接插头),左侧"C"表示直列线束插接器的C插脚。

9—表示输出电阻器,这里用来把制动灯开关的信号以一定的电压信号的形式输出给动力总成控制模块PCM的内部控制电路。

10—表示动力总成控制模块PCM是对静电敏感的部件。

11—符号表示搭铁。

12—表示在自动变速器内部的"TCC"锁止电磁阀,此电磁阀控制液力变矩器内部锁止离合器的接合。它在点火开关处于点火或起动挡时,通过23号10 A的熔断器供电。

13—表示带晶体管半导体元件控制的集成电路。这里为动力总成控制单元PCM内部集成的控制电路,控制电磁阀驱动电路,通过PCM搭铁。

14—表示输出电阻器。PCM提供5 V稳压,通过内部串接电阻与自动变速器油温传感器(TFT)连接,同时将自动变速器油温传感器(NTC型电阻)信号传给PCM。

15—表示动力总成控制模块PCM的C2连接插头的68插脚。

16—虚线表示4、44、1插脚均属于C1连接插头。

17—表示自动变速器内部的自动变速器油温传感器,它是一个随温度增加阻值减小的NTC型电阻。

18—表示部件的名称及所处的位置。该发动机舱盖下附件导线接线盒位于发动机的左侧(从车的前面看)。

19—表示导线通往发动机舱盖下附件导线接线盒其他电路,对目前所显示的电气系统没有作用,是一种省略的画法。

汽车电路图中常见的电气符号见表1-7,常见警告灯和指示灯标志见表1-8。

汽车电路图中常用的电气符号

表1-7

名　　称	图形符号	名　　称	图形符号	名　　称	图形符号
1. 限定符号		联动开关		加热元件、电热塞	
直流	=			电容器	
交流	~				
交直流	≈	手动开关的一般符号		可变电容器	
正极	+				
负极	-	定位（非自动复位）开关		极性电容器	
中性点	N				
磁场	F			半导体二极管一般符号	
搭铁	E⊥	按钮			
发电机输出接线柱	B			单向击穿二极管、压调整二极管（稳压管）	
磁场二极管输出端	D+	能定位的按钮		发光二极管	
2. 端子和导线的连接符号					
接点	•	拉拨开关		光电二极管	
端子	○				
可拆卸的端子	⌀	旋转、旋钮开关		PNP型晶体管	
导线的连接				集电极接管亮晶体管（NPN型）	
导线的分支连接		液位控制开关			
导线的交叉连接				具有两个电极的压电晶体	
导线的跨越		润滑油滤清器报警开关	OP		
插座的一个极				电感器、线圈、绕组、扼流圈	
插头的一个极		热敏开关动合触点	t°	带磁芯的电感器	
插头和插座		热敏开关动断触点	t°	熔断器	
3. 触点与开关符号		多挡开关、点火、起动开关，瞬时位置为2能自动返回到1（即2挡不能定位）	012 0.1	易熔线	
动合（常开）触点				电路断电器	
动断（常闭）触点		节气门开关		永久磁铁	
		4. 电器元件符号			
先断后合的触点		电阻器		一个绕组电磁铁	
		可变电阻器			
中间断开的双向触点		热敏电阻器	θ	两个绕组电磁铁	
		滑动触点电位器			

续上表

名　称	图形符号	名　称	图形符号	名　称	图形符号
不同方向绕组电磁铁		燃油表传感器	Q	燃油滤清器积水传感器	W
触点动合的继电器		油压表传感器	OP	**7.电气设备符号**	
触点动断的继电器		空气质量传感器	m	照明灯、信号灯、仪表灯、指示灯	⊗
5.仪表符号		空气流量传感器	AF	双丝灯	
电压表	V	氧传感器	λ	荧光灯	
电流表	A	爆燃传感器	K	组合灯	
电阻表	Ω	转速传感器	n	预热指示器	
油压表	OP	速度传感器	v	电喇叭	
转速表	n	空气压力传感器	AF	扬声器	
温度表	t°	制动压力传感器	BP	蜂鸣器	
燃油表	Q	蓄电池传感器	B	报警器、电警笛	
速度表	v	制动灯传感器	BR	电磁离合器	
电钟		灯传感器	T	用电动机操纵的怠速调整装置	M
数字式电钟		制动器摩擦片传感器	F	加热器(除霜器)	
6.传感器符号				空气调节器	
温度表传感器	t°			稳压器	U Const
空气温度传感器	t_a				
冷却液温度传感器	t_w				

续上表

名　　称	图形符号	名　　称	图形符号	名　　称	图形符号
点烟器		并励或他励绕组		定子绕组为星形联结的交流发电机	
间歇刮水继电器		集电环或换向器上的电刷			
防盗报警系统		直流电动机		定子绕组为三角形联结的交流发电机	
天线一般符号		起动机（带电磁开关）		外接电压调节器与交流发电机	
发射机		燃油泵电动机、洗涤电动机		整体式交流发电机	
收音机		晶体管电动燃油泵		蓄电池 蓄电池组	
收放机		加热定时器		闪光器	
传声器一般符号		电子点火		霍尔信号传感器	
点火线圈		风扇电动机		磁感应信号传感器	
分电器		刮水器电动机		电磁阀一般符号	
火花塞		天线电动机		常开电磁阀	
电压调节器		门窗电动机		常闭电磁阀	
串励绕组		座椅安全带装置			

常用警告灯和指示灯标志 表1-8

序号	图形或文字符号	说 明	序号	图形或文字符号	说 明
1	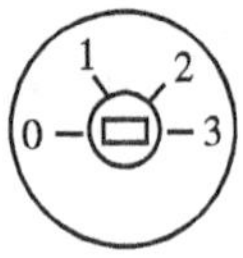 点火开关（4挡）图示	点火开关（4挡）： 0-OFF 或(s) 锁止转向盘 1-Acc 或(A) 附件（收音机） 2-IGN 或(M) 点火、仪表 3-START 或(D) 起动	9	WATER OVER HEAT	冷却液温度表：冷却液温度过高时警告灯亮
2	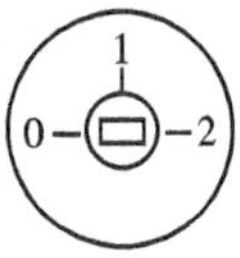 点火开关（3挡）图示	点火开关（3挡）： 0-OFF 或 STOP 锁止 1-ON 或 MAR 工作 2-ST 或 AVV 起动	10	OIL-P	机油压力警告灯、机油压力表：当润滑油压力过低时，灯亮
3	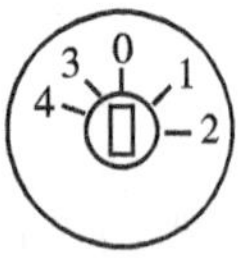 柴油发动机电源开关图示	柴油发动机汽车电源开关： 0-OFF 断开 1-ON 接通 2-START 起动 3-Acc 附件 4-PREHEAT 预热	11	FUEL	燃油表：燃油不足警告灯亮
			12	（拉杆图示）	柴油机停止供油（熄火）拉杆（钮）标志
4	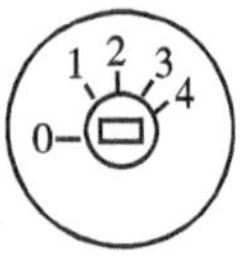 点火开关（5挡）图示	点火开关（5挡）： 0-LOCK 锁定转向盘 1-OFF 断开 2-Acc 附件 3-ON 通 4-START 起动	13	(P) PKB	停车制动指示灯在驻车制动起作用时灯亮
			14	(!) BRAKE AIP	制动气压低报警：制动液面低、制动系统故障警告灯亮
5	CHECK	发动机故障码显示灯（自诊断）：电控发动机喷油与点火的传感器与计算机出故障时灯亮，通过人工或仪器可将故障码调出，迅速查明故障	15	r/min RPM	发动机转速表(TACHO METER) 发动机转速表能指示快怠速、经济转速与换挡时机、额定转速，用途很多
6	阻风门图示	化油器阻风门关闭指示：冷车起动时阻风门关闭，指示灯亮，起动后应及时打开风门，否则发动机冒黑烟	16	km/h	车速表(SPEED)
			17	20:08	数字显示时钟
7	节气门图示	节气门关闭时灯亮	18	 COOLANT LEVEL WATER LEVEL	冷却液位指示灯：当冷却系统液面低于规定值时，灯亮报警
8	VOLT AMP CHARGE 电压表 电流表	蓄电池充电指示灯：发电机不充电时灯亮，正常充电时灯灭	19	（油面图示）	润滑油油面指示灯：当发动机润滑油量少于规定值时，灯亮报警
			20	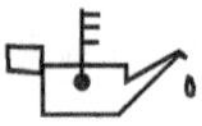 （油温图示）	润滑油温度过高警告灯：润滑油温度超过规定值时，警告灯亮

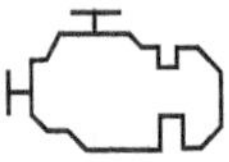

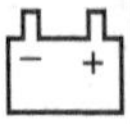

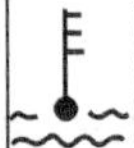

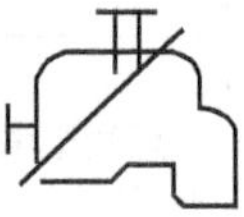

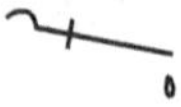

续上表

图形或文字符号	说 明		图形或文字符号	说 明
21	kPa	真空度指示灯	31	BEAM	前照灯远光高光束(HIGH BEAM)
22	SRS	安全气囊指示灯：安全气囊装在转向盘毂内和仪表盘内，当汽车受到碰撞时气囊引爆、膨胀，将乘员挤靠到座椅靠背上，减轻伤害	32		前照灯近光：夜间会车时使用，防止眩目
			33		灯光开关指示：可接通示廓灯、尾灯、仪表灯（亮度旋钮）、牌照灯等，前照灯接通常在此开关的第1挡
23	TRAC	牵引力控制指示灯	34		汽车示廓灯开关指示
24	CRUISE	巡航（恒速行驶）指示灯：设定某一车速以后，计算机根据车速变化自动控制节气门开度，使车速在设定范围内，装置起作用时灯亮，有故障时显示故障码	35	P	驻车制动开关指示：手制动起作用时，该指示灯亮
			36		后雾灯开关指示灯：必须在前雾灯已亮的前提下使用，正常行驶时应关闭此雾灯
25	AIR SUSP	电子调整空气悬架指示灯：根据驾驶条件自动控制悬架中起弹簧作用的空气，改变弹簧刚度与减振力以抑制车辆侧倾，制动时前部栽头，高速时后身下坐，保持乘坐舒适性和操纵性，指示灯显示车身高度变化。HIGH-高度调整；NORM-正常	37		前雾灯开关指示
			38	TEST	指示灯、警告灯灯泡好坏的检查开关
26	O/D OFF	OVER/DRIVE，超速开关装在变速杆手柄上，按下此开关，变速器换入超速挡；再按一下此开关，变速器退出超速挡，同时 O/D OFF 灯亮	39	R	倒车灯（后灯）开关
			40		室内灯（顶灯）开关指示
27	VOLT	电压表：12V 电系量程为 10~16V；24V 电系量程为 20~32V	41	PASS L HI LO R	转向灯开关与超车灯开关：L-左转向；R-右转向；PASS-瞬间远光（超车信号）；HI-常用远光；LO-定位中间挡
28	EXP TEMP	排气温度过高报警（大于750℃）			
29	⇐ ⇒	转向信号灯：L-左转向；R-右转向	42		旋转灯标志，警车、急救护车、消防车的车顶旋转警灯开关标志
30	△	危险警告指示灯：当汽车遇到交通事故要呼救或需别的车回避时，左、右转向灯齐闪，正常行驶时不用	43	BELT	安全带指示灯：当点火开关接通，安全带未系时灯亮或伴有蜂鸣

续上表

图形或文字符号		说明	图形或文字符号		说明
44	HEAT / GLOW	电热预温塞指示灯:常温下起动亮0.3s,可直接起动;低温起动前亮3.5s,表示"等待预热",灯灭可起动	54	kPa	空气滤清器堵塞指示灯
45	GLOW	预热塞(电热或火焰预热塞)指示灯:常温下起动亮0.3s,可直接起动;低温起动前亮3.5s,表示"等待预热",灯灭可起动	55		液力变矩器开关指示
46	DIFF LOCK	差速锁连锁指示灯:车辆转弯时必须脱开	56		柴油粗滤器中积水超限警告灯
47		排气制动指示灯:下长坡时,堵住排气管,利用发动机阻力使汽车减速,踩离合器、加油时自动解除	57	HORN	喇叭按钮标志
48	EXH·BRAKE	排气制动指示:排气管堵住起制动作用时灯亮(与47项相同)	58		点烟器标志:按下点烟器手柄即接通电路,发热体烧红后(约几秒)自动弹出,可供点烟用
49		蓄电池液面指示灯:当液面低于规定值时灯亮	59		发动机舱盖开启拉手指示
50		拖车制动指示灯	60	TRUNK	行李舱盖开启拉手或电动按钮指示
51		制动摩擦片磨损超限警告灯	61	DOOR	门未关警告灯,在仪表板上设此灯
52	ABS	防抱死制动指示灯:钥匙在起动挡或车速在5~10km/h以下时应亮。ABS能在紧急制动和滑溜路面制动时控制4个车轮油缸的油压,防止车轮抱死。ABS出现故障时警告灯亮,并可显示故障码(用工具)	62		坐垫加热指示灯
			63		室内灯门控挡,当门关严后室内灯灭,此外还有手控长明挡(ON)及断开挡(OFF)
53		分动器前桥接入指示灯:用于越野车全驱动时,灯亮	64	P R N D 2 L	自动变速器挡位指示灯:P-停车制动;R-倒挡;N-空挡;D-前进挡,自动在1⇌2⇌3⇌4挡间变速;2-锁定挡,自动在1⇌2挡间变速,上、下陡坡用;L-低挡,只允许1挡行驶,上、下陡坡用

续上表

序号	图形或文字符号	说 明	序号	图形或文字符号	说 明
65	ECTPWR	电控自动变速器有两种已编好程的换挡方式：即正常模式(Normal)和动力模式(Power)，用开关选择动力模式时，指示灯亮	77	HEAT	空调系统加热(吹脚)挡
66		增热器开关指示灯、除霜线指示灯和开关指示灯；常为后窗炭粉加热	78	BI-LEVEL	空调系统双层(上冷下热)挡
67		风窗玻璃刮水开关指示	79	DEF-HEAT	空调系统除霜与吹脚(加热)挡
68	WASHER	风窗玻璃洗涤开关指示	80	DEF	风窗玻璃除霜、除雾指示
69		风窗玻璃刮水洗涤开关指示：OFF-断开；INT-间歇；LO-低速；HI-高速	81	Outside	车外新鲜空气循环风道开启指示(FRESH)
70		后窗玻璃刮水指示灯和开关标志	82	Inside	车内空气循环风道开启指示(REC)
71		后窗玻璃洗涤开关指示	83		驾驶室锁止：可倾翻的驾驶室回位时没有达到规定锁止状态，警告灯亮
72		前照灯刮水洗涤开关指示	84	EXH TEMP	排气温度超过一定限度时此灯亮
73		车门玻璃升降开关：UP-升起；DOWN-降下	85		后视镜加热指示
74	A/C	空调系统制冷压缩机开启指示	86		后视镜镜面上下调节与左右调节开关标志
75	FAN	空调系统鼓风机指示	87	AIR MPa	空气压力表：常用于气压制动系统中双管路气压的指示
76	VENT	空调系统通风(吹脸)挡	88		空气滤清器堵塞信号警告灯

1.5 汽车电气设备常用维修工具与检测仪器

1.5.1 万用表

一、万用表的结构

数字式万用表是目前常用的一种数字化仪表。与模拟式仪表相比它具有以下特点：数字显示，读取直观、准确，避免指针式万用表的读数误差；分辨率高；测量速度快；输入阻抗和集成度高；测试功能、保护电路齐全；功率损耗小；抗干扰能力强。下面以KM300型数字万用表结构如图1-30所示，万用表由表头、测量电路及转换开关三部分组成。

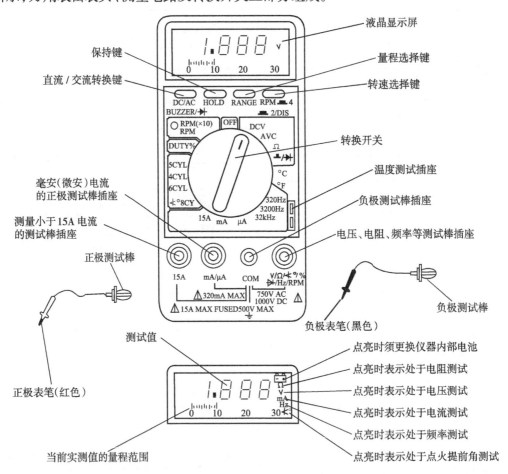

图1-30 数字式万用表的结构

（1）表头。它是一只高灵敏度的磁电式直流电流表，万用表的主要性能指标基本上取决于表头的性能。表头的灵敏度是指表头指针满刻度偏转时流过表头的直流电流值，这个值越小，表头的灵敏度越高。测电压时的内阻越大，其性能就越好。表头上有四条刻度线,它们的功能如下:第一条(从上到下)标有 R 或 Ω,指示的是电阻值,转换开关在欧姆挡时,即读此条刻度线;第二条标有∽和 VA,指示的是交、直流电压和直流电流值,当转换开关在交、直流电压或直流电流挡,量程在除交流10V以外的其他位置时,即读此条刻度线;第三条标有10V,指示的是10V的交流电压值,当转换开关在交、直流电压挡,量程在交流10V时,即读此条刻度线;第四条标有 dB,指示的是音频电平。

(2)测量线路。测量线路是用来把各种被测量物理量转换到适合表头测量的微小直流电流的电路,由电阻、半导体元件及电池组成。

它能将各种不同的被测物理量(如电流、电压、电阻等)的不同量程,经过一系列的处理(如整流、分流、分压等)统一变成一定量限的微小直流电流送入表头进行测量。

(3)转换开关。其作用是用来选择各种不同的测量线路,以满足不同种类和不同量程的测量要求。转换开关一般有两个,分别标有不同的挡位和量程。

二、符号含义

(1)∽表示交流。

(2)V-2.5kV-4000Ω/V 表示对于交流电压及2.5kV的直流电压挡,其灵敏度为4000Ω/V。

(3)A-V-Ω 表示可测量电流、电压及电阻。

(4)45-65-1000Hz 表示使用频率范围为1000Hz以下,标准工频范围为45~65Hz。

(5)2000Ω/VDC 表示直流挡的灵敏度为2000Ω/V。

三、使用方法

(1)使用前,应认真阅读有关仪表的使用说明书,熟悉电源开关、转换开关、插孔、特殊插口的作用。

(2)将电源开关置于"ON"位置。

(3)交直流电压的测量。根据需要将转换开关拨至 DCV(直流)或 ACV(交流)的合适量程,红表笔插入 V/Ω 孔,黑表笔插入 COM 孔,并将表笔与被测线路并联,读数即显示。

(4)交直流电流的测量:将转换开关拨至 DCA(直流)或 ACA(交流)的合适量程,红表笔插入 mA 孔(<200mA 时)或 10A 孔(>200mA 时),黑表笔插入 COM 孔,并将万用表串联在被测电路中即可。测量直流量时,数字万用表能自动显示极性。

(5)电阻的测量。将转换开关拨至 Ω 的合适量程,红表笔插入 V/Ω 孔,黑表笔插入 COM 孔。如果被测电阻值超出所选量程的最大值,万用表将显示"1",这时应选择更高的量程。测量电阻时,红表笔为正极,黑表笔为负极,这与指针式万用表正好相反。因此,测量晶体管、电解电容器等有极性的元器件时,必须注意表笔的极性。

(6)测量频率。将红色表笔插入面板电压/频率(Hz)插座中,黑色表笔插入面板 COM 插座。将红、黑表笔与被测电路上的触点连接。把"转换开关"置于 Hz 量程,把两个表笔跨接在电源或负载的两端。读取两点之间的频率数值。

（7）测试二极管。红色表笔插入面板中的电压/欧姆插座中,把黑色表笔插入面板中的COM插座中。将"转换开关"置于二极管符号的挡位上,并将测试表笔跨接在被测二极管上(或接在待测线路的两端)。读取测量数值。

（8）测量温度。将"转换开关"旋转到温度(℃或°F)挡位置上。把汽车万用表配备的测量温度的特殊插头插到面板的温度测试插座内,表针与被测温度的部位接触。温度稳定后,读取测量值。

（9）测量转速。将"转换开关"旋转到转速(RPM 或 RPM×10)挡位置上。将感应夹(传感器)的红色表笔插入面板中的V/Ω插座内,黑色表笔插入COM插座内,感应夹(传感器)夹在通往火花塞的高压线上,其上方的箭头应指向火花塞。按下转速选择键,根据被测发动机的行程数和有无分电器,选择"4"或"2/DIS"。读取发动机转速值。

（10）测量触点闭合角。根据被测试发动机的汽缸数量,将"转换开关"旋转到触点闭合角区域中对应的缸(4CYL、5CYL、6CYL 或 8CYL)位置上。将红色表笔插入面板中的电压/闭合角插座中,把黑色表笔插入面板中的RPM插座中,并将红、黑表笔连接到被测电路上。读取触点闭合角度值。

四、使用注意事项

（1）如果无法预先估计被测电压或电流的大小,则应先拨至最高量程挡测量一次,再视情况逐渐把量程减小到合适位置。测量完毕,应将量程开关拨到最高电压挡,并关闭电源。

（2）满量程时,仪表仅在最高位显示数字"1",其他位均消失,这时应选择更高的量程。

（3）测量电压时,应将数字万用表与被测电路并联。测电流时应与被测电路串联,测直流量时不必考虑正、负极性。

（4）当误用交流电压挡去测量直流电压,或者误用直流电压挡去测量交流电压时,显示屏将显示"000",或低位上的数字出现跳动。

（5）禁止在测量高电压(220V以上)或大电流(0.5A以上)时换量程,以防止产生电弧,烧毁开关触点。

（6）检测直流电流(DC)时,不得检测高于15A的电流。虽然汽车万用表可能显示更高的电流值,但有可能损坏其内部线路。

（7）当显示"BATT"或"LOW BAT"时,表示电池电压低于工作电压。

1.5.2 示波器

示波器主要用来显示控制系统中输入、输出信号的电压波形,以供维修人员根据波形分析判断电控系统故障。示波器比一般电子设备的显示速度快,是唯一能显示瞬时波形的检测仪器,是电控系统故障诊断中的重要设备。

一、示波器的结构及功能

示波器的结构如图1-31所示，主要由主机、连接电缆及测试卡组成。

图1-31 示波器的结构和连接线

示波器主要有如下功能。

（1）测试各种传感器、执行元件、电路和点火系等电压波形。

（2）数字式示波器具有汽车万用表功能，可测试电压、电阻、闭合角、喷油脉冲、喷油时间、点火电压等。有的示波器内部还存有汽车数据库和标准波形，使判断故障更为方便。

（3）数字式示波器可对测试内容进行记录、回放。

（4）能提供在线帮助，包括提供系统工作原理、测试连接方法、接线颜色等。

二、示波器的设置

用示波器测试一个未知的信号时，如何设置示波器是一件相当复杂的事，本部分说明用汽车示波器去捕捉波形时，设置示波器的基本方法，它可以帮助读者理解并掌握示波器设置的要领。

❶ 设置项目

为了显示一个波形，必须时要对示波器做如下设定。

（1）电压比例。屏幕上显示的单格电压幅值，电压比例不同，显示波形的高低不同。

（2）时基。单格时间的长短，时基不同，波形的疏密程度不同。

（3）触发电平（也可以将触发模式置于"自动"挡）。

（4）耦合方式（AC 交流、DC 直流或 GND 搭铁）。

①直流（DC）耦合方式。

②交流（AC）耦合方式：此方式能过滤信号中的直流部分，只显示交流分量，常用于两线磁电式传感器信号的波形观察，以及信号中的噪声和发电机电压（二极管）或其他较少的例子中的观察。

③搭铁 GND 方式：此方式用于判定搭铁位置或0V 电压水平或显示示波器0V 电压

参考点。

❷ 项目设置方法

（1）当用自动设置功能（AUTORANGE）能够看清楚显示的波形时，可以用手动设置（MANUAL）来进一步微调。

（2）如果显示屏上仍不能看清晰的波形，可以根据推断，假设电压比例和触发电平，暂且先不设定时基。

（3）用数字式万用表测量信号电压，并根据测出的电压来设置电压挡比例。

（4）将触发电平设定在信号电压的一半以上，在设定电压比例和触发电平后，唯一未设定的就是时基了。

（5）这时手动设定时基，大多数信号应在1ms 到 1s 之间。

（6）时基/频率表可以用来帮助选择时基，可以先用汽车示波器上的游动光标测量信号频率，然后确定所希望的显示波形的循环次数（个数）再从表中找到信号频率与循环次数（个数）的交点，这就是要确定时基数。相关提示：示波器使用的常用术语及含义见表1-9。

示波器使用的常用术语及含义表　　　　　　　　　　表1-9

术　语	含　　义
触发电平	示波器显示时的起始电压值
触发源	示波器的触发通道[通道(CH1)、通道(CH2)和外触发通道(EXT)]
触发沿	示波器显示时的波形上升或下降沿
电压比例	每格垂直高度代表的电压值
时基	每格水平长度代表的时间值
直流耦合	测量交流和直流信号
交流耦合	只允许信号的交流成分通过它滤掉了直流成分（电容用来过滤直流电压）
搭铁耦合	确认示波器显示的0V 电压位置自动触发；如果没有手动设定，示波器就自动触发并显示信号波形

三、示波器使用注意事项

（1）测试点火高压线时，必须使用专用的电容探头，不能将示波器探头直接接入点火次级电路。

（2）使用汽车示波器时，注意远离热源，例如排气管、催化器等，温度过高会损坏仪器。

（3）汽车示波器在测试时要注意测试线尽量离开风扇叶片、皮带等转动部件。

（4）路试中，不要将汽车示波器放在仪表台上方，最好是拿在手中测试。

（5）当无法捕捉到波形时，进行如下检查。

①确认触发模式是在"自动（AUTO）"模式下，如果在"自动"模式下汽车示波器有可能不触发。

②确认汽车示波器的屏幕显示并未处在冻结(HOLD)状态,若屏幕已被冻结,就按一下解除键。

③确认信号是否真的存在,可以用万用表先检查电压,如果确信信号是存在的,用汽车示波器和万用表不能够捕捉到,就检查测试线和接柱的连接情况。

④确认耦合方式不在"搭铁"(GND)模式,若在"搭铁"模式,任何信号都无法进入。

⑤确认触发源是定义在所择的通道上。

1.5.3 密度计

一、密度计的结构

密度计及密度计内浮子的构造,如图1-32与图1-33所示。玻璃浮子上的密度刻度,由上至下可分无电、半充满及充满电,如图1-32所示,为在充满电的状态。

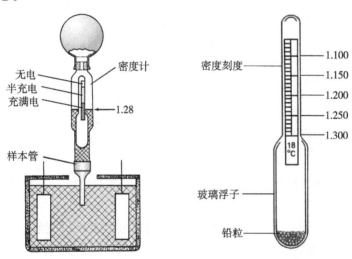

图1-32 密度计的构造　　　图1-33 浮子的构造

二、密度计的使用

密度计放入分电池中,吸取定量的电解液,使密度计内浮子浮至适当位置,以读取相对密度,如图1-34所示。

测量相对密度时,同时放入温度计测量电解液温度。

读取密度,并做温度校正。为便于读取密度,通常在浮子刻度侧读出密度值,如图1-35所示。

温度校正时,以20℃为准,每升高或降低1.5℃,密度减少或增加0.001。例如在45℃时,测得密度为1.250g/cm³,则在20℃时的密度为:

$$1.250 + 0.001 \times \frac{45-20}{1.5} = 1.267$$

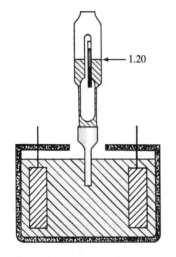 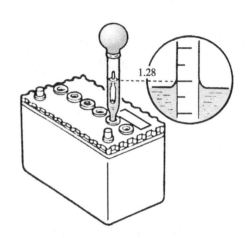

图1-34　测量相对密度　　　　图1-35　在浮子刻度侧读取密度值

测量结果及可能原因,见表1-10。

密度测量结果及可能原因　　　　　　　　　　　表1-10

密度测量结果	可 能 原 因
所有分电池的密度都太低	充电不足(充电系统故障、行驶距离太短或车速太低)
部分分电池的密度太低	部分分电池内电解液不足或分电池内有杂质而自放电
密度太高	不是添加蒸馏水,系误加电解液

三、密度计使用的注意事项

(1)测量蓄电池各分电池的密度时,密度计保持在各分电池上方读取读数,以免电解液滴落在蓄电池外面。

(2)密度计使用时必须保持垂直,以免浮子与密度计玻璃外壳碰触。

(3)电解液密度测量后,必须做温度校正,才是正确的密度值。

(4)测量过程中注意衣服及皮肤勿触及电解液,必要时以清水冲洗,避免损伤皮肤。

1.5.4　蓄电池测试仪

蓄电池测试仪用于对电池电压、电池状况进行测试,为电池索赔管理提供测试代码。下面以SVW 2606蓄电池测试仪为例,介绍其使用方法及注意事项。SVW 2606蓄电池测试仪结构如图1-36所示,该测试仪能将测试结果直接打印出来。

一、蓄电池测试仪的使用

通常情况使用索赔模式进行所有的测试,具体使用有如下步骤。

(1)按下并按住MENU按键打开蓄电池测试仪。

(2)使用上下箭头按键将菜单滚动到"时间和日期"选项,按ENTER键进入,使用上下箭头键设定正确的时间；按 ENTER 键进行确认。

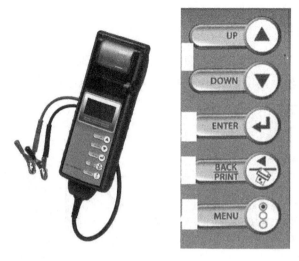

图1-36　蓄电池测试仪

（3）使用上下箭头按键将菜单滚动到"维修站编号"选项，按 ENTER 键进入，使用上下箭头键和 ENTER 键输入维修站编号。

（4）将黑色的测试夹钳连接到电瓶的负(-)极，将红色的测试夹钳连接到蓄电池的正(+)极。

（5）蓄电池测试仪将提示您选择"车内"或"车外"，使用上下箭头键可在"车内"和"车外"之间进行切换，请根据实际情况，按 ENTER 键确认。

注意正负极在连接状态叫"车内"，正负极在断开状态叫"车外"如果蓄电池在"车外"，测试前请用金属丝刷子清扫蓄电池接线柱；如果蓄电池在"车内"，务必确保所有的车辆负载均已关闭，并且点火处于关闭位置。

（6）蓄电池测试仪将提示您选择"普通铅酸蓄电池"或普通 AGM 蓄电池、常规式 AGM 蓄电池。选择"普通铅酸蓄电池"，按 ENTER 键确认。

（7）电瓶测试仪将提示您选择"索赔测试""48 小时测试"或"其他测试"，选择"索赔测试"。

（8）蓄电池测试仪将显示"280 DIN（A）"或其他数值。注意：必须使用上下箭头键将该值调整到被测蓄电池标注的 DIN 值，按 ENTER 键确认。EN（欧洲标准）和 DIN（德国工业标准）是两个不同的标准！

（9）蓄电池测试仪将给出测试结果。使用 BACK/PRINT 键，测试仪自动打印结果。

二、蓄电池测试仪使用注意事项

（1）接线时注意正负极不要接反。
（2）注意选择正确的测量模式和蓄电池标准。
（3）如需打印结果，测试前确认打印纸是否正常。

1.5.5 充电机

一、充电机的种类

充电机有固定式及移动式两种,如图1-37与图1-38所示,移动式有活动轮,作为快速充电机用,以方便车上蓄电池充电使用。另外充电机也可根据大电压或大电流而分类。

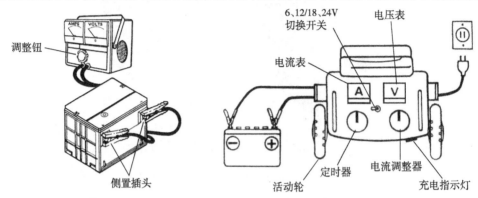

图1-37 固定式充电机　　　　图1-38 移动式充电机

二、充电机的使用

快速充电机的最大充电量,约为蓄电池充电容量安培数的1/2,可在1h内充电至80%~90%的程度,但不能完全充满电,只适用无电但急需使用的蓄电池。如下情况的蓄电池不适用快速充电:使用时间已较久的蓄电池;硫化的蓄电池;久未使用的蓄电池。

初次充电法:无电解液的蓄电池有两种,一为已充电的即用式,一为未充电式,加入电解液后,等待约2h,必要时补充。

一般充电时的充电电流量,如表1-11所示,约为蓄电池充电容量安培数的1/10,属于慢速充电。充电时间,已充电即用式约6h,未充电式约60h。

蓄电池充电容量与充电电流的关系　　　　表1-11

车 辆 形 式	蓄电池充电容量(A·h)	充电电流(A)
大型柴油车	120~200	10~20
大型汽油车	55~70	6~8
中型柴油车	70~100	7~10
中型汽油车	45~60	4~7
小型汽油车	30~40	3~5
摩托车	8~15	1~2

两个以上蓄电池充电时,接线方法如图1-39所示。但必须注意下述的情形。

(1)不同电压的蓄电池可串联充电,但串联后的总电压不可超过充电机的最大充电电压,这种充电机为大电压型。

(2)串联充电的等电流充电,各蓄电池的充电电流是相同的。可将大蓄电池及充电不足的蓄电池放在前面串联连接,而小蓄电池及充电较充足的蓄电池放在后面并联,如此后半蓄电池的充电量为前半蓄电池的1/2,以符合实际状况所需。

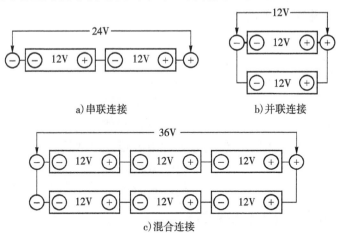

图1-39 各种蓄电池充电的连接方法

(3)不同电压的蓄电池不可并联充电。

(4)等压充电法是将各蓄电池以并联连接,保持一定电压对蓄电池充电,充电初期电流量大,随着各蓄电池电量逐渐充满,充电电流会自动减少,这种充电法采用的较多。

充电机详细的使用方法将在单元2"电源系统"中蓄电池部分说明。

三、充电机使用时的注意事项

(1)充电机与蓄电池的距离应保持1m以上。

(2)蓄电池的加水通气盖必须打开,但慢速充电时可不打开盖子。

(3)充电中火花不可靠近充电区。

(4)必须使用500W以上的专用线束插座,不可使用一般的电灯线束插座。

(5)充电中电解液温度升高至45℃时,充电电流必须降低。

(6)蓄电池密度在$1.25g/cm^3$以下时即应充电。

一、填空题

1. 汽车电气设备包括_____、_____和_____。
2. 汽车电气系统的特点是_____、_____、_____和_____。

3. 汽车电路中_____通常用于线束与线束或导线与导线之间的相互连接。
4. 汽车用万用表常用的类型有_____和_____。
5. 汽车继电器很多,常见的有_____、_____和_____。

二 选择题

1. 下列设备中不属于用电设备的是_____。
   （A）起动系统　　　　　　（B）充电系统
   （C）照明系统　　　　　　（D）点火系统
2. 快速充电机的最大充电量,约为蓄电池电容量安培数的_____。
   （A）30%　　　　　　　　（B）40%
   （C）50%　　　　　　　　（D）80%
3. 关于电路图,下列说法不正确的是_____。
   （A）电路图主要分为电路原理图和电路定位图
   （B）电路原理图表示汽车电路的全部组成、连接关系和实际位置
   （C）电路原理图中所有开关及用电器均处于不工作的状态
   （D）电路定位图用于指示各电器及导线的具体位置
4. 汽车用万用表不能实现的功能是_____。
   （A）测电流　　　　　　　（B）测功率
   （C）测电阻　　　　　　　（D）测电压
5. 下述情况的蓄电池适用快速充电的是_____。
   （A）使用较久的蓄电池　　（B）使用不久的蓄电池
   （C）硫化的蓄电池　　　　（D）久未使用的蓄电池

三 判断题

1. 国产汽车使用正极搭铁。　　　　　　　　　　　　　　　　　　（　）
2. 汽车采用低压交流电,现代汽车的标称电压有12V和24V两种。　（　）
3. 示波器只能用于测量传感器波形。　　　　　　　　　　　　　　（　）
4. 导线的横截面积根据工作电流来选取,颜色应符合国家标准。　　（　）
5. 在测量电解液密度时,需要进行温度校正。　　　　　　　　　　（　）

四 简答题

1. 汽车万用表一般具有哪些专用功能?

2. 使用密度计测量蓄电池电解液密度时,需要注意的问题有哪些?

3. 简述汽车电气系统的组成与特点。

4. 简述汽车电路图的识读要点及注意事项。

单元2

电源系统

● **知识目标：**

1. 正确描述蓄电池的基本结构和型号；
2. 了解蓄电池的工作原理；
3. 正确描述硅整流交流发电机的基本结构及主要部件的功能；
4. 了解电压调节器的作用。

● **能力目标：**

1. 能够检查、维护和更换蓄电池；
2. 能够对蓄电池进行补充充电；
3. 能够完成发电机的检查与更换；
4. 能够分解及组合发电机并完成重要部件的检查。

● **建议学时：**

14学时。

2.1 蓄电池

2.1.1 蓄电池的结构与工作原理

一、概述

汽车蓄电池(俗称电瓶)是一种储能装置,是低压直流电源。它并不是直接储存电能,而是将电能转化成化学能储存起来,当蓄电池连接外部电路时,化学能才变成电能,从蓄电池的正极流出经导线到负荷,再经导线流回负极完成回路放电。

当发动机运转时,使用小部分动力驱动发电机以产生电能,再充入蓄电池,把电能变成化学能储存。现代汽车一般均使用电压12V的蓄电池,大型柴油车则常将两个12V蓄电池串联而组成24V系统。

汽车在正常行驶时,汽车的全部电器用电均由发电机供给。在起动发动机后,因蓄电池耗去大量电能,因此,需要较大的电流充入蓄电池,随着蓄电池充电程度的增加而逐渐减少充电电流。

二、汽车蓄电池的作用

(1)起动发动机时供给起动机摇转发动机所需的大量电流。

(2)当发电机发出的电压低于蓄电池电压时或发电机不工作时,供给全车电器所需的电流。

(3)当汽车上电器的用电量超过发电机的输出量时,帮助发电机提供电器所需的电流。

(4)平衡汽车电系的电压,不使电压过高或过低。

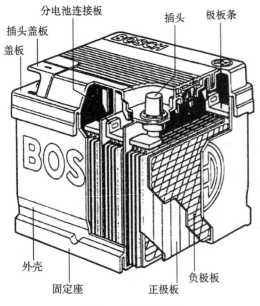

图2-1 蓄电池的结构

三、蓄电池的结构

蓄电池的结构如图2-1所示,由壳体、盖板、极板组、隔板与桩头等组成。

❶ 壳体

蓄电池壳体以硬橡胶或塑胶模制成,有的采用黑色,也有使用透明塑胶制成,可以观察蓄电池内部情形后再定。

壳体为整体式结构,壳体内部由六个互不相通的单体组成,底部有凸起的肋条以安置极板组。

❷ 极板组

(1)栅架。极板的骨架称为栅架,如图2-2所示,其主要成分为铅(Pb),加入5%~12%的锑(Sb)制成。

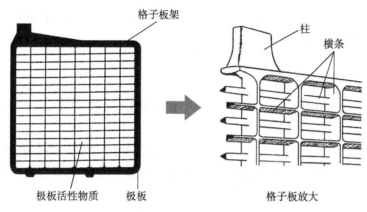

图2-2 极板的构造

（2）正极板。将红铅粉(Pb_3O_4)以稀硫酸调成糊状，加入硫酸铵作为胶合剂，涂在栅架上，干燥后即变成硫酸铅，称为正极板。

（3）负极板。将黄铅粉(PbO)以稀硫酸调成糊状，加入硫酸钡或硫酸镁作为膨胀剂，涂在栅架上，干燥后也成为硫酸铅的负极板。

（4）极化处理。将正极板与负极板互相交叉且保持相当间隔，放入密度为$1.100\sim1.200 g/cm^3$的稀硫酸中，正极板接直流电源的正极，负极板接直流电源的负极，通电后，正极板逐渐变成咖啡色微粒结晶状的过氧化铅(PbO_2)，负极板变成海绵状的纯铅(Pb)，称为极化处理。经处理过的极板均为多孔状，使电解液能自由通过。

（5）隔板。在正极板与负极板之间使用一片多孔质的绝缘板来分隔，称为隔板。其材质有木材、微孔硬橡皮、合成树脂、玻璃强化纤维板、玻璃纤维板等，目前以使用微孔硬橡皮及玻璃纤维板等较多。隔板平滑一面，须向负极板；另一面有槽沟，面向正极板，使脱落的活性物质能够掉入沉淀室中。

将多块正极板及负极板分别以连板结成一体，正负极板间插入隔板，即形成极板组，如图2-3所示，每一分电池中放置一组极板组。

极板组中负极板比正极板多一片，即正极板的两面都要有负极板，因正极板充放电时的膨胀率大，若仅有一面作用容易弯曲损坏，负极板则不会，故极板组中的极板数均为单数。

❸ 电解液

蓄电池中的电解液，俗称电水，是以蒸馏水或精制水与硫酸配合而成的稀硫酸，一般密度为$1.260\sim1.280 g/cm^3$。

电解液必须保持高出极板10~12mm，高度不足时，添加蒸馏水至外壳标示的最高线，如图2-4所示。

图2-3 极板组的构造

配制电解液必须穿戴防护器具,将稀硫酸慢慢倒入水中,且均匀搅拌。绝不可将水倒入硫酸中,否则,硫酸会飞溅伤人。

❹ 盖板

蓄电池的盖板以硬橡胶或塑胶制成,嵌入外壳后以封口胶完全密封,使电解液不能流到外部或邻近的分电池。现代汽车用蓄电池常用整体式的盖板将六个分电池一起罩住,如图2-4所示。

旧型蓄电池每两个分电池之中央均有一加水通气盖,使用螺牙装在盖板上,上有通气孔,构造如图2-5所示,其作用为:供添加蒸馏水或供检验电解液用;在充电时,使产生的氢及氧能逸出,以防聚积过多气体而发生爆炸。

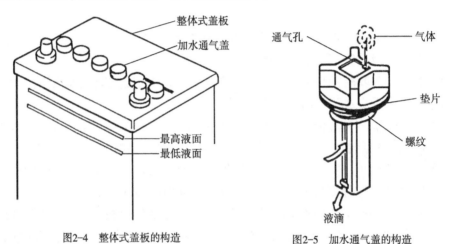

图2-4 整体式盖板的构造　　图2-5 加水通气盖的构造

现代汽车用蓄电池均为免维护(Maintenance Free, MF)蓄电池,其盖板上无加水通气盖。但仍有部分免维护蓄电池设有加水盖,其盖顶部与蓄电池盖板表面平齐,或有的装在盖板表面以下。

❺ 蓄电池观察窗

免维护蓄电池在盖板上均设有密度与液面观察窗,俗称电眼,以显示蓄电池的充电情况及电解液液面是否过低。

其作用如图2-6所示,当蓄电池液面及充电正常时,绿色浮球在中央最高点,从视窗中在黑色区可看到绿色圆圈,如图2-6a)所示;当蓄电池液面正常,但充电不足时,绿色浮球在球室下方,从视窗中看不到绿色圆圈,整个是黑色,如图2-6b)所示;当蓄电池液面过低时,视窗中看到的是透明色,表示蓄电池需换新,如图2-6c)所示。

观察窗只能显示电解液密度是1.150 g/cm^3或更高,要实际获得正确的读数,必须使用密度计测量。

❻ 极桩

蓄电池顶部有两个桩头露出,系将各分电池的极板串联后,成为输出或输入的总接头。为了便于识别,极桩的上方或旁边刻有"+""-"标记,也有的在正极桩上涂有红色油漆。

7 联条

联条的作用是将单体电磁串联起来，提高整个极板电磁的端电压。普通电池联条的串联方式一般是外露式，而新型蓄电池联条的串联方式是封闭式，如图2-7所示。

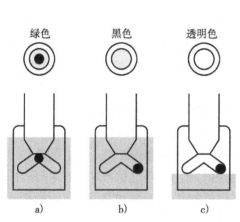

图2-6 观察窗的作用

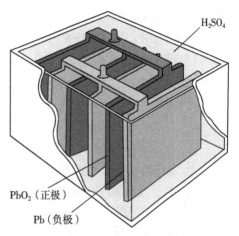

图2-7 单体电池的串联方式

2.1.2 蓄电池的工作原理与充放电

一、蓄电池的工作原理

将两种不同的金属板放入电解液中，因化学作用产生电离子，聚集电子的板产生较高的负电位，称为负极板，失去电子的板产生正电位，称为正极板，在两块板之间会产生电动势。若有导线及负荷连接在两块板之间，则有电流流通，如图2-8所示。

有些电池将电线及负荷连接，电流流出后，其中电解液或一片金属会逐渐损坏，放完电后必须丢弃者，称为一次电池，如日常使用的干电池均为一次电池。

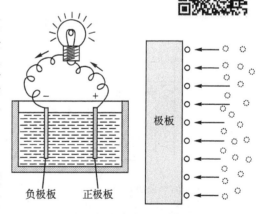

图2-8 蓄电池的工作原理

能反复充电、放电的电池称为二次电池或蓄电池，一般车用铅蓄电池即是二次电池。

二、蓄电池充放电

1 概述

蓄电池只能储存电的化学能而不能制造电，因此，蓄电池使用后必须补充失去的能量。蓄电池放电后若经长时间不充电，则极板的活性物质会因硫化而失去活性，无法再充电使用。

汽车上的蓄电池在发动机运转时随时均在充电,因此,只要充电系统正常,蓄电池是不需要拆下充电的。

❷ 充放电的电化作用

充满电后,蓄电池的负极板成为海绵状铅(Pb),正极板成为过氧化铅(PbO_2),电解液为稀硫酸($H_2SO_4+H_2O$)。

(1)当放电时,正极板中的Pb与电解液中的硫酸根(SO_4^{-2})结合成硫酸铅($PbSO_4$),氧离子与电解液中的氢离子结合成水(H_2O);负极板中的海绵状铅(Pb)与电解液中的硫酸离子结合也成为硫酸铅($PbSO_4$)。放电的结果,正负极板都变成相同结构的硫酸铅,而电解液中的硫酸成分减少,水的成分增加,如图2-9所示。其放电化学反应式如下:

$$\underset{\text{正极板}}{PbO_2} + \underset{\text{电解液}}{2H_2SO_4} + \underset{\text{负极板}}{Pb} \rightarrow \underset{\text{正极板}}{PbSO_4} + \underset{\text{电解液}}{2H_2O} + \underset{\text{负极板}}{PbSO_4}$$

(2)当充电时,原来正极板中的硫酸铅分解成Pb^{+2}及硫酸根(SO_4^{-2}),电解液中的水也分解成氢离子及氧离子,从极板分解而来的硫酸根(SO_4^{-2})与电解液中的氢离子(H^+)结合成硫酸(H_2SO_4),电解液中的氧离子(O^{-2})与正极板的铅结合成过氧化铅;负极板也恢复原来的海绵状铅,如图2-10所示,其充电化学反应式如下:

$$\underset{\text{正极板}}{PbSO_4} + \underset{\text{电解液}}{H_2O} + \underset{\text{负极板}}{PbSO_4} \rightarrow \underset{\text{正极板}}{PbO_2} + \underset{\text{电解液}}{H_2SO_4} + \underset{\text{负极板}}{Pb}$$

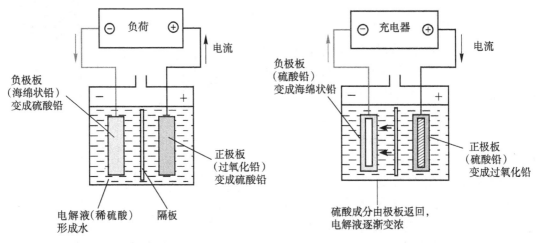

图2-9 蓄电池放电过程的化学变化　　　图2-10 蓄电池充电过程的化学变化

❸ 充放电后电解液密度的变化

当蓄电池放电后,电解液中的硫酸分子也减少,水分子增加,故密度降低;充电后,因硫酸分子增加,水分子减少,故密度增加。

测定蓄电池电解液的密度可了解蓄电池充电或放电的程度。当蓄电池放电量越多时,电解液的密度越低。当蓄电池充电量越高时,电解液密度越高,蓄电池开路电压(开路电压即蓄电池电流不输出时的电压)也越高。

我国北方地区使用的蓄电池,因气温低,电化作用较差,通常使用充满电后密度1.280或更高的电解液。南方地区,电化作用较佳,一般使用充满电后密度1.260的电解液。

电解液的密度与温度有关,温度高时电解液膨胀,密度减少,因此测量密度时应同时测量温度,并做温度校正,以得到正确的密度读数。一般蓄电池中电解液的密度是以温度20℃时为标准,比标准温度每上升1℃,密度降低0.0007;反之,比标准温度每下降1℃,密度就增加0.0007。因此测量所得的密度,当温度高于标准温度时应加回去,低于标准时应减去相差的密度。其公式如下:

$$S_{20}=S_T+0.0007(T-20)$$
$$S_{68}=S_T+0.0004(T-68)$$

式中:S_{20}、S_{68}——换算成标准温度时的密度;

S_T——在 T℃时量得的密度;

T——测量时电解液的温度,℃。

例:在电解液温度50℃时测量密度为1.241,则在20℃时的正确密度是多少?

解:$S_{20}=1.241+0.0007×(50-20)=1.262$

使用密度计测量蓄电池密度时,吸取各分电池的电解液后,不要抽出密度计,如图2-11所示,以免电解液溅出腐蚀机件或衣物,并读取靠浮球杆壁上的读数。

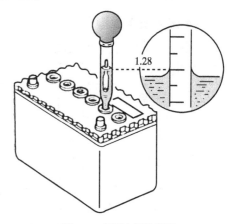

图2-11 测量电解液密度

❹ 自放电

充满电的蓄电池放置一段时间后,内部的存电自然消耗的现象,称为自放电。

产生自放电的原因很多,归纳如下:

(1)负极板上的活性物质海绵状铅与电解液产生化学作用而慢慢变成硫酸铅。

(2)蓄电池的极板上附着金属杂质,如铁、锰等,金属杂质与极板构成一局部电池而产生自放电现象。

(3)蓄电池表面有电解液附着而造成漏电。

(4)脱落的活性物质堆满沉淀室后形成短路而放电。

自放电的大小与下列因素有关:

(1)温度越高时,自放电量越多。

(2)电解液密度越高时,自放电量也越多。

2.1.3 蓄电池的容量与型号

一、蓄电池的容量

比较蓄电池的大小,除电压大小外,就是它能供应电量的多少。蓄电池电压的大小与其串联的分电池数有关,与其能供应电量的多少是无关的。因此必须有一定的比较标准,现在通常使用"安培小时电容量"作为核定蓄电池电容量的标准来衡量蓄电池电量的大小,又称为20h放电率电容量。

它是以稳定电流在20℃条件下放电20h,终止时每一单格电池的电压维持在1.75V时的放电量,故12V蓄电池放电后的两极柱间端电压应为10.5V。

$$安培小时电容量(A \cdot h) = 放电电流(A) \times 放电时间(h)$$

如以3A放电20h,则其电容量为60A·h。安培小时电容量目前也常以5h放电率电容量表示。如以10A放电5h,则其电容量为50A·h。

二、蓄电池的型号

1 国内蓄电池型号

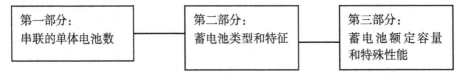

根据原机械工业部颁发的JB/T 2599—2012《铅酸蓄电池名称、型号编制与命名办法》,蓄电池型号由以下几部分组成:

```
第一部分:           第二部分:           第三部分:
串联的单体电池数     蓄电池类型和特征     蓄电池额定容量
                                        和特殊性能
```

(1)串联的单体电池数,用阿拉伯数字表示。

(2)蓄电池的类型和特征用字母表示。蓄电池类型是根据其主要用途来划分的,如起动用蓄电池代号为"Q","T"表示铁路客车用蓄电池,"M"表示摩托车用蓄电池;蓄电池特征为附加部分,仅在同类用途产品中具有某种特征而在型号中又必须加以区别时采用。当产品同时具有两种特征时,原则上按表2-1顺序将两个代号并列标示。

蓄电池产品特征代号表　　　　　　　　　　　　　　表2-1

序号	1	2	3	4	5	6	7	8	9	10	11	12
产品特征	干式荷电	湿式荷电	免维护	少维护	阀控式	密封式	半密封式	液密式	气密式	激活式	带液式	胶质电解质
代号	A	H	W	S	F	M	B	Y	Q	I	D	J

(3)蓄电池的额定容量和特殊性能。蓄电池额定容量指20h放电率额定容量,单位为A·h,用阿拉伯数字表示;蓄电池特殊性能用字母表示,可在相应产品型号的末尾注明,如G表示薄型极板的高起动率蓄电池,S表示采用工程塑料外壳、电池盖及热封工艺的蓄电池。

例如"6—QAW—100":第一部分"6"表示由6个分电池组成,额定电压12V;第二部分"QAW"表示蓄电池的类型和特征,起动型干电荷免维护蓄电池;第三部分"100"表示蓄电池的额定容量和特殊性能,额定容量为100A·h。

❷ 国外蓄电池型号

进口蓄电池的型号和规格是由美国蓄电池协会(BIC)和美国汽车工程师协会(SAE)联合制定的。

（1）日本标准蓄电池型号。

①在1979年时，日本标准蓄电池型号用N代表，后面用表示接近蓄电池额定容量的数字表示，如NS40ZL：

N：表示日本JIS标准。

S：表示小型化，即实际容量比40 Ah小，为36Ah。

Z：表示同一尺寸下具有较好起动放电性能，S表示极桩端子比同容量蓄电池要粗。

L：表示正极柱在左端，R：表示正极桩在右端。

②到1982年，日本标准蓄电池型号按照新标准来执行，如55D33L：

55：表示蓄电池的性能参数，表示蓄电池的容量。

D：表示蓄电池的宽度和高度代号。蓄电池的宽度和高度组合是由8个字母中的一个表示的(A到H)，字符越接近H，表示蓄电池的宽度和高度值越大。

33：表示蓄电池的长度约为33cm。

L：表示正极端子的位置，正极端子在右端的标R，正极端子在左端的标L。

（2）德国标准蓄电池型号。

以型号为54434MF的蓄电池为例，说明如下：

①第一位数字"5"表示蓄电池额定容量在100Ah以下；6表示蓄电池容量在100Ah与200Ah之间；7表示蓄电池额定容量在200Ah以上。

②"44"表示蓄电池额定容量为44Ah；610 17MF蓄电池额定容量为110Ah；700 27蓄电池额定容量为200 Ah。

③容量后两位数字"34"表示蓄电池尺寸组号。

④"MF"表示免维护型。

（3）美国标准蓄电池型号。

以型号为58430(12V430A80min)的蓄电池为例，说明如下：

①"58"表示蓄电池尺寸组号。

②"430"表示冷起动电流为430A。

③"80min"表示蓄电池储备容量为80min。

注意：冷起动电流：在-17.8℃和-28.9℃条件下，可获得的某特定意义下的最小电流。这个指标把蓄电池的起动能力与发动机的排量、压缩比、温度、起动时间、发动机和电气系统的技术状态以及起动和点火的最低使用电压这些重要的变量联系起来。它是指充满电的12V蓄电池在30s内，其端电压下降到7.2V时，蓄电池所能供给的最小电流，冷起动额定值给出的是总电流值。

储备容量：汽车在充电系统不工作的情况下，在夜间靠蓄电池点火和提供最低限度的电路负载所能运行的大约时间,可具体表述为:完全充足电的12V蓄电池,在25±2℃的条件下,以25A恒流放电至蓄电池端电压下降到10.5±0.05V时的放电时间。

> **知识拓展**
>
> 所谓免维护蓄电池是在蓄电池使用期间不需要添加蒸馏水,当充电指示器显示电解液面高度不足时,蓄电池即应换新。
>
> 免维护蓄电池的特点:
>
> (1)电解液液面的降低极慢。传统蓄电池的栅架是以锑为主要成分,而免维护蓄电池是以钙合金代替锑合金,钙铅合金极板的充电电流比锑合金小,可减少蓄电池内部的发热量,故可降低电解液中水分的减少速度。
>
> (2)外壳底部的肋条高度降低,增加电解液容量。水分减少的速度慢,加上电解液容量较大,故MF蓄电池有足够的电解液使用很长的时间。当充电指示器显示电解液面过低时,通常蓄电池已使用相当时间,达到需要换新的时候了。
>
> (3)自放电率降低。栅架使用锑为自放电的原因之一,MF蓄电池使用低锑或钙铅合金栅架,可使自放电率明显降低。
>
> (4)蓄电池盖板上装有充电指示器。充电指示器可显示蓄电池的充电程度及电解液面是否过低。
>
> (5)蓄电池桩头、固定架等的腐蚀情形大为降低。因MF蓄电池的排出气体很少,故对蓄电池顶部及附近零件的腐蚀现象大为降低。
>
> (6)MF蓄电池的钙铅合金栅架,其导电性良好,比传统相同大小的蓄电池,其冷车起动能力约高出20%。

2.1.4 蓄电池的检查与更换

一、技术要求与标准

(1)能在20min内独立完成作业项目。

(2)使用高频放电计测量蓄电池端电压时,若负载电流为110A,则最小电压不得低于9.6V。

(3)蓄电池电缆的拆装顺序为:先拆下蓄电池的负极接线,再拆正极接线;安装时,先装正极接线,后装负极接线。

(4)蓄电池应固定牢固,否则,剧烈震动将影响其使用寿命。

(5)蓄电池电解液具有强腐蚀性,避免接触皮肤或溅落到眼睛内。

(6)蓄电池附近禁止明火。

(7)MF蓄电池通过电眼检查电解液液面高度和工作状态。

二、实训器材

蓄电池测试仪、万用表、套筒、连杆、棘轮扳手、翼子板护裙等,如图2-12所示。

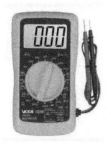  

图2-12 常用工具

三、作业准备

（1）汽车进入工位前，将工位清理干净，准备好相关的器材。

（2）拉紧驻车制动器操纵杆，并将变速杆置于空挡或驻车挡（P挡）位置，如图2-13所示。

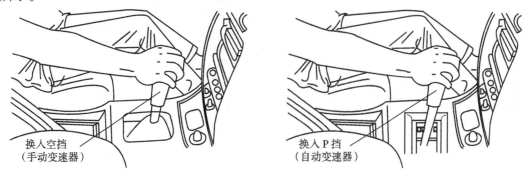

图2-13 换入空挡或P挡

（3）套上转向盘护套、变速杆手柄套和座位套，铺设脚垫。

（4）在车内拉动发动机舱盖手柄，在车外打开并支撑发动机舱盖（图2-14）。

（5）粘贴翼子板和前脸磁力护裙。

图2-14 支撑发动机舱盖

四、操作步骤

（1）确认点火开关处于关闭状态。确认灯光、空调、音响等开关也处于关闭状态。

（2）找到蓄电池，通常在前方的左侧或右侧角落里，如图2-15所示。

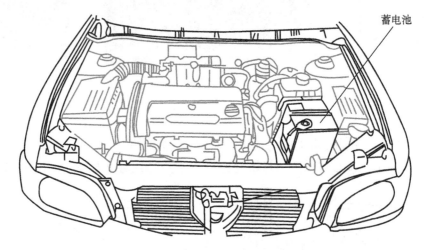

图2-15　汽车蓄电池的位置

（3）检查蓄电池接线柱。检查桩头及接头上是否有白色或绿白色的腐锈物，如图2-16所示。使用钢丝刷或砂纸刷除腐锈物，必要时拆下接头清洁后再装回，将黄油涂抹在桩头及接头上。

最后检查蓄电池正极的橡皮保护套有无定位及是否破裂，如图2-17所示。

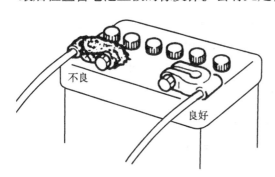
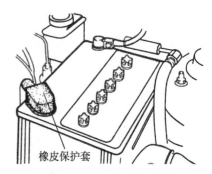

图2-16　检查桩头及接头上的腐锈物　　　图2-17　蓄电池正极的橡皮保护套

（4）检查蓄电池固定情况。蓄电池固定架及固定座锈蚀时，以钢丝刷及小苏打水刷洗，再以清水冲净，如图2-18所示。最后以耐酸漆喷涂或涂以黄油。保证蓄电池良好稳定的固定。

（5）蓄电池外壳的检查。检查蓄电池外壳是否龟裂或变形，如图2-19所示。外壳变形时，注意是否因过度充电所引起。

（6）检查电解液高度。电解液面的高度必须保持在上下限之间，如图2-20所示。一般蓄电池电解液高度不足时，应添加蒸馏水；MF蓄电池电解液液面不足时，蓄电池应换新。

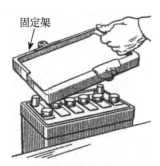

图2-18 蓄电池固定架　　　图2-19 蓄电池外壳龟裂

（7）检查电解液密度。密度计放入分电池中，吸取定量的电解液，使密度计内浮子浮至适当位置，以读取密度，如图2-21所示。

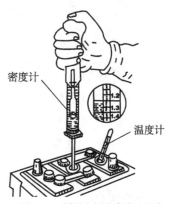

图2-20 电解液高度　　　图2-21 测量电解液密度和温度

测量密度时，同时放入温度计测量电解液温度。读取密度，并做温度校正。蓄电池电解液正常的密度值如表2-2所示。

蓄电池电解液密度　　　　　　　　　　　表2-2

温 度 条 件	蓄电池状态	电解液密度（g/cm³）
常温下	放电	1.12
	半充电	1.20
	全充电	1.28
热带地区	放电	1.08
	半充电	1.14
	全充电	1.23

若各分电池中的电解液密度相互间的偏差不超过0.02g/cm³，可对蓄电池进行充电，以恢复其性能；若在一个或两个相邻分电池中的电解液密度明显地下降，说明蓄电池有短路故障，应对其进行修复或更换。

（8）蓄电池起动性能的检查。

①可用万用表检查蓄电池的开路电压，如图2-22所示。若蓄电池电压不低于12V，为正常。若低于12V，说明蓄电池已放电，需要进行充电。

②用蓄电池测试仪检查蓄电池性能。将黑色的测试夹钳连接到蓄电池的负(-)极，将红色的测试夹钳连接到蓄电池的正(+)极；根据提示选择相应选项和参数，按 ENTER 键确认，测试仪将显示蓄电池性能(良好、需充电、更换)。

(9)拆卸蓄电池。若蓄电池不易检查或需要更换时，可进行拆卸。先拆下蓄电池的搭铁线，再拆正极接线。拆下蓄电池压板，从支架中取出蓄电池，如图2-23所示。

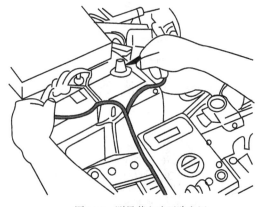
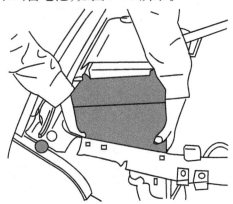

图2-22　测量蓄电池开路电压　　　　　　图2-23　拆卸蓄电池

(10)安装蓄电池。将固定压板压在蓄电池底部凸缘上。先将蓄电池正极接线接上，然后连接上搭铁线，如图2-24所示。

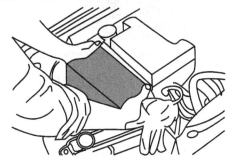

图2-24　安装蓄电池

(11)完成。整理好各种工具及其他物品。车上蓄电池必须确实固定。其他蓄电池则放回定位，并摆放整齐。

2.1.5　蓄电池充电

一、技术要求与标准

(1)能在20min内独立完成作业项目。
(2)充电区必须保持通风良好。

二、实训器材

(1)车载蓄电池。

（2）充电机。

（3）磁力护裙、转向盘护套、变速杆手柄套、脚垫和座位套等。

三、作业准备

（1）与"蓄电池检查与更换"的作业准备相同。

（2）蓄电池桩头必须先清洁干净，以免接触不良。

（3）观察蓄电池侧面的液面指示线，检查液量。如果减少到达（LOWER）位置，进行下一步。

（4）打开蓄电池的加水通气盖。

（5）高度不足时补充蒸馏水。补液时应使6个单格分电池的液面均匀等高，到上限（UPPER LEVEL）位置。

（6）如果蓄电池装有指示器，可对其进行确认从而检查充电状态，中心部位呈蓝色时即为正常，如图2-25所示。

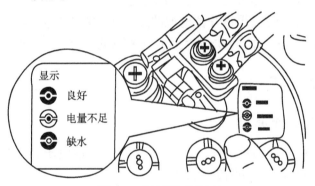

图2-25 指示器检查蓄电池

四、操作步骤

❶ 一般充电

（1）将充电机电源插头插在500W以上的专用线束插座。

（2）红色夹夹在蓄电池正（+）极，黑色夹夹在蓄电池负（-）极。

（3）切换开关扳在正确电压侧，如12V或24V等。

（4）转动调节器至规定的充电电流。

（5）充电时间大约如表2-3所示。

剩余电量状况与充电时间的关系　　　　　　　　　　表2-3

剩余电量状况（密度值g/cm³）	充电时间（h）
几乎没有剩余电量（密度1.10以下）	10
只点示宽灯也暗（密度1.15以下）	8
前照灯暗（密度1.20以下）	7
发动机起动有困难（密度1.23以下）	6

（6）先关闭充电机开关，再拆开蓄电池的连接线，并收放整齐。

（7）装回加水通气盖，并将蓄电池表面的电解液擦拭干净。将蓄电池摆放整齐。

注意： 新蓄电池或修复后的蓄电池在使用之前的首次充电称为初充电。初充电的充电电流要小些、充电时间适当延长。

2 快速充电

（1）车上蓄电池充电前，必须先拆开蓄电池的搭铁线。

（2）将快速充电机插头插在500W以上的线束插座。

（3）红色夹夹在蓄电池正（+）极，黑色夹夹在蓄电池负（-）极。

（4）切换开关扳在正确电压侧，如单一蓄电池在12V侧。

（5）旋转电流调节器至充电电流为蓄电池电容量安培数的1/2，例如100A·h时，充电电流为50A。

（6）利用定时器，设定充电时间，例如30min。

（7）测量电解液温度，超过45℃时，降低充电电流或停止充电。

（8）先关闭充电机开关，再拆开蓄电池的连接线，并收放整齐。

（9）装回加水通气盖，并将蓄电池表面的电解液擦拭干净。将蓄电池摆放整齐。

2.2 交流发电机

2.2.1 发电机的工作原理

导体在磁场内运动切割磁力线，在导体中会产生感应电压。如果将导体连成一个完整电路，则电路中会有电流，如图2-26所示。

在导线中放置磁铁，并使磁铁旋转，则旋转的磁力线切割导线，在导线中会产生电流，如图2-27所示。

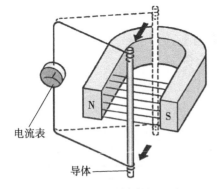

图2-26 导体在磁场内运动

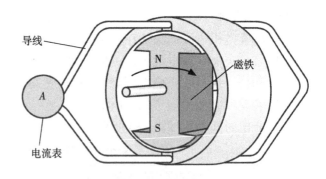

图2-27 磁铁在导线中旋转

无论导体或是磁铁运动时，电流表指针都会摆动。电流表指针摆动的方向，由导体或磁铁运动方向而定。指针摆动的角度，随导体或磁铁的运动速度加快而增大。

磁力线切割线圈，能在线圈中产生感应电压（电动势），这种现象称为电磁感应。发电机是由电磁感应产生感应电动势,因而产生电压与电流。

2.2.2 交流发电机的结构

一、概述

起动发动机时需利用蓄电池供应电动机及点火系统等各种电器所需的电流;发动机起动后,必须由充电装置来提供点火系及其他电器的用电,并补充蓄电池在起动发动机时所消耗的电能,如此发动机才能维持运转,熄火后才能再起动。

充电系统就是将发动机一部分机械能转变为电能的装置。发电机通常是由曲轴皮带盘以皮带传动。

充电系统最重要的器件为产生电能的发电机,其次为控制发电机最高输出电压的调节器,另外还需有指示充电系统工作是否正常的指示灯或电流表,及连接各电器间的电线,如图2-28所示。

交流发电机的功能有:在车辆行驶时,供应点火系统、空调、音响及其他电器用电;补充蓄电池在起动时损耗的电能。

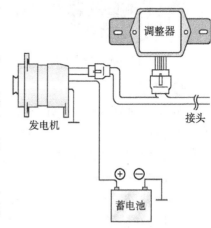

图2-28 充电系统的组成

二、交流发电机的结构

交流发电机结构如图2-29所示,由定子、转子、整流器、前盖板、电刷、后盖板与风扇等所组成。图2-29所示的交流发电机采用IC调节器。

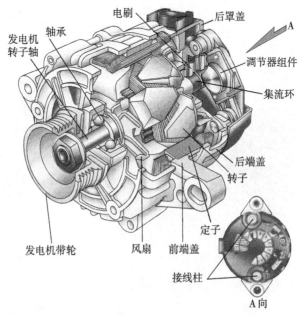

图2-29 交流发电机的构造

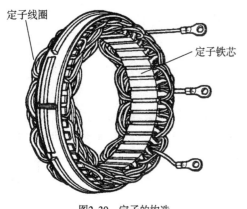

❶ 定子

定子是由定子线圈及薄铁片叠成的铁芯组成，两端为铝制的端盖所支撑，为外壳的部分，其结构如图2-30所示。

铁芯由许多涂有绝缘漆的铁片叠成，内有直槽，以容放定子线圈，槽数为转子磁极数的3倍。

定子线圈由漆包线绕成，共有三组线圈，每组由与转子磁极数相等数量的线圈串联而成。

图2-30 定子的构造

❷ 转子

转子由磁极、磁场线圈、滑环及轴等所组成，结构如图2-31所示，分成两片爪形铁，交叉组合在一起，一边全为N极，另一边全为S极，N、S极相间排列，一般为8~16极。磁场线圈在内部由磁极包住。两端以轴承支持在端壳上，前端装有皮带盘，由发动机皮带驱动，在定子中旋转。

磁场线圈以细的漆包线绕成，线的两端各接在一个滑环上，与轴及磁极有良好绝缘。滑环装在转子轴之一端，以黄铜或铜制成，与轴绝缘，供电流输入磁场线圈用。

转子线圈电流的流动回路如下：

由调节器来的电流→电刷→滑环→磁场线圈→滑环→电刷→搭铁。

❸ 整流器

整流器的构造如图2-32所示，3个正极整流二极管装在一块金属板上成为正极整流板，3个负极整流二极管装在另一块金属板上成为负极整流板。两块整流板装在铝制的端盖上。

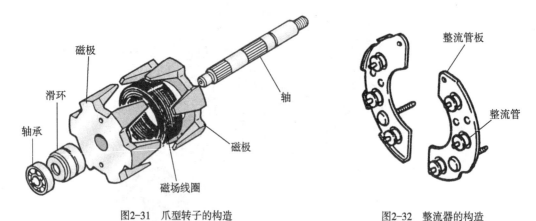

图2-31 爪型转子的构造　　　　图2-32 整流器的构造

整流二极管为大功率的二极管，构造如图2-33所示，正、负极整流二极管的外形一样，在外壳上有记号注明电流方向，正极整流管用红色，负极整流管用黑色字注明规格。

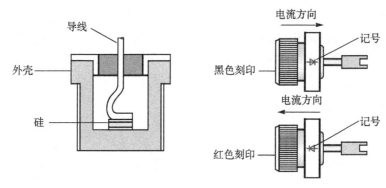

图2-33 整流二极管的构造

整流器必须散热良好,因此安装在端壳的通风口上,利用风扇强制通风冷却。整流二极管温度如超过150℃即失去整流作用。

❹ 前后盖板

发电机的前、后端盖板,如图2-34与图2-35所示,它们使用不导磁的铝合金制成,用以支承转子与定子,并有固定架安装于发动机上。上有通风孔,以让冷却空气通过。

后盖板上安装有整流器、电刷架、输出接头及轴承等。

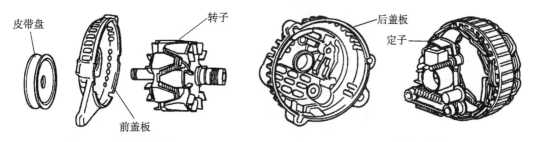

图2-34 前盖板的构造　　　　　图2-35 后盖板的构造

❺ 皮带轮及风扇

皮带轮装在转子轴的前端,由发动机皮带驱动。

风扇装在转子轴的前端或发电机的内部,如图2-36所示,用以冷却转子线圈及整流管等。

❻ 电压调节器

交流发电机在低速时就要能发出足够的电压供汽车电器及充电时使用,因此在低速时需以较大的电流供应磁场线圈以产生强力磁场,使发电机能产生足够的电压。当交流发电机的转速升高后,必须降低流过磁场线圈的电流,以减弱磁场强度,来保持发电机的电压不继续升高,以免烧坏电器。调节器就是用来控制磁场线圈电流大小,以控制发电机输出电压的装置。

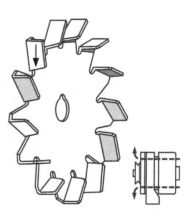

图2-36 有方向性的抽风式风扇

别克凯越轿车交流发电机配用的调节器为集成式电压调节器(称为IC调节器),具有结构紧凑、工作可靠、体积小、质量轻等优点。IC调节器与电刷组件制成一个整体结构,并采用外装式结构,当电刷磨损或调节器损坏需要更换时,拆下总成部件的两个固定螺钉,即可取下总成,维修十分方便。IC调节器与电刷组件总成如图2-37所示。整体式交流发电机的内部电路如图2-38所示。

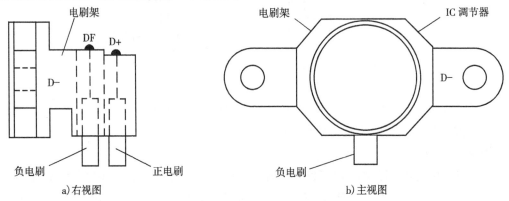

图2-37 IC调节器与电刷组件

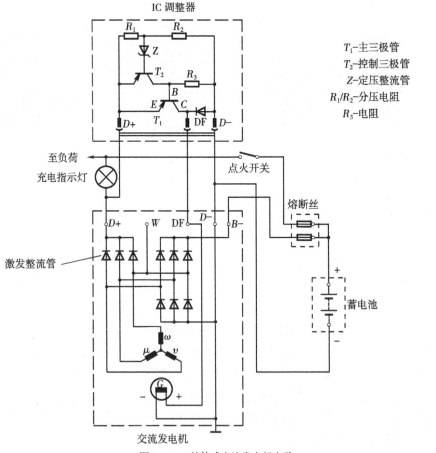

图2-38 IC整体式交流发电机电路

三、交流发电机的工作原理

磁铁在线圈中旋转时,转速越快,切割磁力线的速度也越快,产生的感应电压也越大,换句话说,电压会随磁铁转速快慢而变化。

由于采用调节方式,可以维持固定不变的电压。当交流发电机以低速旋转时,使通过电磁线圈的电流量增加;反之,当交流发电机以高速旋转时,则使电流量减少,通过调节器以控制电压在一定值。

通过电磁线圈的电流由蓄电池供给,其电流大小由电压调节器控制,故交流发电机能提供稳定的电压,而不受发动机转速的影响。

1 三相交流电的产生方法

若在定子中仅装一组线圈,则磁铁每旋转一圈,线圈中产生一次电压的变化,称为单相交流电,如图2-39a)所示。

若在定子中装置两组线圈,则磁铁每旋转一圈,线圈各产生一次电压的变化,称为双相交流电,如图2-39b)所示,相较落后90°,交流电波的变化不稳定,故不被采用。

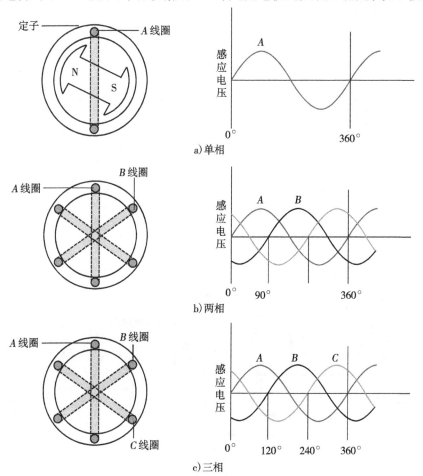

图2-39 三相交流电的产生方法

若在定子装置三组线圈,则磁铁每旋转一圈,线圈各产生一次电压的变化,称为三相交流电,如图2-39c)所示。每一相位相差120°,波形变化平均且密集,输出平稳,故交流发电机都采用三相方式。

汽车用交流发电机的转子一般采用8~16极,若以6对(12极)计算,则转子每转一转,可以产生18次交流电波,再经整流管全波整流后,则电压的输出变化很小,非常平稳。

❷ 整流原理

汽车上的电器都是使用直流电,因此定子线圈感应的交流电必须经过整流后才能输出,保证车上电器正常运行,并充电到蓄电池。整流方式有全波整流及半波整流两种。

如图2-40a)所示,在线路中装一只整流管时,只能让单一方向的电流通过,反方向则不能流过,称为半波整流。

如图2-40b)所示,在线路中安装四只整流二极管,方向交替变化,则电流可依实箭头及虚箭头两条通路流出,正反方向的电流均能利用,效率比半波整流大1倍,故汽车交流发电机均采用全波整流。

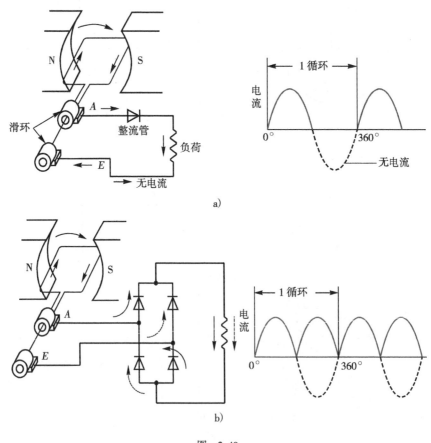

图 2-40

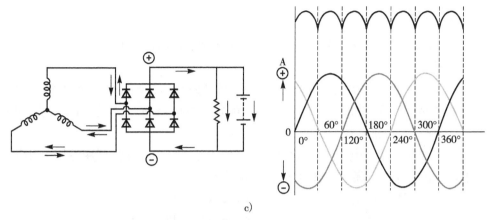

图2-40 整流回路

一组线路做全波整流需四只整流管,但三相交流的三组线路因可互相共用,故仅需使用六只整流二极管,即可全波整流,如图2-40c)所示。

交流发电机若使用不当很容易损坏,因此,使用时必须注意下列事项。

(1)蓄电池的正负极不可接错,否则大量电流流入发电机,使整流管烧坏。

(2)不可串联两个蓄电池来起动发动机,否则,会使整流管烧坏。

(3)使用快速充电机在车上充电时,应拆开蓄电池搭铁线,以免整流管受过高电压而损坏。

(4)勿让发电机在无负荷下高速运转,否则,发电机会因电压过高而损坏。

2.2.3 交流发电机的检查与更换

一、技术标准与要求

(1)能在50min内独立完成作业项目。

(2)不允许使用试火方式检查发电机是否发电。

(3)在发动机停机状态下,不允许点火开关长时间保持"ON"挡位。

(4)发电机与蓄电池之间的电缆要可靠连接。正负一致,搭铁可靠。

(5)发电机楔形皮带的挠度和性能正常。新皮带挠度为2mm;旧皮带挠度为5mm。如传动异响,应更换传动带。

(6)发电机皮带张紧器固定螺栓力矩为25N·m,发电机紧固螺栓力矩为25N·m。

二、实训工具

万用表、电流表、套筒、内六角接头、连杆、棘轮扳手、开口扳手、翼子板护裙及驾驶室保护罩等。

三、实训准备

与"蓄电池检查与更换"的作业准备相同。

四、实操步骤

（1）检查楔形皮带挠度。用拇指下压皮带轮与张紧装置之间的楔形皮带，检查皮带挠度是否正常。

（2）检查充电指示灯状况。打开点火开关，预热发动机3~5min，关闭发动机。转动点火开关位于"ON"挡位。此时组合仪表中的充电指示灯应点亮。再次起动发动机，并提高转速到600~800r/min，充电指示灯应自动熄灭。

（3）检查发电机输出电压。起动发动机，逐渐升高发动机转速，使用万用表测量蓄电池的端电压，指示电压应高于空载电压(正常值为12~12.6 V)。

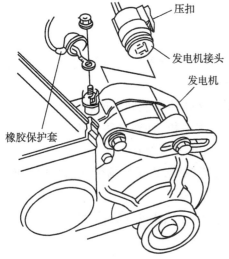

（4）检查电压调节器。

（5）检查发电机输出电流。

（6）拆卸发电机。

①拆下蓄电池负极搭铁。

②移开橡皮保护套，如图2-41所示。

③拆开发电机接头。

④拆开调整螺栓及固定螺栓，如图2-42所示。

⑤取下皮带及发电机。

（7）安装发电机。

①按拆卸的相反顺序装回。

②发电机的固定螺栓及调整螺栓先暂时装上，不要锁紧。

图2-41 拆开发电机的接头

③发电机驱动皮带正确与错误的安装方法如图2-43所示。图2-43b)所示为皮带盘多一个V形槽时，皮带必须靠发动机侧安装。

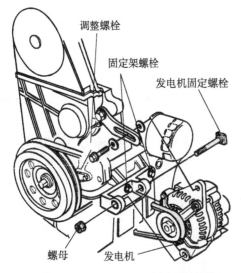

图2-42 拆开发电机调整螺栓及固定螺栓

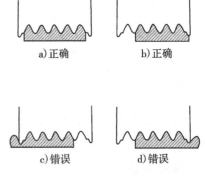

a) 正确   b) 正确

c) 错误   d) 错误

图2-43 驱动皮带的安装方法

(8)皮带紧度调整。

①将发电机朝发动机的相反侧推移,锁紧固定螺栓及调整螺栓。

②检查皮带紧度,如图2-44所示,以98N的力量向下压,检查皮带的变形量。新皮带的变形量4~6.5mm;旧皮带的变形量7~10mm。

注意: 各车型及不同形式皮带的规格稍有差异,请查阅修护手册。

另一种检查皮带紧度的方法,是使用皮带张力器,如图2-45所示,为三种不同形式的皮带张力器,中间的皮带张力器,可检查空间较狭窄处皮带的紧度。新皮带的皮带张力为638~785N;旧皮带的皮带张力为391~638N。

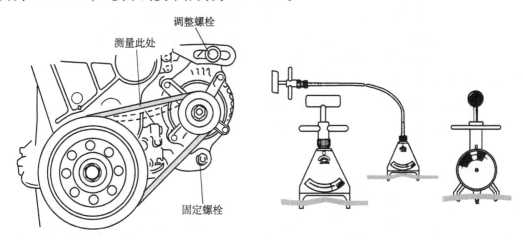

图2-44 检查皮带紧度　　　　图2-45 皮带张力器的形式

所谓新、旧皮带的分法,装在发动机上运转时间未超过5min的皮带,称为"新皮带";运转时间超过5min以上的皮带,称为"旧皮带"。因此新皮带安装调整后,让发动机运转5min以后,必须重新检查皮带的变形量或张力。

皮带紧度调整完成后,发动发动机,检查发电机运转是否正常和充电指示灯是否熄灭。

(9)发电机运行检查。按照发电机性能检查的步骤和要求,再次对发电机的输出电压、电流等性能指标进行检测,确保发电机的正常使用。

(10)完成。拆除翼子板护罩、椅套等折叠收拾妥当;关闭发动机舱盖;清理工具和仪器;清洁工作区卫生。

2.2.4 发电机的分解、检查及装配

一、技术标准与要求

(1)能在50min内独立完成作业项目。

(2)保证分解后,各个部件的完整良好。

(3)准确良好的完成定子、转子、整流器、电刷等的检查(具体技术参数见操作步骤)。

(4)各部件检查完成后,准确地恢复装配。

二、实训工具

万用表、游标卡尺、弹簧秤、汽车用交流发电机、电烙铁、维修工具等。

三、实训准备

（1）发电机外表清洁干净。
（2）准备零件盒，以放置零件。

四、实操步骤

（1）拆开固定螺栓，使前盖总成与后盖总成分离，如图2-46所示。
（2）拆开转子轴上的固定螺母，使皮带盘、前盖、转子等分离，如图2-47所示。
（3）必要时，使用轴承拉出器拆下轴承，如图2-48所示。
（4）拆开固定螺母及绝缘衬套。
（5）拆开整流器固定螺栓及电刷架固定螺栓。
（6）将后盖与定子分离，如图2-49所示。

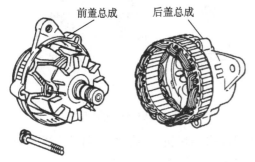

图2-46　分开前盖总成与后盖总成

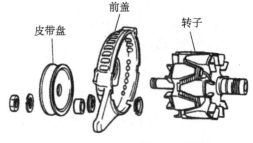

图2-47　皮带轮、前盖与转子

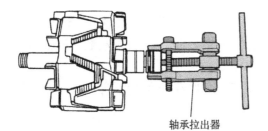

图2-48　拆下轴承

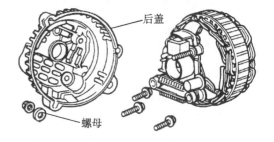

图2-49　将后盖与定子分离

（7）拆下IC调节器，如图2-50所示。
（8）以电烙铁将整流器上的定子线圈焊点熔开，如图2-51所示，取下整流器。
注意： 电烙铁停留在焊点上的时间不要超过5s，并使用尖嘴钳以帮助散热。
（9）发电机分解后，如图2-52所示。
（10）转子检查。
①滑环检查。

滑环表面应平滑,无刮痕或粗糙现象。

使用游标卡尺测量滑环外径。滑环标准外径为32.3~32.5mm；滑环最小外径为32.1mm。

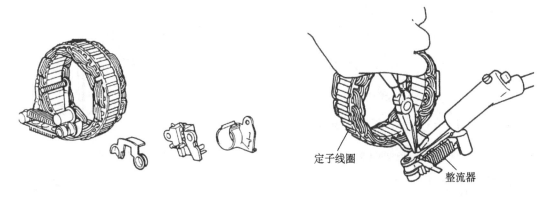

图2-50 拆下IC调节器　　　　　　　图2-51 熔开整流器上的焊点

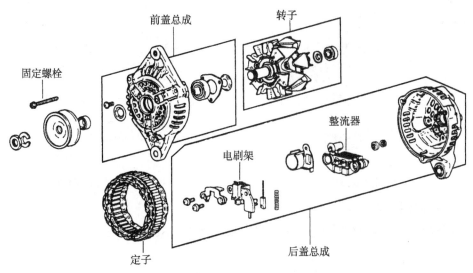

图2-52 发电机的分解图

②磁场线圈电阻检查。

使用欧姆表在冷态时检查,如图2-53所示。若不导通时,更换转子。

非IC调节器的磁场线圈电阻为3.9~4.1Ω；IC调节器的磁场线圈电阻为2.8~3.0Ω。

③搭铁检查。

使用欧姆表检查,滑环与磁极或滑环与转子轴间应不导通,如图2-54所示。若导通,应更换转子。

(11)定子检查。

①使用欧姆表检查,各组定子线圈之间应导通,如图2-55所示。

②使用欧姆表检查,定子线圈与铁芯间应不导通,如图2-56所示。

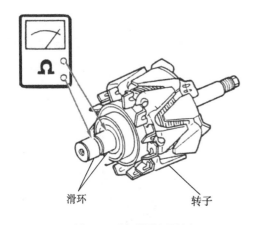
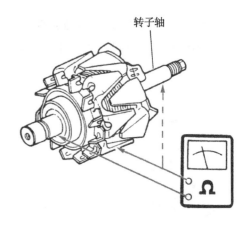

图2-53 磁场线圈电阻检查　　　　　图2-54 搭铁检查

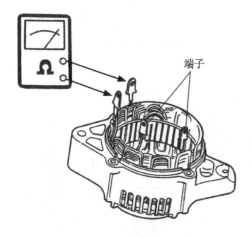
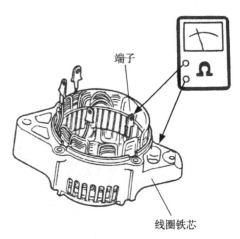

图2-55 定子线圈检查　　　　　图2-56 定子线圈搭铁检查

(12) 整流器检查。

检查整流器的外观及线路,如图2-57与图2-58所示。

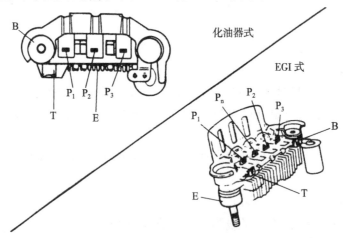

图2-57 整流器的外观

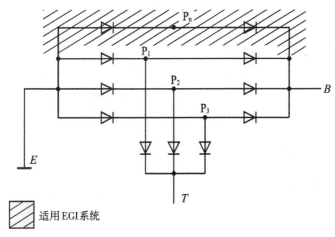

适用EGI系统

图2-58 整流器的线路

使用欧姆表,如表2-4所示,检查是否导通。若有故障,更换整流器。

(13)电刷及电刷弹簧检查。

①电刷检查。

使用游标卡尺检查电刷凸出长度,如图2-59所示。电刷凸出长度的标准值10.5mm,最小值4.5mm。

整流器检查表　　表2-4

负 极	正 极	通 路
E	P_n、P_1、P_2、P_3	是
B		否
T		否
P_n、P_1、P_2、P_3	E	否
	B	是
P_1、P_2、P_3	T	是
P_n		否

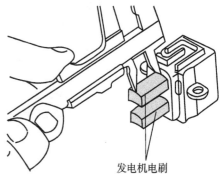

图2-59 电刷凸出长度检查

电刷凸出长度不符合规定时,使用电烙铁焊开接点,换新电刷。有些电刷上有磨耗极限指示线,当指示线露出时,表示电刷必须换新,如图2-60所示。

②电刷弹簧检查。

使用弹簧秤测量电刷弹簧弹力,如图2-61所示,将电刷压入至伸出2mm时检查。电刷弹簧弹力的标准值为0.3~0.4kgf;最低值为0.21kgf(1kgf=9.80665N)。弹力不足时需更换弹簧。

(14)轴承检查。

旋转并加压力,检查轴承转动时感觉是否粗糙、如阻力太大或有异音。使用轴承拉出器及压床,更换轴承。

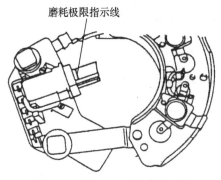
图2-60 电刷上的磨耗极限指示线

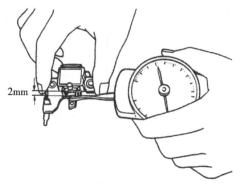
图2-61 检查电刷弹簧弹力

(15) 电压调节器检查。

①关闭所有电器负荷,如前照灯、空调、刮水器等。车辆行驶后不宜立刻检验,应待电压调节器冷却至适当温度后再检查。

②接上电压表、电流表,如图2-62所示。

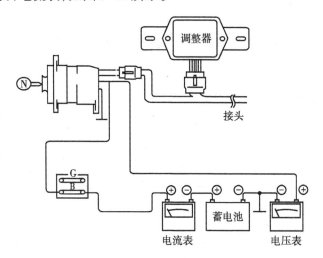
图2-62 接上电压电流表

③起动发动机,暖车后并以2500r/min运转数分钟(注:起动发动机前,应暂时在蓄电池与电动机间跨接一条蓄电池线,待发动机起动后才取下)。

④检查电流表,正常情形下,充电电流应在5A以下。

⑤发动机转速在怠速与2500r/min间升降,检查电压表读数,若在14.4~15.1V范围内时,表示电压调节器功能正常。

(16) 发电机装配。依分解的相反顺序组合。组合发电机时应注意以下事项。

①各零件应清洁干净。

②定子线圈与整流管焊连时,动作必须迅速。

③利用电刷止挡杆,如图2-63所示,挡住电刷,以方便发电机的组合,组合后再小心拉出止挡杆。

④组合后,转动转子,检查旋转是否正常。

(17)完成。整理工具及仪器,清理场地卫生。

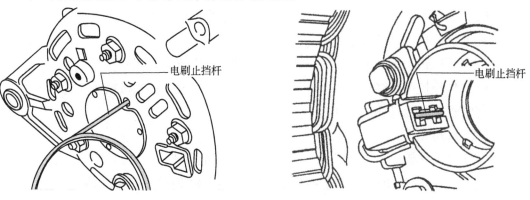

图2-63 电刷止挡杆的使用

理 论 测 试

一 填空题

1. 汽车在正常行驶时,汽车的全部电器用电均由_____供给。

2. 在进行蓄电池的拆装过程中,应先拆下_____电缆,再拆卸_____电缆。安装时应先装_____电缆,后安装_____电缆。

3. 极板组一般由_____、_____、_____和_____等部分组成。

4. 免维护蓄电池"电眼"颜色表示其工作状态,其中_____色表示蓄电池正常;_____色表示蓄电池电量偏低,需要充电;_____色表示蓄电池损坏需要更换。

5. _____就是将发动机一部分机械能转变为电能的装置。发电机通常的传动方式是_____传动。

6. 充满电的蓄电池放置一段时间后,内部的存电自然消耗的现象,称为_____。

二 选择题

1. 12V蓄电池有_____分电池。
   (A)两个　　(B)三个　　(C)四个　　(D)六个

2. 对极板组叙述错误的是_____。
   (A)隔板平滑面向负极板　　(B)隔板槽沟面向正极板
   (C)正极板比负极板多一片　　(D)正极板作用时易弯曲

3. 球式的充电指示器,当视窗黑色区可看到绿圆圈时,表示_____。
   (A)电解液面及充电正常　　　(B)电解液面太高
   (C)充电不足　　　　　　　　(D)电解液面太低

4. 关于蓄电池叙述正确的是_____。
   (A)正极桩头刻记号　　　　　(B)负极桩头刻记号
   (C)负极桩头涂红色　　　　　(D)正极桩头比负极桩头大

5. 蓄电池充电后,负极板变成_____。
   (A)硫酸铅　　　　　　　　　(B)铅
   (C)过氧化铅　　　　　　　　(D)硫酸钡

6. 电解液温度40℃时,测得的密度为1.220,问在20℃时的正确密度是_____。
   (A)1.230　　(B)1.252　　(C)1.142　　(D)1.234

7. 一般蓄电池容量的表示方法是_____。
   (A)A　　　　(B)kA　　　(C)Ah　　　(D)kV

8. 蓄电池电解液自然减少时,应添加_____。
   (A)密度为1.260的稀硫酸　　(B)密度为1.280的电解液
   (C)盐酸水　　　　　　　　　(D)蒸馏水

9. 不同容量的蓄电池串联充电,甲说充电电流应以小容量的蓄电池为基准进行选择;乙说充电电流应以大容量的蓄电池为基准进行选择。则_____。
   (A)甲正确　　　　　　　　　(B)乙正确
   (C)两人均正确　　　　　　　(D)两人均不正确

10. 汽车蓄电池的作用有_____。
    (A)作为电源
    (B)稳压
    (C)在汽车充电系统发生故障时提供车辆所必需的电能
    (D)以上说法均正确

三 判断题

1. 汽车蓄电池是做储存电能用的。　　　　　　　　　　　　　　　(　)
2. 铅蓄电池为二次电池。　　　　　　　　　　　　　　　　　　　(　)
3. 蓄电池放电量越多时,蓄电池的开路电压越高。　　　　　　　　(　)
4. 电解液的温度高时,其密度增加。　　　　　　　　　　　　　　(　)
5. 蓄电池内部存电自然消耗的现象,称为自放电。　　　　　　　　(　)
6. 蓄电池的小时放电率与20h放电率相同。　　　　　　　　　　　(　)
7. 温度过高会使蓄电池的寿命缩短。　　　　　　　　　　　　　　(　)

8. 电解液的液面高度应高出极板10~15mm。　　　　　　　　（　）
9. 免维护蓄电池的使用寿命，一般都在2年。　　　　　　　　（　）
10. 交流发电机定子的作用是产生三相交流电。　　　　　　　（　）
11. 集成电路调节器可装于发电机内部，构成整体式硅整流发电机。（　）
12. 配制电解液时，只能将硫酸慢慢地加入水内，并不断搅拌。　（　）

四 简答题

1. 汽车蓄电池的作用。

2. 写出蓄电池放电时的化学反应式。

3. 哪些原因会造成自放电现象？

4. 免维护蓄电池的特点有哪些？

5. 简述蓄电池的检查与维护项目。

6. 试述发电机的工作原理。

7. 试述交流发电机的组成。

8. 试述电压调节器的功能。

9. 简述发电机的检查与维护项目。

10. 简述发电机解体、测量步骤及注意事项。

单元3

起动系统

● 知识目标:

1. 了解单向离合器的结构及工作过程;
2. 了解起动机的控制电路、起动主电路;
3. 了解起动机的构造、主要部件的作用及工作原理;
4. 掌握起动机的控制过程和工作过程。

● 能力目标:

1. 能操作点火开关起动发动机;
2. 能完成起动系统功能检查;
3. 能正确进行起动机分解、检查、组合及起动机的性能测试;
4. 能熟练使用各种常见维修工具和检测仪器。

● 建议学时:

6学时。

3.1 起动系统的组成与原理

3.1.1 概述

汽油发动机或柴油发动机都必须经过"进气→压缩→做功→排气"的工作循环才能作用,因此开始起动发动机必须先靠外力摇转曲轴,常用的外力有人力和电力两种,人力起动简单,但不方便,劳动强度大,目前只有在部分汽车上作为后备方式而保留。电力起动操作方便,起动迅速可靠,重复能力强,所以在现代汽车上被广泛应用。

如图3-1所示,为起动系统的示意图。实线部分为起动机电路,虚线部分为起动开关控制线路。图中包括蓄电池、电磁开关、起动机、点火开关等。

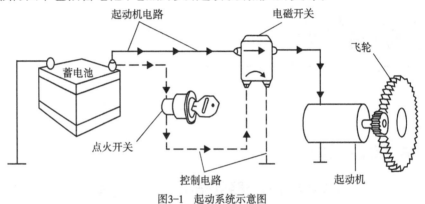

图3-1 起动系统示意图

起动机需产生很大的电流,约50~300A,因此我们使用点火开关以较小的控制电流,约3~5A,经电磁开关中线圈产生的磁力来控制接点的开闭,通断主电路。

3.1.2 起动系统组成

汽车的起动系统是由蓄电池、点火开关、起动安全开关、电磁开关、起动机和导线等元件组成的,如图3-2所示。

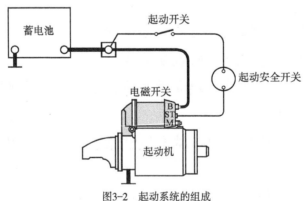

图3-2 起动系统的组成

一、蓄电池

蓄电池供应起动机所需的大电流。

二、点火开关

汽车的点火开关装在转向柱上,通常有五个挡位,如图3-3所示。

(1)锁止(LOCK)。钥匙在此位置才能拔出,也在此位置锁住转向盘,以防汽车无钥匙被移动或被开走。

(2)关闭(OFF)。在此位置全车电路不通,但转向盘可以转动,以便不起动发动机移动车子使用。

(3)附件(ACC)。在此位置汽车附属电器的电路接通,如点烟器、收音机等,但点火系统不通。不起动发动机听收音机时应开在此位置。

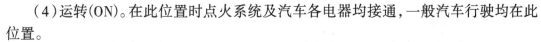

图3-3 点火开关的位置

(4)运转(ON)。在此位置时点火系统及汽车各电器均接通,一般汽车行驶均在此位置。

(5)起动(START)。由运转位置顺时针方向扭转钥匙即为起动位置,手放松时,钥匙又可回到运转位置。在起动位置,点火系统及起动系统均接通以起动发动机。

三、起动安全开关

起动安全开关是一种常开开关,以防止变速器不在空挡或发动机在运转中,使起动系统产生作用发生危险或损坏齿轮的安全装置。

使用自动变速器的汽车,都安装起动安全开关,只有选择杆在空挡N或驻车挡P位置,起动线路才能接通,如图3-4所示。

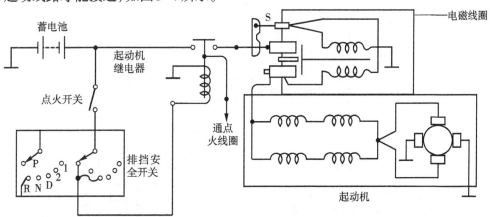

图3-4 起动安全开关在或才能接通

使用手动变速器的汽车,有一部分装有起动安全开关。如美国与加拿大的手动挡车,装用离合器起动继电器与离合器起动开关,如图3-5所示,当离合器起动开关接通时,离合器起动继电器线圈通电,接点闭合,使起动线路接通。

离合器起动开关的安装位置,如图3-6所示,当离合器踏板放开时,起动线路切断;踩下离合器踏板时,起动线路接通。

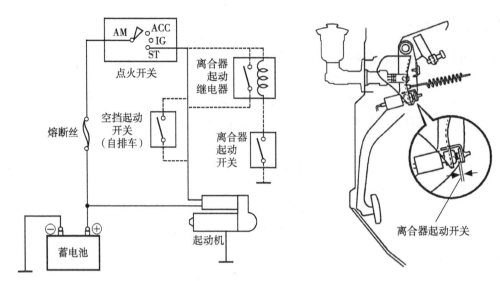

图3-5 手动挡汽车用的离合器起动继电器与起动开关　　图3-6 离合器起动开关的位置

四、电磁开关

用以控制起动机驱动齿轮与飞轮的接合分离及接通起动机电路。

五、起动机

起动机包括起动机本体与传动机构两部分。

3.1.3 起动系统电路

汽车发动机的起动系统电路如图3-7所示。

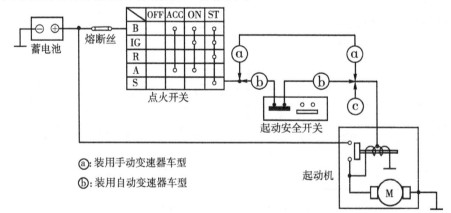

图3-7 汽车发动机起动系统电路

为保护全车电路,在蓄电池与点火开关间装用熔断丝,万一电路发生严重短路漏电,电流超过熔断丝规定电流时,熔断丝烧断,以保护电路。

点火开关在"ST"位置时,至点火系统点火线圈的电流可由"IG"经"R"接头供应,不再流经外电阻。因起动起动机时本身产生大电流,使蓄电池电压降低1~2V。如此可使起动发动机时点火线圈的电压与平常运转时相同,能产生强烈火花,使发动机容易起动。

装用自动变速器的汽车需经起动安全开关,又名抑制开关,使起动电路必须选择在空挡或驻车挡时才能作用。使用手动变速器的车子为直接连接。

3.2 起动机的构造

起动机(俗称起动马达)是起动系统中的主要组成部分,起动机由直流串励式电动机、传动机构和电磁开关三个部分组成。

起动机的功能为:利用起动机小齿轮与发动机飞轮啮合,以摇转发动机使其能发动;发动机发动后,小齿轮与飞轮必须立刻分离,以免起动机受损。

3.2.1 直流起动机

一、直流电动机的工作原理

导体中有电流流动时,其周围会感应磁场,如图3-8所示。磁力线方向依安培右手定则而定。

若将导体置于永久磁铁的N极与S极之间,由于导体通电产生的磁力线与永久磁铁的磁力线相互干扰,致导体左端的磁通量增加,而右端的磁通量减少,使导体向右移动,如图3-9a)与b)所示。当磁场越强,导体内的电流越大,或磁场内的导体长度越长时,所产生的电磁力就越大。

接着将环状的导线置于永久磁铁的磁极间,当电流通过时,由于电流在环状导线内两边的流向相反,故使环状导线顺时针转动,如图3-9c)与d)所示。

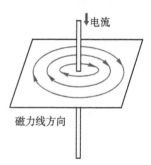

图3-8 磁力线的方向

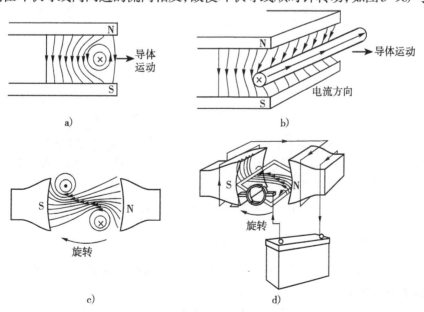

图3-9 起动机的工作原理

简单直流电动机的构造,包括磁极、电枢、换向器、电刷等,电流由电刷经换向器进入电枢线圈(即导线环)后,电枢线圈即产生转动,电枢线圈的电流方向由换向器在线圈每转半圈而改变一次,就可以使电枢线圈所受的磁场推力连续而能持续旋转,即原在N极的导线移到S极时,电流方向必须相反,才能使作用力方向一致,如图3-10所示。

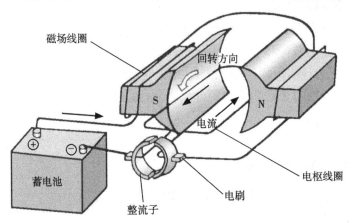

图3-10　简单起动机的构造

利用换向器,每半转使电流在导线中方向做改变,即可使导线以相同方向持续旋转,如图3-11所示。

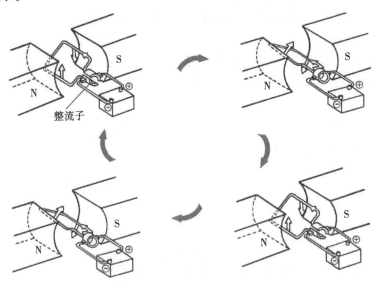

图3-11　电流在导线中方向变换的情形

二、起动机本体的构造

普通传统型起动机本体包括外壳与磁极、电枢、电刷、换向器端盖与驱动端盖等。

❶ 起动机外壳与磁极

起动机之外壳与磁极,如图3-12所示,包括外壳、磁极、磁场线圈等。外壳为软钢制的圆筒,作为磁力线的回路。磁极也是由软钢制成,与外壳精密配合,以螺栓锁在外壳上,通常使用四磁极。磁场线圈以扁铜条与绝缘纸绕成,如图3-13所示,通常使用四磁场线圈。

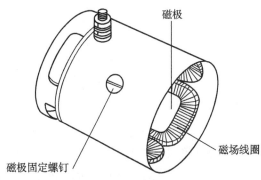

图3-12 起动机之外壳与磁极

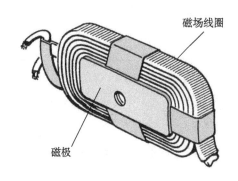

图3-13 磁极与磁场线圈

❷ 电枢

起动机电枢包括轴、软铁片叠合成的铁芯、换向器及电枢线圈,如图3-14所示。电枢轴上开有直槽或螺旋槽,供小齿轮移动用。铁芯的软铁片表面上涂有绝缘油,可以防止产生涡电流而发热。电枢线圈绕在铁芯上,每一槽中只有两条,以绝缘纸包扎。

换向器的构造,如图3-15所示,使用铜片以V形切槽嵌入绝缘套中,每一铜片间以云母绝缘片隔开,云母片较铜片低0.5~0.8mm。

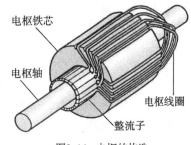

图3-14 电枢的构造

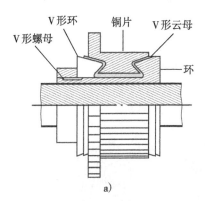
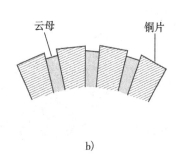

图3-15 换向器的构造

电枢线圈与磁场线圈的连接方式可分串联式、并联式与复联式三种,如图3-16所示,其中以串联式最为适合。串联式的作用特性如下:

(1)在最初摇转发动机时,起动机转速低,电枢产生的逆向电动势较小,使流经起动机的电流最大,产生的转矩大,适合最初起动用。

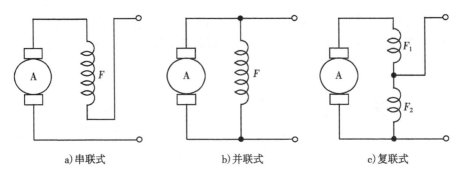

a) 串联式　　　　b) 并联式　　　　c) 复联式

图3-16　电枢线圈与磁场线圈的连接方式

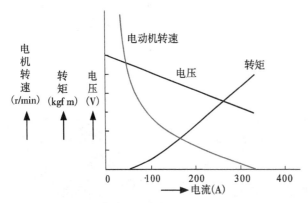

图3-17　电流与转矩及起动机转速与电流的关系

（2）当起动机转速升高时，产生的逆向电动势较大，此时流经起动机的电流较小，作用于起动机的电压增加，因此输出转矩降低，适合发动机达到一定转速。电流与转矩及起动机转速与电流的关系如图3-17所示。

❸ 电刷

起动机因需通过很大电流，因此电刷必须用含铜较多含石墨较少的材料制成，以减少电阻阻值，因一般呈铜色，故俗称铜刷，也有称为炭刷。

❹ 换向器端盖

换向器端盖包括盖板、轴承、电刷座、电刷弹簧、弹簧架等构件，如图3-18所示。

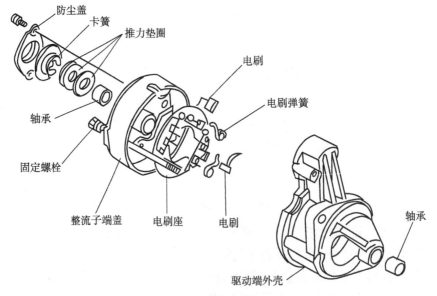

图3-18　换向器端盖及驱动端盖

5 驱动端盖

形状因起动机形式而异,通常以铸铁制成,中央装置铜套轴承,如图3-18所示。

3.2.2 电磁开关

一、电磁开关的功能

(1)类似于主开关或继电器的功能,容许由蓄电池来的工作电流通过,送入起动机。
(2)拨动驱动小齿轮,使之与飞轮啮合。
(3)现代汽车使用的电磁开关,除控制电路的通断外,还控制驱动小齿轮的接合与分离。

二、电磁开关的构造

电磁开关的构造,如图3-19所示,由吸入线圈、吸住线圈、柱塞、弹簧及接点等组成。

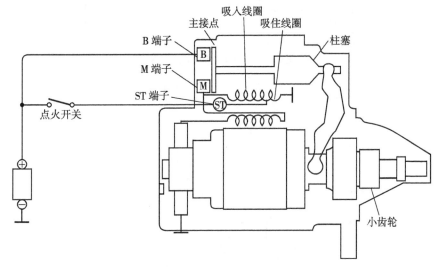

图3-19 电磁开关的构造

起动发动机时。当点火开关转到"ST"时,蓄电池电源由点火开关B端子经ST端子到起动机电磁开关的"ST"端子,电流分两路,一条经较细的吸住线圈(又称并联线圈)到外壳搭铁产生吸力;另一条经较粗的吸入线圈(又称串联线圈),经电磁线圈的M端子及起动机磁场线圈与电枢线圈搭铁,使起动机能缓慢旋转,并产生强大的电磁吸力,如图3-20所示。

吸住线圈与吸入线圈的方向相同,磁力线相加,产生的强吸力将柱塞吸入线圈中,柱塞的移动使拨叉将驱动小齿轮拨向飞轮。因起动机电枢缓慢转动,故万一齿相碰时能很快滑开而使齿轮很容易啮合,齿轮啮合后,电枢因电流小,转矩小,故停止转动。当驱动小齿轮与飞轮啮合完成后,柱塞将电磁开关B及M两个端子接通,大工作电流由蓄电池经电缆线直接通入起动机,使起动机产生强大转矩摇转发动机。此时吸入线圈两端间电压相同短路,无电流进入;吸住线圈仍有电流,如图3-21所示。

发动机起动后,若点火开关仍在"ST"位置,驱动小齿轮仍与飞轮啮合,飞轮带动小齿轮超越电枢转速高速空转。

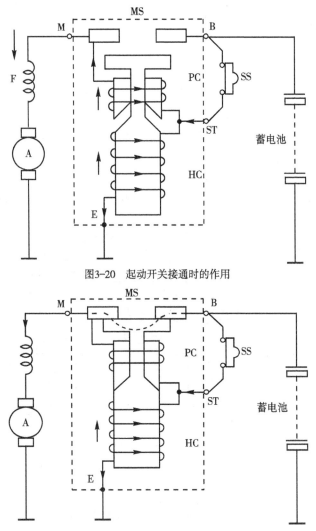

图3-20 起动开关接通时的作用

图3-21 起动机摇转发动机时的作用

发动机起动后,放开钥匙,则点火开关自动由"ST"回到"ON",此时"ST"电流切断。因电磁开关B、M端子已闭合,故电流改由B端子经接点流入吸入线圈,在吸住线圈搭铁,此时吸入线圈的电流方向与原来方向相反,而吸住线圈的电流方向仍不变,因此吸入与吸住两线圈的电流方向相反,产生的磁力互相抵消,如图3-22所示。

电源→电磁开关端子B→端子M→吸入线圈→吸住线圈→搭铁。

电磁开关的磁力消失后,弹簧将柱塞推出,拨叉将驱动小齿轮拨回原来位置。

发动机若起动失败,起动机必须迅速停止转动,以缩短再起动的等待时间,及避免驾驶人不知道起动机仍继续高速运转,而再度起动起动机,造成尖锐的碰撞声。因此起动机电枢必须有制动装置,在停止起动作用时,能使电枢很快停止空转,以便能再起动发动机。

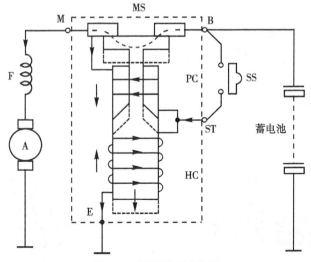

图3-22 放开钥匙时的作用

弹簧式电枢制动装置为普通传统式起动机最常采用的方式。如图3-23所示,在起动机后端,即换向器侧,由制动弹簧与锁定板等组成。

当起动机空转时,制动弹簧伸张,推移电枢顶住电刷固定架,由于电刷固定架是固定在换向器端架上,所以电枢能很快停止转动。

3.2.3 传动机构

起动机的传动机构在起动发动机时,自动使起动机小齿轮与飞轮啮合,在发动机起动后,能使起动机小齿轮自动与飞轮分

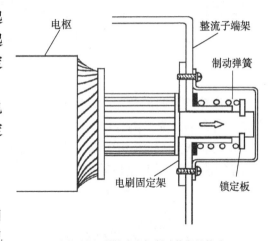

图3-23 弹簧式电枢制动装置的构造

离或自行空转,才不致因起动机高速运转而损坏。起动机小齿轮齿数与飞轮环齿数比约1:15~1:20,即传动比为15~20。

传动机构的种类主要有电磁拨动齿轮型和齿轮惯性移动型两类。

一、电磁拨动齿轮型的构造与作用

此类型齿轮啮合稳定,且磨损少。使用双线圈电磁开关拨动小齿轮的起动机,采用滚珠或滚柱式单向离合器保护起动机,为目前汽油车使用最多的起动机。

❶ 单向离合器的构造及作用

离合器的作用是只能起动机驱动发动机,发动机不能驱动起动机。摇转发动机时单向离合器锁住成为一体,起动机能驱动发动机,发动机一经起动后,转速比起动机快,单向离合器自动分离,小齿轮在起动机轴上空转,以防止起动机电枢被发动机带动快速转

动而损坏。

❷ 外动型单向离合器的构造及作用

如图3-24所示,为外动型单向离合器的构造,单向离合器的外壳与空心轴制成一体,电枢转动时,电枢轴上的螺旋齿驱动空心轴与离合器外壳,外壳的内部开有五条斜沟,放置弹簧及滚柱(或滚珠)为主动件。

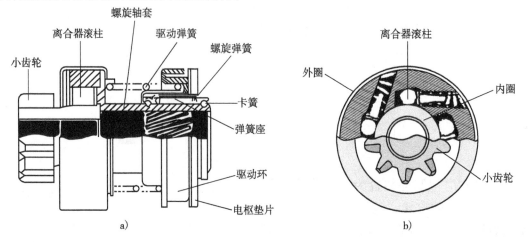

图3-24 外动型单向离合器的构造

小齿轮与单向离合器的内圈制成一体为被动件。起动时动力传递顺序为电枢轴→空心轴→离合器外壳→离合器内圈→小齿轮,如图3-25所示。

发动机发动后,小齿轮转速大于电枢轴转速,小齿轮为主动件,滚柱移到斜沟较宽处,离合器分离,只有小齿轮空转,动力不会传到电枢轴,如图3-26所示。

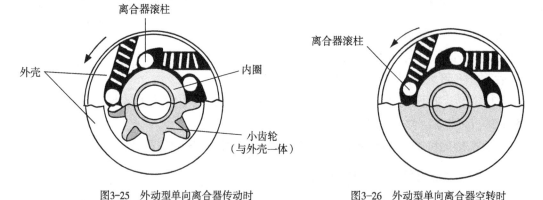

图3-25 外动型单向离合器传动时　　图3-26 外动型单向离合器空转时

二、齿轮惯性移动型的构造与作用

利用惯性使小齿轮移动的传动机构称为惯性传动机构。起动时因小齿轮配重关系,电枢轴转,小齿轮不转,因此小齿轮会在电枢轴上前进与飞轮啮合。发动机起动后,小齿轮比电枢转得快,相当于电枢轴不转,小齿轮转,因此小齿轮在电枢轴上后退,与飞轮分离,如图3-27所示。

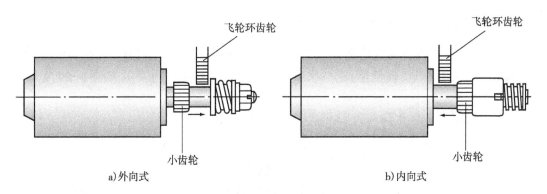

a) 外向式　　　　　　　　　　　　b) 内向式

图3-27　驱动小齿轮移动方向

3.2.4　减速型起动机的构造与作用

现代汽油发动机多已采用减速型起动机。减速型起动机可分减速齿轮组式与行星齿轮组式两种。

一、减速齿轮组式减速型起动机的构造

与普通传统式起动机比较，其最大特点为小型、轻量化及高转矩。但起动机小型化会造成散热不良，故将导线接点的锡焊改为铜焊，甚至将铜焊改为熔接方式，绝缘材料使用高耐热材料。而电枢线圈导线数的减少，使起动机小型化且高速化，高转速时转矩小，所以需用减速齿轮，使转矩增大。

如图3-28所示，在电枢轴上的惰轮驱动离合器轴上的较大齿轮，为第一次减速，减速比约3:1；离合器轴上的小齿轮驱动飞轮上的环齿轮时，为第二次减速。总减速比约45:1，以提供较高的旋转转矩。

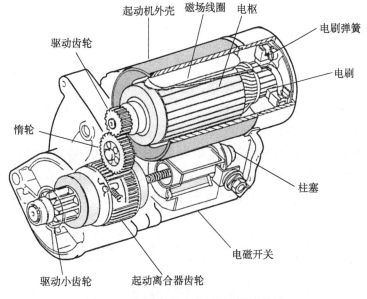

图3-28　减速齿轮组式减速型起动机的构造

二、行星齿轮组式减速型起动机的构造

行星齿轮组式没有减速齿轮组式的惰轮,是将转速在同轴上减速,可在狭窄处做大幅度减速,因此更小型、轻量化。第一次减速比约5:1,总减速比约70:1,如图3-29所示。

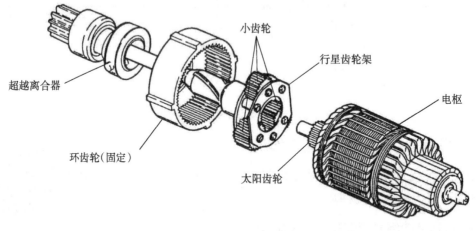

图3-29 行星齿轮组式减速型起动机的构造

三、减速型起动机的作用

1 起动开关在"ST"位置时

当起动开关转到"ST"位置时,电流经ST端子进入吸入线圈与吸住线圈,进入吸入线圈的电流,经M端子进入磁场线圈与电枢线圈,如图3-30所示。由于吸入线圈的磁化作用导致电压降,使流入磁场线圈及电枢线圈的电流变小,故起动机只以低速转动。其电流流动过程如下:

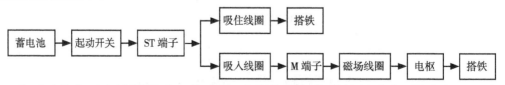

此时吸住与吸入线圈所建立的磁场,克服柱塞复位弹簧的弹力,使柱塞向左移动,驱动小齿轮,因此被向左推与环齿轮啮合。由于起动机转速慢,故两齿轮可顺利啮合,且螺旋齿条也有帮助平顺啮合的作用。

当驱动小齿轮与飞轮的环齿轮完全啮合后,柱塞左侧的接触片使端子M与端子B接通,大工作电流流入起动机,使起动机高速旋转,如图3-31所示。而此时吸入线圈两端的电压相同,电流不再流入,柱塞仅靠吸住线圈的磁力保持在最左边的位置。其电流流动过程如下:

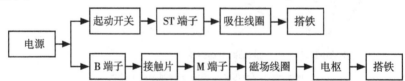

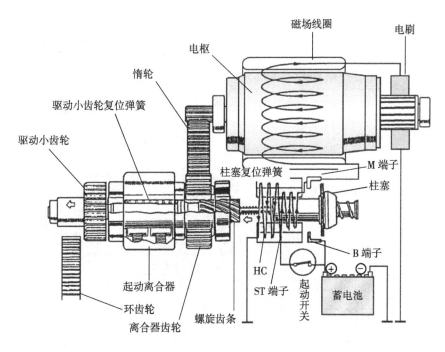

图3-30 起动开关在"ST"位置时的起动机作用（一）

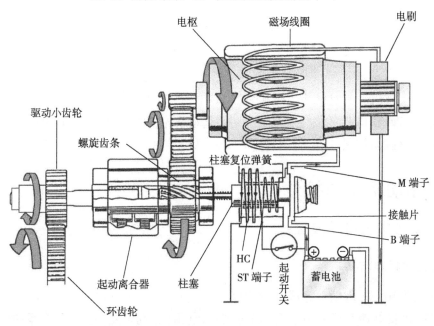

图3-31 起动开关在"ST"位置时的起动机作用（二）

❷ 放开起动开关回复"ON"位置时

ST端子电流切断，但主开关仍接通，因此电流由M端子经吸入线圈到吸住线圈，吸入线圈与吸住线圈的电流方向相反，磁力互相抵消，柱塞被复位弹簧推回右侧，因此主开关通过的工作电流被切断，驱动小齿轮也与环齿轮分离，如图3-32所示。其电流流动过程如下：

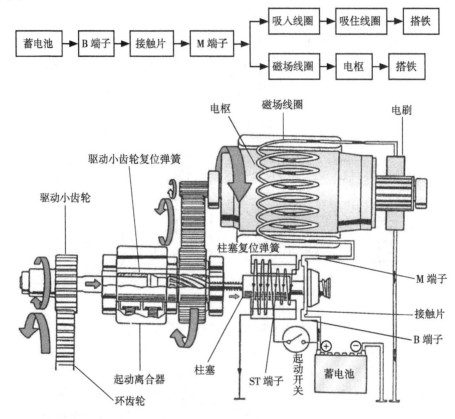

图3-32 起动开关回复"ON"位置时的起动机作用

减速型起动机电枢的惯性比普通型小，起动机本身的摩擦即可使电枢停止转动，因此不需要电枢制动装置。

3.3 起动系统的检修

3.3.1 起动系统功能检查

一、技术标准与要求

（1）能在50 min内独立完成作业项目。
（2）准确良好地完成蓄电池有负荷时端部电压、起动电路、起动开关等的检查（技术参数详见操作步骤）。
（3）能根据检查结果分析起动系统的故障原因。

二、实训工具

万用表、0~20 V电压表、维修工具等。

三、实训准备

(1)汽车进入工位前,将工位清理干净,准备好相关的工具和器材。
(2)拉紧驻车制动器操纵杆,并将变速杆置于空挡或驻车挡(P挡)。
(3)在车内拉动发动机舱盖手柄,在车外打开并支承发动机舱盖(见图3-33)。

图3-33 支承发动机舱

(4)粘贴翼子板和前脸磁力护裙。
(5)准备零件盒,以放置零件。

四、实操步骤

(1)如图3-34所示,装上起动机处的正、负极蓄电池线及ST端子。如设有抑制开关时,开关处的端子也接上。接上点火开关处的B及ST端子,检查电路。

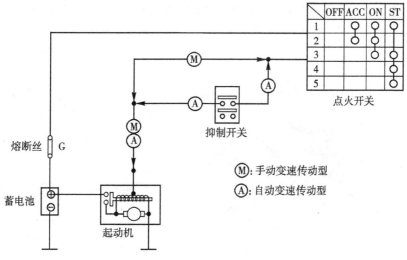

图3-34 起动机的线路

（2）如图3-35所示，在蓄电池接头接上量程0~20V的电压表。

（3）检查有负荷时蓄电池接头电压。拆开点火线圈的正极端子。起动发动机，检查电压表读数。有负荷时蓄电池接头电压10.5V以上，若电压低于10.5V，检查：

①蓄电池电容量是否不足。

②蓄电池桩头是否清洁。

③蓄电池线间的电压降是否过大。

④起动机是否损坏。

注意： 各厂牌的规格各自有些不同，有些是规定在9.6V以上，请查阅修护手册。

（4）检查有负荷时电磁开关M端子电压。

如图3-36所示，电压表红色夹接在电磁开关M端子上，黑色夹接在起动机外壳上。拆开点火线圈的正极端子。起动起动机时检查电压表读数。

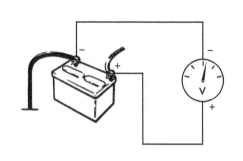
图3-35　电压表接在蓄电池正、负极

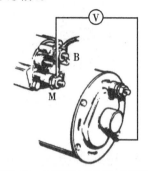
图3-36　电压表接在端子与搭铁间

有负荷时电磁开关M端子电压10.0V以上。若电压低于10.0V，检查蓄电池到M端子间线路及接头的状况。

注意： 各厂牌的规格各自有些不同，有些是规定8.0V以上，请查阅修护手册。

（5）检查蓄电池到起动机间线路的电压降。如图3-37与图3-38所示，电压表红色夹接在蓄电池正（+）极桩头上，黑色夹接在起动机M端子上。拆开点火线圈的正极端子。起动电动机时压下"2V切换按钮"，检查电压表读数。

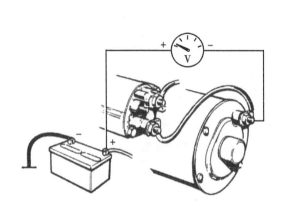
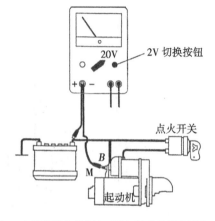

图3-37　电压表接在蓄电池正极与起动机端子间（一）　　图3-38　电压表接在蓄电池正极与起动机端子间（二）

蓄电池到起动机间线路的电压在0.5V以下。

若电压降高于0.5V以上,表示线路中有高电阻,则应继续进行步骤(6)。若电压降在规定范围内,则进行步骤(7)检查。

(6)检查电磁开关B与端子M间的电压。

如图3-39所示,电压表红色夹接在电磁开关B端子上,黑色夹接在电磁开关M端子上。拆开点火线圈的正(+)极端子。起动电动机时压下"2V切换按钮",检查电压表读数。

电磁开关B与端子M间的电压应在0.4V以下。

若电压高于0.5V以上,表示电磁开关内接触不良,或接头松动。

(7)检查有负荷时搭铁回路的电压。如图3-40所示,电压表红色夹接在起动电动机外壳上,黑色夹接在蓄电池负(-)极桩头上。拆开点火线圈的正(+)极端子。起动电动机时压下"2V切换按钮",检查电压表读数。

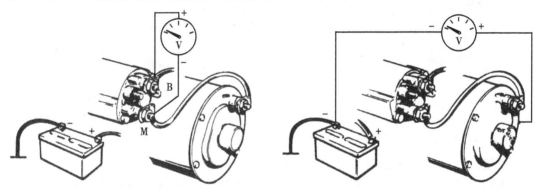

图3-39 电压表接在电磁开关端子B与端子M间　　图3-40 电压表接在起动机外壳与蓄电池负极间

有负荷时搭铁回路的电压应在0.4V以下,若电压高于0.4V以上,表示搭铁回路有高电阻。

(8)检查电磁开关吸入线圈。如图3-41所示,欧姆表测试棒,一接在ST端子,一接在M端子。若导通,表示吸入线圈良好。

(9)检查电磁开关吸住线圈。

如图3-42所示,欧姆表测试棒,一接在ST端子,一接在搭铁。若导通,表示吸住线圈良好。

(10)检查驱动小齿轮的退回情况。

如图3-43所示,拆开起动机外壳的搭铁线。若驱动小齿轮未立刻退回,应检查复位弹簧及柱塞等。

(11)无负荷试验。

将起动机确实固定在虎钳上。如图3-44所示,电流表接在蓄电池正(+)极与起动机电磁开关B端子之间,并接上电压表及点火开关等。转动点火开关,并检查电流量。

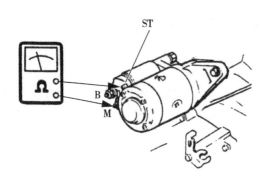

图3-41 吸入线圈检查

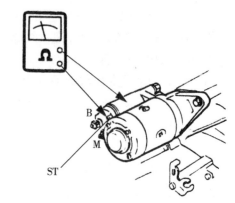

图3-42 吸住线圈检查

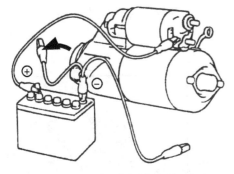

图3-43 驱动小齿轮的退回检查

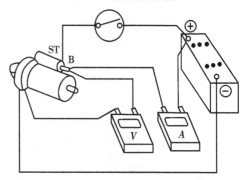

图3-44 无负荷试验的接线方法

无负荷试验时电流量在电压11V时，低于50A。

不同形式起动机的电流量不相同，测试前应查阅修护手册。某些起动机的工作电流相当大，必须选用适当容量的电流表。无负荷试验时的故障现象及可能原因，见表3-1。

无负荷试验时的故障现象及可能原因　　　　　表3-1

故障现象	可能原因
起动机转速慢，电流量大	轴承磨损或阻力大
	电枢轴弯曲
	电枢线圈搭铁
	电枢线圈短路
	磁场线圈短路
起动机不转，电流量大	轴承咬死
	正极电刷搭铁
	磁场线圈搭铁
起动机不转，电流量小	电磁开关接点烧蚀或未接合
	换向器烧蚀
	电刷磨损或电刷弹簧断裂
起动机转速慢，电流量小	换向器脏污
	电磁开关接点烧蚀
	接头松弛

（12）完成。电压表开关转至"OFF"位置，擦拭干净，电线收拾妥当。取下翼子板护罩摆放整齐，工作区保持清洁。

3.3.2 普通型起动机的分解与检查

一、技术标准与要求

（1）能在30min内独立完成作业项目。
（2）保证分解后，各个部件的完整良好。
（3）准确良好的磁场线圈、电刷及电刷座、电枢总成等的检查（技术参数详见操作步骤）。
（4）各部件检查完成后，准确地恢复装配。
（5）减速型起动机的技术标准与要求参考普通型起动机。

二、实训工具

万用表、游标卡尺、弹簧秤、汽车用起动机、圆度仪、电枢试验器、维修工具、砂纸等。

三、实训准备

（1）起动机外表清洁干净。
（2）准备零件盒，以放置零件。

四、实操步骤

（1）拆开电磁开关，如图3-45所示。
（2）拆开后盖。取下防尘套、卡簧及推力垫圈。拆下电刷座固定螺栓。拆下长螺栓，取下后盖，如图3-46所示。

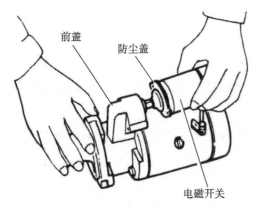

图3-45 拆开电磁开关

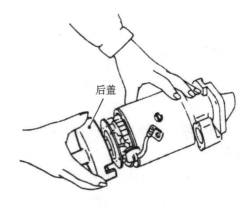

图3-46 拆开后盖

（3）向上拉出电刷弹簧。
（4）取下电刷座，如图3-47所示。

(5）取下轭部,如图3-48所示。

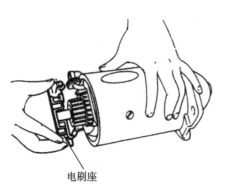

图3-47 取下电刷座

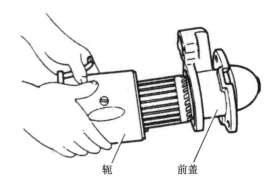

图3-48 取下轭部

(6）取下电枢及拨叉,如图3-49所示。

(7）拆下卡簧及小齿轮止挡圈,取下单向离合器,如图3-50所示。

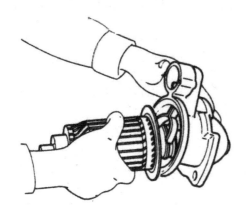

图3-49 取下电枢及拨叉

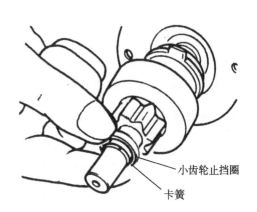

图3-50 取下单向离合器

(8）普通型起动机分解图,如图3-51所示。

(9）使用欧姆表检查两电刷之间应导通,如图3-52所示。不导通时应更换磁场线圈。

(10）使用欧姆表检查电刷与外壳间应不导通,如图3-53所示。导通时应更换磁场线圈。

(11）检查电刷在电刷座是否能顺畅滑动。

(12）检查电刷长度,如图3-54所示。电刷长度应在12mm以上。

(13）使用欧姆表检查绝缘电刷座与搭铁电刷座之间应不导通,如图3-55所示,导通时应更换电刷座总成。搭铁电刷座则不必做检查。

(14）检查电刷弹簧弹力,如图3-56所示。电刷弹簧弹力约为1.4~1.8kgf。

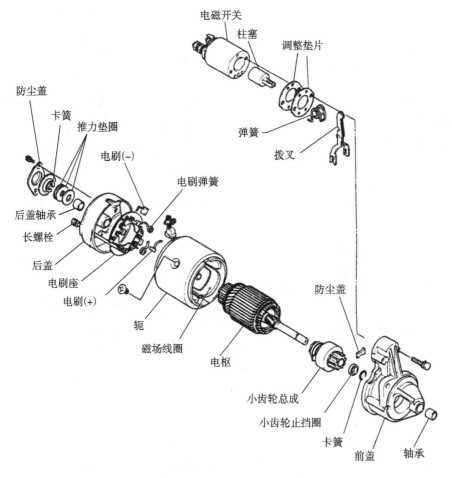

图3-51 普通型起动机的分解图

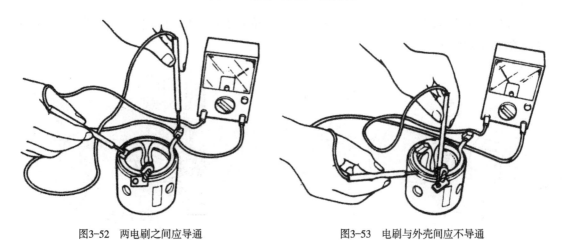

图3-52 两电刷之间应导通　　　　图3-53 电刷与外壳间应不导通

（15）检查换向器表面,有烧蚀斑点或脏污时,以400~500号细砂纸砂光,如图3-57所示。

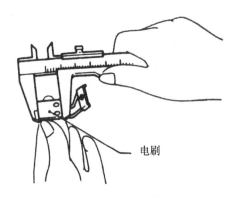

图3-54 检查电刷长度

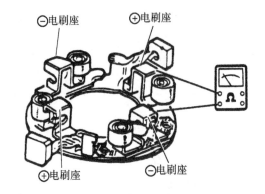

图3-55 绝缘电刷座与搭铁电刷座间应不导通

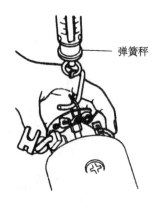

图3-56 检查电刷弹簧弹力

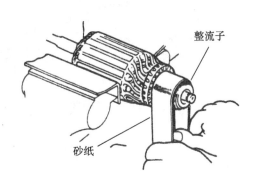

图3-57 以砂纸砂光换向器表面

（16）检查换向器圆度，如图3-58所示。圆度超过时，以车床修正。换向器圆度：0.4mm以下。

（17）检查换向器外径，如图3-59所示。外径低于规定值时，电枢应换新。换向器外径应在39mm以上。

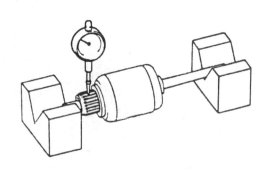

图3-58 检查换向器圆度

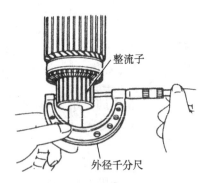

图3-59 检查换向器外径

（18）检查绝缘云母深度，如图3-60所示。深度不足时，使用锯片以正确方法处理，如图3-60a)所示。绝缘云母深度最小值为0.2mm，最大值为0.5~0.8mm。

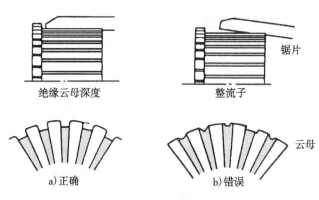

图3-60　检查及修整绝缘云母深度

（19）检查换向器与铁芯之间应不导通，如图3-61所示。如导通时电枢应换新。

（20）检查换向器与电枢轴之间应不导通，如图3-62所示。如导通时电枢应换新。

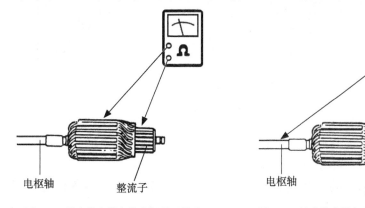

图3-61　检查换向器与铁芯间是否导通　　图3-62　检查换向器与电枢轴间是否导通

（21）检查各整流片之间应导通，如图3-63所示。任意两片整流片之间不导通时，电枢应换新。

（22）检查电枢线圈是否短路，如图3-64所示。电枢置于电枢试验器上，并在电枢上放一锯片，以手慢慢旋转电枢，若电枢线圈短路时，锯片会被磁化而振动。

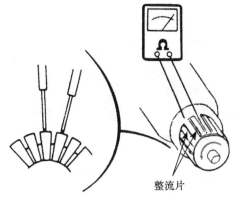

图3-63　检查各整流片间是否导通

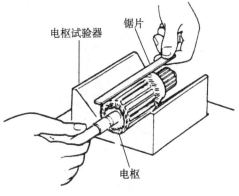

图3-64　检查电枢线圈是否短路

（23）单向离合器总成。小齿轮的滑动应顺利。检查小齿轮的磨损情形,同时飞轮的环齿轮也一并做检查。如图3-65所示,左手抓住离合器,右手转动小齿轮,一个方向能旋转,另一个方向则不能转动,表示离合器正常。

（24）检查电枢轴与轴承之间隙。电枢轴与轴承之间隙为0.2mm以下。

（25）组合起动机。保证各零件清洁干净,在轴承及电枢轴上涂抹适量的耐高温黄油,依分解的相反顺序装回。

（26）组合后检查小齿轮间隙。使用游标卡尺检查小齿轮间隙,如图3-66所示。检查前先将小齿轮稍推回。小齿轮间隙:0.25~0.30mm。间隙不符合规定时,改变调整垫圈的厚度以调整。减速型起动机组合后,不需要检查小齿轮间隙。

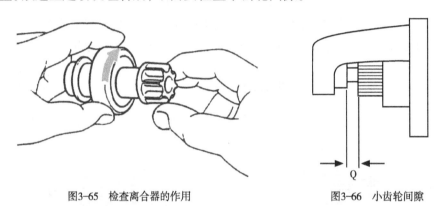

图3-65 检查离合器的作用　　　　图3-66 小齿轮间隙

（27）完成。整理工具及仪器,清理场地卫生。

（28）减速型起动机的分解与检查。减速型起动机分解方法参考普通型起动机,如图3-67所示。

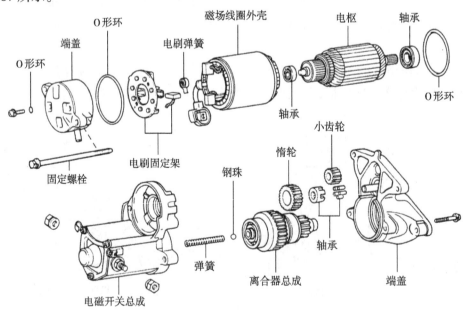

图3-67 减速型起动机的分解图

减速型起动机各零件的检查方法,与普通型起动机几乎完全相同,其他需要检查之处为轴承。将轴承向内压的同时转动轴承,如有阻力或感觉粗糙,换新轴承,如图3-68所示。

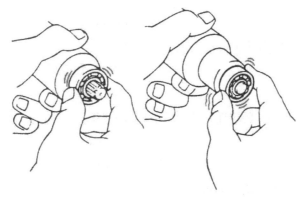

图3-68　检查轴承

理 论 测 试

一、填空题

1. 点火开关在_____位置时,钥匙在此才能拔出,也在此位置锁住_____,以防汽车无钥匙被移动或被开走。现代自动挡汽车,变速杆在_____挡,钥匙才能拔出。

2. 起动机包括起动_____与_____两部分。

3. 起动机电枢包括_____、软铁片叠合成的铁芯、_____及电枢线圈。

4. 传动机构的种类主要有_____型和_____型两类。

5. 减速型起动机可分_____与_____两种。

6. 减速型起动机各零件的检查方法,与普通型起动机几乎完全相同,其他需要检查之处为_____。

7. 起动发动机时,当点火开关转到_____时,蓄电池电流由点火开关B端子经ST端子流到起动机电磁开关的ST端子,电流分两路,一条经较细的_____到外壳搭铁产生吸力;另一条经较粗的_____,经电磁线圈的M端子及起动机磁场线圈与电枢线圈搭铁,使起动机能缓慢旋转,并产生强大的电磁吸力。

二 选择题

1. 起动机使用的电流约为_____。
   (A) 3~5A　　　　　　　(B) 6~20A
   (C) 21~45A　　　　　　(D) 50~300A

2. 通电导体中的磁力线方向是依_____而定。
   (A) 弗来明左手定则　　(B) 安培右手定则
   (C) 欧姆定律　　　　　(D) 楞次定律

3. 电枢线圈与磁场线圈的连接方式采用最多的是_____。
   (A) 串联式　　　　　　(B) 并联式
   (C) 复联式　　　　　　(D) 并绕式

4. 不是减速型起动机特点的是_____。
   (A) 高转矩　　　　　　(B) 低转速
   (C) 轻量化　　　　　　(D) 小型化

5. 传统式起动机的减速比约_____。
   (A) 5∶1~10∶1　　　　(B) 15∶1~20∶1
   (C) 25∶1~30∶1　　　 (D) 35∶1~50∶1

6. 让蓄电池的工作电流通过，再送入磁场与电枢线圈的是_____。
   (A) 电磁开关　　　　　(B) 起动开关
   (C) 抑制开关　　　　　(D) 起动安全开关

7. 起动机电磁开关上的M端子应接_____。
   (A) 蓄电池　　　　　　(B) 起动开关
   (C) 起动机本体　　　　(D) 搭铁

三 判断题

1. 自动挡汽车变速杆在驻车挡或空挡时发动机才能发动。（　）
2. 发动机发动后，起动机小齿轮应立刻与飞轮分离。（　）
3. 目前使用最多的电枢线圈与磁场线圈的接线方式是并联式，其特点是起动机低速转矩小，高速转矩大。（　）
4. 减速型起动机的电枢线圈导线数比传统式起动机多。（　）
5. 电磁开关是利用拨叉，以拨动驱动小齿轮，使与飞轮啮合。（　）
6. 电磁开关内有两组线圈，较粗的是吸住线圈，较细的是吸入线圈。（　）
7. 起动机发动后，起动开关回到"ON"位置时，吸住与吸入线圈的电流方向相反。（　）
8. 减速型起动机适用高压缩比的柴油发动机。（　）

9. 单向离合器的起动机,在起动机发动而起动开关未放松前,驱动小齿轮会自动和飞轮分离。（　　）

四 简答题

1. 写出起动系统的基本组成及每部分的作用。

2. 简述电磁开关的功能。

3. 单向离合器有什么作用?

4. 起动机工作无力的原因是什么?

单元4

点火系统

● **知识目标：**

1. 了解点火系统的作用、组成及类型；
2. 理解点火系统的控制功能；
3. 掌握点火系统各总成部件的作用及结构；
4. 掌握点火系统的工作过程。

● **能力目标：**

1. 能够对点火系统进行自诊断；
2. 能够正确检查点火系统的主要部件；
3. 能够正确更换火花塞；
4. 能够正确分析点火系统电路图。

● **建议学时：**

6学时。

4.1 点火系统的组成与类型

点火系统的作用是将汽车电源提供的低压电转变为高压电,并按照发动机各缸的点火顺序和点火时刻的要求,适时准确地将高压电送至各缸的火花塞,使火花塞跳火,点燃汽缸内的可燃混合气体。现代汽车发动机均已采用电控点火系统,其组成如图4-1所示,主要由传感器、电控单元(ECU)及执行器组成。传感器用来检测发动机工作状态,并将信号传给ECU;ECU负责对传感器传送的信号进行分析、比较、处理,向执行器发出控制命令;执行器(点火控制器)接收ECU发出的控制指令,并按指令对点火线圈初级绕组电流进行控制,以产生足够的点火高压电。电控点火系统的各组成部分的功用见表4-1。

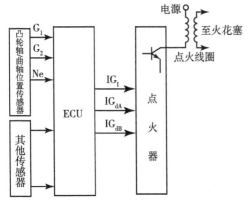

图4-1 电控点火系统的组成

电控点火系统的组成及元件功用 表4-1

组成		功用
输入信号	空气流量计(L型)	检测进气量信号输入ECU,点火系统的主控信号
	进气歧管绝对压力传感器	
	曲轴位置传感器(Ne)	检测曲轴转速(转角)信号输入ECU,点火系统的主控信号
	凸轮轴位置传感器(G1、G2)	检测凸轮轴转角信号输入ECU,点火系统的主控信号
	节气门位置传感器	检测节气门开度信号输入ECU,点火系统的修正信号
	冷却液温度传感器	检测发动机冷却液信号输入ECU,点火系统的修正信号
	进气温度传感器	检测进气温度信号输入ECU,点火系统的修正信号
	爆震传感器	检测发动机爆震信号输入ECU,点火系统的修正信号
	起动开关	向ECU输入起动信号,点火系统的修正信号
	空调(A/C)开关	向ECU输入空调工作信号,点火系统的修正信号
	空挡位置开关	向ECU输入P挡和N挡信号,点火系统的修正信号
执行器	点火控制器	根据ECU输出的控制指令,控制点火线圈初级电路的通断,以产生次级高压,并向ECU反馈点火确认信号
	点火线圈	利用变压器的原理可将汽车电源提供的12V低压电转变成能击穿火花塞电极间隙的15~20kV的高压直流电
	控制单元(ECU)	根据各输入信号输入的信息,计算出最佳的控制参数,并向执行器发出控制指令
	分电器	按照发动机的工作顺序将产生的高压电送至各缸火花塞
	火花塞	火花塞的作用是将高压电引入汽缸燃烧室,产生电火花点燃可燃混合气

4.1.1 点火系统的类型

按点火方式的不同,点火系统可分为传统点火系统、电子点火系统和电控点火系统。电控点火系统按照是否安装分电器可分为有分电器式电控点火系统和无分电器式电控点火系统,其组成图4-2所示。两者的区别无分电器电控点火系统取消了分电器和高压线,每个火花塞都由单独的点火线圈控制,点火控制器也集成到了ECU中。

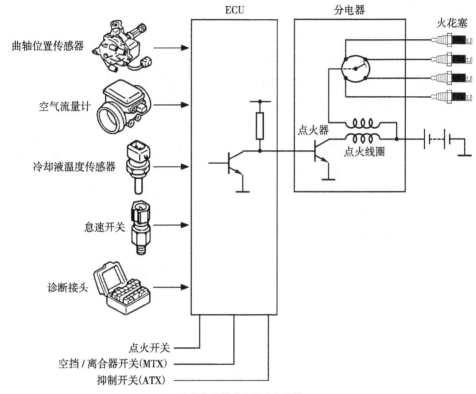

a) 有分电器式电控点火系统

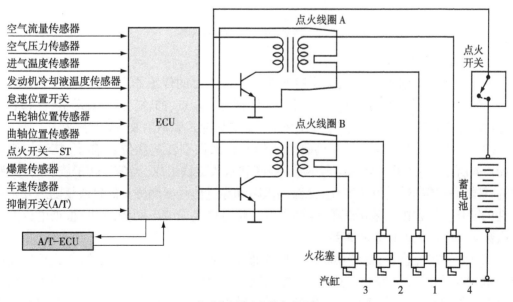

b) 无分电器式电控点火系统

图4-2　点火系统类型

4.1.2 点火系统组成

一、输入信号

输入信号的作用是检测发动机各种运行参数,为控制单元提供点火控制所需的各种信号。主要包括各种传感器(曲轴位置传感器、凸轮轴位置传感器、爆震传感器、进气管绝对压力传感器、节气门位置传感器、冷却液温度传感器等)和开关(A/C 开关、空挡开关等),电控点火系统与电控燃油喷射系统共用输入信号。

❶ 冷却液温度传感器

冷却液温度传感器安装在发动机出水口附近,它的功用是检测发动机冷却液温度。其结构外形如图 4-3 所示。冷却液温度传感器由封闭在金属盒内的对温度变化非常敏感的负温度系数热敏电阻(NTC 电阻)构成,利用电阻值的变化来检测冷却液的温度。冷却液温度越低电阻值越大,冷却液温度越高电阻值越小。将该传感器的信号输入到 ECU,就可以根据冷却液温度进行喷油量的控制。

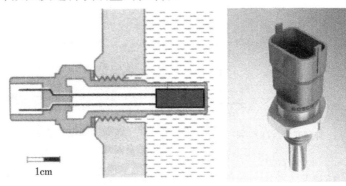

图 4-3 冷却液温度传感器外形结构

❷ 曲轴位置传感器

曲轴位置传感器是发动机电子控制系统中最主要的传感器之一,它提供点火时刻(点火提前角)、确认曲轴位置的信号,用于检测活塞上止点、曲轴转角及发动机转速。具有这种功能的传感器形式很多,其中使用最多的是磁感应式和霍尔效应式传感器。

(1)磁感应式传感器。是利用磁力线的变化来识别转速和位置信号,其结构原理如图 4-4 所示。传感器主要由信号转子、线圈和永久磁铁组成,当信号转子旋转时,磁路中的气隙就会周期性的发生变化,磁路的磁阻和穿过信号线圈磁头的磁通量随之发生周期性的变化。根据电磁感应原理,线圈中就会感应产生交变电动势,ECU 根据电压变化的次数来判断曲轴的位置和转数。

(2)霍尔式传感器。是利用霍尔效应原理来识别转速和位置信号,霍尔式传感器主要由触发叶轮(转子)、霍尔集成电路、导磁钢片(磁轭)与永久磁铁等组成,基本结构和信号波形如图 4-5 所示。触发叶轮安装在转子轴上,叶轮上制有叶片(叶片数与发动机汽缸数相等)。当触发叶轮随转子轴一同转动时,叶片便在霍尔集成电路与永久磁铁之间转动。霍尔集成电路由霍尔元件、放大电路、稳压电路、温度补偿电路、信号变换电路和输出电路等组成。

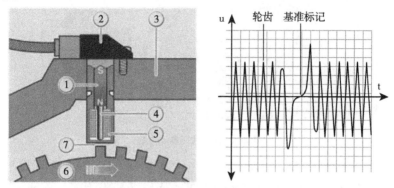

图4-4 磁感应曲轴位置传感结构外形

1—永久磁铁；2—转速传感器壳体；3—发动机壳体；4—软铁芯；5—线圈；6—齿隙(基准标记)；7—气隙

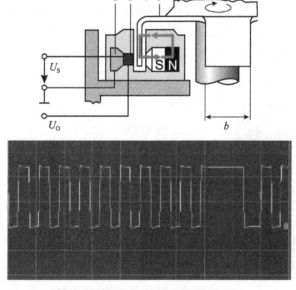

图4-5 霍尔式转速传感器结构和波形图

1—转子；2—软磁导磁体；3—霍尔集成电路；4—空气间隙；U_O—供电电压；U_S—传感器输出电压

❸ 爆震传感器

爆震传感器用于点火系统的闭环控制，用来监控发动机是否出现爆震情况。发动机用爆震传感器多数采用压电式，通常安装到发动机机体上，通过发动机机体的振动来监控发动机的振动情况，并将发动机的振动转换成电压信号输送到 ECU，ECU 根据输入电压信号对是否爆震进行判断。

目前广泛应用的非共振型压电式爆震传感器的安装位置及结构如图4-6所示。

压电式爆震传感器是一种利用压电原理检测机体振动的传感器。传感器是以接收加速度信号的形式来判断是否产生爆震，它由两个同极性相向对接的压电元件和配重构成，结构简单，制造时不需调整。

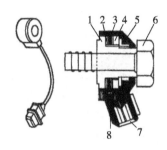

图4-6 压电式爆震传感器

1-套筒底座；2-绝缘垫圈；3-压电元件；4-惯性配重；5-塑料壳体；6-固定螺栓；7-接线插座；8-电极

发动机机体振动时，传感器内部的配重受机体振动的影响而产生加速度，压电元件就会受到配重加速时惯性力的作用，而产生电压信号。在爆震发生时的频率及该频率接近，这种频率(kHz)传感器输出的信号不会很大，而是具有平的输出特性。因此，为了能够根据该传感器输出的电压识别发动机是否发生爆震，必须将反映发动机振动频率的输出电压信号送到识别爆震的滤波器中，以判别是否有爆震信号产生。

非共振型压电式爆震传感器感测频率范围设计成零至数千赫兹，可检测具有较宽频率带的发动机振动频率。用于不同发动机上时，只需调整滤波器的过滤频率就可使用，而不需更换传感器，这是非共振型压电式爆震传感器最突出的优点。

二、控制单元(ECU)

控制单元外形结构如图4-7所示，是电控点火系统的控制中枢。在发动机工作时，它不断接收各输入信号输入的信息，并进行运算、分析、比较，按内部存储的程序计算出最佳的控制参数，并向执行器发出控制指令。同时，控制单元还具有自诊断功能，当各传感器的输入信号和执行器的工作情况出现异常时，会记录相应的故障信息，以便于诊断时读取。

图4-7 控制单元

三、点火线圈

点火线圈利用变压器的原理可将汽车电源提供的12V低压电转变成能击穿火花塞电极间隙的15~20kV的高压直流电。按其磁路结构形式的不同，点火线圈一般分为开磁路式和闭磁路式两种。

❶ 开磁路点火线圈

开磁路点火线圈的结构如图4-8所示，点火线圈中心是用硅钢片叠成的条形铁芯，由于铁芯没有构成闭合回路，所以称为开磁路点火线圈。铁芯外部套有绝缘的纸板套管，套管上绕有次级绕组，直径为0.06~0.10mm的漆包线，次级绕组一般约为20000匝。初级绕组是直径为0.5~1.0mm的高强漆包线,绕在次级绕组的外面,初级绕组一般约为200匝,绕组和外壳之间装有导磁钢套。为加强绝缘与防潮,条形铁芯底部装有瓷绝缘支座,外壳内充满沥青或变压器油等绝缘物。点火线圈的顶部是胶木盖,并加以密封。

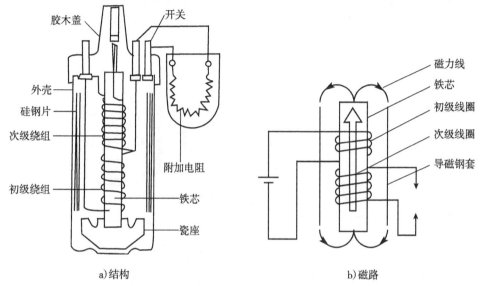

图4-8 开磁路点火线圈

在早期的点火系中,开磁路点火线圈应用较多。但由于开磁路点火线圈磁路磁阻大,磁通量泄漏多,因此,能量转换效率低,现已很少应用。

❷ 闭磁路点火线圈

闭磁路点火线圈也称为高能点火线圈,其结构和磁路如图4-9所示。在"口"字形铁芯内绕有次级绕组,在次级绕组外面绕有初级绕组,初级绕组产生的磁通量通过铁芯构成闭合磁路。与开磁路点火线圈相比,闭磁路点火线圈具有漏磁少、能量损失小、转换效率高、体积小、质量轻和易散热等优点,因此在点火系中广泛应用。

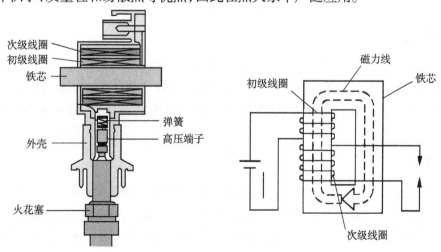

图4-9 闭磁路点火线圈的磁路

四、分电器

分电器的结构如图4-10所示，主要由配电器、信号发生器组成。配电器（分火头、分电器盖等）的作用是将点火线圈产生的高压电，按照发动机的工作顺序送至各缸火花塞；信号发生器的作用是产生脉冲信号，送给点火控制器，由点火控制器控制初级电路的通断。

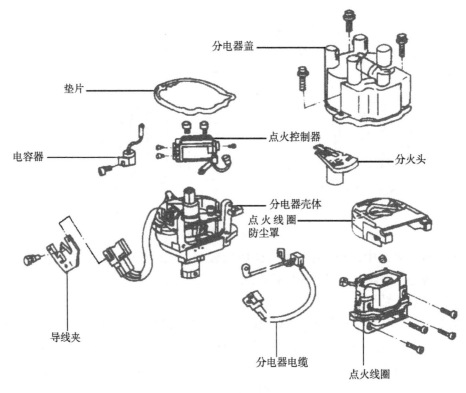

图4-10 分电器的结构

五、点火控制器

点火控制器也称为点火模块是电控点火系统的执行元件，其主要功用是根据控制单元（ECU）的指令来控制点火线圈初级电路的导通与截止。其内部为集成电路，全密封结构。现在点火控制器的功能多集成在发动机控制单元中，没有单独的点火控制器。

六、高压线

高压导线用以连接点火线圈与分电器中心插孔以及分电器旁电极和各缸火花塞。由于工作电压很高（一般在15kV以上），电流强度较小，因此高压导线的绝缘包层很厚，耐压性能好，但线芯截面积很小。汽车用高压线有铜芯线和阻尼线两种，其电阻值因车型的不同而不同。

七、火花塞

火花塞的作用是将高压电引入汽缸燃烧室,产生电火花点燃可燃混合气。由于火花塞的工作条件十分恶劣,它要承受高压、高温及燃烧产物的强烈腐蚀,因此,火花塞必须具有足够的强度,能承受温度的强烈变化,应有良好的热特性,火花塞的电极一般采用耐高温、耐腐蚀的镍锰合金钢或铬锰氮、钨、镍锰硅等合金制成,也有采用镍包铜材料制成,以提高散热性能。火花塞的结构如图4-11所示,主要由接线帽、瓷绝缘体、中心电极、侧电极和壳体等组成。中心电极用镍铬合金制成,具有良好的耐高温、耐腐蚀性能,中心电极做成两段,中间加有导电玻璃,由于导电玻璃和瓷绝缘体的膨胀系数相近,因此,导电玻璃主要是起密封作用。火花塞的间隙一般为1.0~1.2mm。

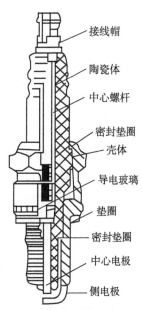

图4-11 火花塞的结构

火花塞根据其热特性(用热值表示,数字越大,热值越小)的不同,可分为冷型火花塞、中型火花塞和热型火花塞。绝缘体裙部长的火花塞,其受热面积大,传热距离长,散热困难,裙部温度高,称为热型火花塞;反之,裙部短的火花塞,吸热面积小,传热距离短,散热容易,裙部温度低,称为冷型火花塞。热型火花塞用于低压缩比、低转速、小功率的发动机;冷型火花塞用于高压缩比、高转速、大功率的发动机。

4.2 点火系统的工作原理与控制功能

4.2.1 点火系统工作原理

发动机工作时,ECU根据接收到的各传感器信号,按存储器中存储的有关程序和相关数据,确定出该工况下最佳点火提控制参数(点火时间和通电时间),并向点火器发出指令。点火器则根据ECU的指令,控制点火线圈初级电路的导通和截止。当电路导通时,有电流从点火线圈中的初级电路通过,点火线圈将点火能量以磁场的形式储存起来。当初级电路中的电流被切断时,在次级线圈中将产生很高的感应电动势(15~20kV)。而此时,随分电器轴一同旋转的分火头正好对准分电器盖上某缸的旁电极,高压电由分缸高压线送给火花塞,点火能量经火花塞瞬间释放,使火花塞跳火,产生的电火花点燃汽缸内的混合气,使发动机完成做功过程。

根据以上分析,点火系统的工作过程可分成三个阶段:初级电路导通,点火能量储存;初级电路截止,次级电路产生高压电;火花塞电极产生电火花,点燃混合气。

此外,在具有爆震控制功能的电控点火系统中,ECU还根据爆震传感器的输入信号来判断发动机有无爆震及爆震的强度,对点火提前角进行闭环控制。

4.2.2 电控点火系统的控制功能

一、点火时间控制

有分电器式电控点火系统是由控制单元(ECU)来控制一次线圈电流的接通及切断。ECU根据发动机转速以及吸入的空气量即可进行点火时间的控制；此外也可以根据发动机冷却液的温度做点火正时修正。

❶ 点火时间的确定

点火时间控制可分为两个阶段控制，第一阶段是起动时点火时间控制，第二阶段是起动后点火时间控制。

（1）起动时点火时间控制。起动时发动机转速通常都低于500r/min，由于进气量或进气歧管压力信号不稳定，故根据发动机类型，将点火时间固定在一定值。通常由ECU内的备用IC直接设定固定点火时间。

（2）起动后点火时间控制。起动后的点火时间＝固定时间＋基本点火时间＋修正点火时间。基本点火时间是由进气量或进气歧管压力信号与发动机转速信号决定。修正点火时间是由各相关传感器的信号为基础而修正。

❷ 点火时间修正

ECU可根据各传感器的输入信号对点火时间进行修正，修正内容如下：

（1）低温修正。根据冷却液温度传感器等信号，在低温时，ECU使点火提前，以保持低温运转性能；当气温极低时，点火提前可达约15°。

（2）暖车修正。根据冷却液温度传感器等信号，当发动机冷却液温度低时，ECU使点火提前，以改善驾驶性能。有些形式发动机在暖车修正时，会根据空气流量计信号，以适当提前点火角度。

（3）怠速稳定修正。怠速运转时，转速因空调等的发动机负荷改变而变化时，ECU会改变点火时间，使怠速转速稳定。ECU不断的计算发动机转速平均值，若转速低于目标转速时，ECU使点火提前；若转速高于目标转速时，ECU使点火延后。最大点火时间修正值为±5°，当发动机转速超过预设值时，怠速稳定修正不再作用。

（4）高温修正。根据冷却液温度传感器信号，当冷却液温度过高时，为避免发动机过热与爆震，ECU会使点火时滞，高温修正时的最大点火时滞为5°。

（5）空燃比回馈修正。发动机的空燃比回馈系统作用时，转速会随燃油喷射量的增加或减少而变化，而怠速对空燃比的改变特别敏感。因此根据氧传感器、节气门位置传感器、车速传感器等信号，配合空燃比回馈修正的喷油量，ECU将点火提前，以确保怠速稳定。空燃比回馈修正的最大点火提前角度为5°，在车辆行驶时，此修正会停止作用。

（6）转矩控制修正。配备电子控制自动变速器的车辆，在换挡时，行星齿轮组的离合器或制动器接合时会产生某种程度的振动。因此根据曲轴位置传感器、节气门位置传感器、冷却液温度传感器等信号，在挡位开始变化时，ECU使点火时滞，减低发动机转矩，以降低向上或向下换挡产生的振动。当冷却液温度或蓄电池电压低于预设值时,转矩控制修正不起作用。

(7)爆震修正。当发动机产生爆震时,ECU根据信号的程度,分成强、中、弱三种,爆震较强时,点火时滞较多;爆震较弱时,点火时滞较少。当爆震停止时,ECU停止点火延迟,并开始提前点火,一次一个固定角度。爆震修正时的最大点火提前角度为10°。

二、通电时间控制

通电时间控制也称闭合角控制。对于电感储能式电控点火系统,当点火线圈的初级线圈被接通后,通过线圈的电流是按指数规律增大的。初级线圈被断开瞬间所能达到的断开电流值与初级线圈接通时间长短有关。只有通电时间达到一定值时,初级电流才可能达到饱和。次级线圈高压的最大值与初级断开电流成正比,而次级电压的高低又直接影响点火系工作的可靠性,所以在发动机工作时,必须保证点火线圈的初级电路有足够的通电时间。但如果通电时间过长,点火线圈又会发热并增大电能消耗。要兼顾上述两方面的要求,就必须对点火线圈初级电路的通电时间进行精确控制。

影响初级线圈通过电流的主要因素有发动机转速和蓄电池电压。为了保证在不同的蓄电池供电电压和不同的转速下都具有相同的初级断开电流,电控单元根据蓄电池电压和发动机转速信号,从预置的通电时间数据表中查出相应的数值,对通电时间进行控制,如图4-12所示。

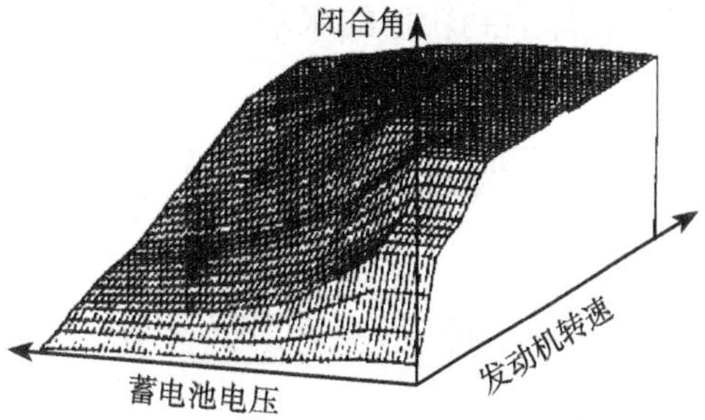

图4-12 闭合角控制模型

当发动机转速高时,适当增大闭合角,以防止初级线圈通过电流值下降,造成次级高压下降,点火困难;当蓄电池电压下降时,基于相同的理由,也应适当增大闭合角。

通过对通电时间的准确调节,不但改善了点火系统的点火性能,而且还可以防止初级线圈发热和电能的无效损耗。

在电控点火系统中,为了减小转速对次级电压的影响,提高点火能量,采用了初级线圈电阻很小的高能点火线圈,其初级电流最高可达30A以上。为了防止初级电流过大烧坏点火线圈,在电控点火系统的点火控制电路中增加了恒流控制电路,保证在任何转速下初级电流均为规定值(7A),既改善了点火性能,又能防止初级电流过而烧坏点火线圈。

三、爆震控制

爆燃是汽油机工作时的一种不正常燃烧现象,是汽油机运行中最有害的一种故障现象。轻微的爆燃,可使发动机功率上升,油耗下降,但爆燃严重时,汽缸内发出特别坐锐的金属敲击声,且会导致冷却液过热、火花塞或活塞产生过热、熔损等,造成发动机的严重损坏,因此必须防止爆震的发生。

从最佳点火提前角的分析中可知,为了最大限度地发挥汽油机的潜能,应把点火提前角控制接近临界爆震点,同时又不能使发动机发生爆震。要使点火系统达到这样的性能要求,除了必须采用电子控制的点火系统外,还必须对点火提前角采用爆震反馈控制。为此,需要对发动机的汽缸压力或其他能对发动机爆震作出判断的相关参数进行检测,ECU 根据检测传感器信号,对发动机是否发生爆震作出判断,然后发出相应的执行指令。

点火时刻是影响爆震的主要因素之一,推迟点火时刻(即减小点火提前角)对消除爆震有明显的作用。ECU 对爆震的控制过程如图 4-13 所示,ECU 首先把来自爆震传感器的输入信号进行滤波处理,滤波电路只允许特定范围频率的爆震信号通过滤波电路,由此达到将爆震信号与其他振动信号分离的作用。然后,ECU 将此信号的最大值与爆震强度基准值进行比较,对是否发生爆震及爆震的强弱程度作出判断,如信号最大值大于基准值,则表示发生爆震,ECU 逐渐推迟点火时刻(减小点火提前角),直到爆震消失为止。无爆震时则逐渐提前点火时刻(增大点火提前角),当再次出现爆震时,ECU 又开始逐渐减小点火提前角。可见,爆震控制过程就是对点火时刻进行反复调整的过程,爆震控制可以使实际的点火提前角始终保持最佳,使发动机的动力性、经济性和控制有害物的排放都达到较佳的水平。

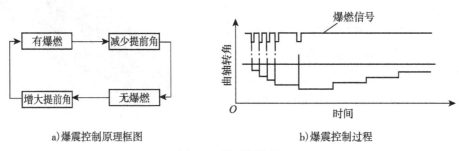

a) 爆震控制原理框图　　　b) 爆震控制过程

图 4-13　爆震控制过程

4.3　点火系统的检修

4.3.1　点火系统部件的检修

一、技术要求

(1) 能够在 40min 内独立完成作业项目。
(2) 各项检查的技术标准可参看操作中的要求。
(3) 各部件摆放应干净整齐,符合 5S 要求。

二、实训器材

(1) 发动机检测仪、万用表、组合工具、扭力扳手、钳子、螺丝刀等,如图 4-14 所示。
(2) 磁力护裙、座椅套、转向盘套、变速杆手柄套和脚垫。
(3) 车辆维修手册。

点 火 系 统

图4-14　检测仪、万用表、组合工具

三、作业准备

（1）汽车进入工作前，将工位清理干净，准备好相关器材。
（2）拉紧驻车制动器操纵杆，并将变速杆置于空挡或驻车挡（P挡）位置。
（3）套上转向盘护套、变速杆手柄套和座位套，铺设脚垫。
（4）在车内拉动发动机舱盖手柄，在车外打开并支承发动机舱盖，粘贴翼子板和前脸磁力护裙。

四、检查操作步骤

下以本田轿车雅阁有分电器式电控点火系统为例介绍其检修方法及步骤。广州本田雅阁轿车的有分电器式电控点火系统主要由蓄电池、分电器、高压线、火花塞和ECM/PCM等组成。点火系统的点火线圈和点火控制模块ICM（内置防噪音电容器）均装合在分电器内。另外汽缸位置(CYP)传感器也安装在分电器内。对于无分电器式的电控点火系统，可参照此检查项目进行。

❶ 点火系统自诊断

电控点火系统控制单元具有自诊断功能，通过专用检测仪可对其进行自诊断，具体有如下步骤。
（1）关闭点火开关。
（2）将诊断仪连接到诊断插口上，如图4-15所示。

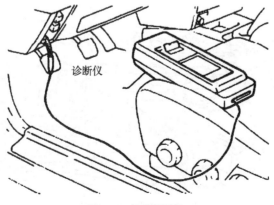

图4-15　连接检测仪

(3)打开点火开关。

(4)按下检测仪"START"键,根据检测仪的提示选择自诊断功能,读取故障代码,故障代码如表4-2所示。

本田雅阁轿车故障代码内容及故障原因表　　　　　表4-2

故障代码	故 障 内 容	故 障 原 因
故障灯一直点亮	ECM/PCM 工作不良	ECM/PCM 损坏
1	加热型氧传感器(HO2S)工作不良	HO2S 故障;HO2S 配线不良;ECM/PCM 故障
3	进气歧管绝对压力(MAP)传感器信号不良	MAP 传感器故障;MAP 配线不良;ECM/PCM 故障
4	曲轴位置(CKP)传感器信号不良	CKP 传感器故障;CKP 传感器配线不良,ECM/PCM 故障
6	冷却液温度(ECT)传感器信号不良	ECT 传感器故障;ECT 传感器配线不良;ECM/PCM 故障
7	节气门位置(TP)传感器信号不良	TP 传感器故障;TP 传感器配线不良;ECM/PCM 故障
8	上止点位置(TDC)传感器信号不良	TDC 传感器故障;TDC 传感器配线不良
9	第1缸位置(CYP)传感器信号不良	第1缸 CYP 传感器故障;第1缸 CYP 传感器配线不良;ECM/PCM 故障
10	进气温度(IAT)传感器信号不良	IAT 传感器故障;IAT 传感器配线不良;ECM/PCM 故障
13	大气压力(BARO)传感器信号不良	BARO 传感器故障;BARO 配线不线不良;ECM/PCM 故障
14	急速空气控制(IAC)阀工作不良	IAC 阀故障;IAC 阀配线不良 ECM/PCM 故障
15	点火输出信号信号不良	点火线圈故障;点火控制模块故障;点火输出信号配线不良;ECM/PCM 故障
21	VTEC 电磁阀工作不良	VTEC 电磁阀故障;VTEC 电磁阀配线不良;ECM/PCM 故障
23	爆震传感器(KS)信号不良	KS 故障;KS 配线故障;ECM/PCM 故障
41	加热氧传感器(HO2S)加热器工作不良	HO2S 加热器故障;HO2S 加热器配线不良;ECM/PCM 故障

如果存在故障代码,则根据故障代码提示进行相应故障的维修。

❷ 点火系统工作测试（试火）

可通过对点火系统工作测试检查其是否正常工作,具体有如下检查方法。

(1)拆下火花塞。

(2)断开喷油器线速连接器。

(3)将火花塞安装到高压线上,并将火花塞搭铁,如图4-16所示。

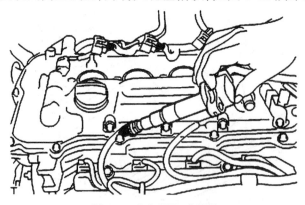

图4-16　点火系统工作测试

（4）起动发动机，检查火花塞是否出现火花。测试结果如果出现正常火花，说明点火系统控制电路及该汽缸高压线、火花塞工作正常；如果没有出现火花或出现的火花不正常，说明点火系统有故障，则进行相应线路检查。

❸ 分电器盖的检查

（1）检查分电器盖是否有灰尘、积炭和裂纹。

（2）测量图4-17所示分电器盖各插孔之间的绝缘电阻，正常值应高于50MΩ，低于规定值应更换。

❹ 分缸高压线的检查

（1）拉下橡皮套，小心地拆下分缸高压线。注意：切勿弯曲分缸高压线，否则可能会将导线内部折断。

（2）外观检查分缸高压线有无锈蚀、弯曲（两端头）和破裂现象，并视情予以更换。

（3）如图4-18所示，用万用表欧姆挡检测各分缸高压线的电阻值。电阻值应不大于25kΩ（在20℃时），否则应予以更换分缸高压线。

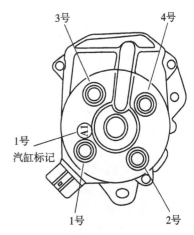

图4-17 测量分电器盖插孔的绝缘电阻

❺ 点火线圈的检查

（1）关闭点火开关(OFF)，拆下分电器盖。

（2）如图4-19所示，分别拆开点火线圈的正、负极端子上的黑/黄与白/黑导线。

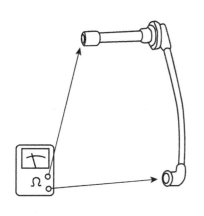

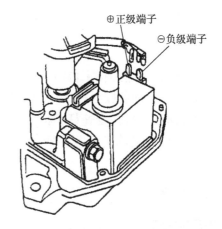

图4-18 检测分缸高压线的电阻值　　图4-19 点火线圈的正、负端子

（3）用万用表分别测量正极端子A与端子B（初级绕组）以及正极端子A与端子C（次级绕组）之间的电阻值。电阻值的标准值为：端子A和端子B之间的电阻为0.45~0.55Ω；端子A和端子C之间的电阻为16.8~25.2kΩ。若检测值不符合要求，则应更换点火线圈。

4.3.2　火花塞拆装与检查

一、技术要求

（1）能够在30min内独立完成作业项目。
（2）各项检查的技术标准可参看操作中的要求。
（3）火花塞在安装时一定要按规定力矩拧紧。
（4）各部件摆放应干净整齐，符合5S要求。

二、实训器材

（1）组合工具、扭力扳手、塞尺、气枪等，如图4-20所示。

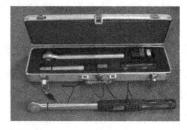

图4-20　组合工具、塞尺、扭力扳手

（2）磁力护裙、座椅套、转向盘套、变速杆手柄套和脚垫。
（3）车辆维修手册。

三、作业准备

（1）汽车进入工作前，将工位清理干净，准备好相关器材。
（2）拉紧驻车制动器操纵杆，并将变速杆置于空挡或驻车挡（P挡）位置。
（3）套上转向盘护套、变速杆手柄套和座位套，铺设脚垫。
（4）在车内拉动发动机舱盖手柄，在车外打开并支承发动机舱盖，粘贴翼子板和前脸磁力护裙。

四、操作步骤

❶ 火花塞拆装

更换火花塞的具体步骤如下：
（1）拆卸发动机防尘罩。
（2）拆卸高压线总成，并用压缩空气吹净火花塞座孔。注意：使用压缩空气时要戴防护镜。
（3）拆卸火花塞。用14 mm火花塞扳手和100 mm加长杆拆下4个火花塞。
（4）火花塞的安装。用14 mm火花塞扳手和100 mm加长杆用手轻轻安装4个火花塞，直到火花塞螺纹顺利安装到缸盖上，然后用扭力扳手将火花塞按规定力矩拧紧。

（5）安装高压线及其他附件。

（6）注意事项。

①拆下火花塞之前要用压缩空气吹净火花塞座孔内的杂物,防止杂物掉入汽缸造成发动机严重损坏。

②如果热车时拆下火花塞会很烫,不要用手触摸,防止烫伤。

③安装火花塞时一定要注意对正火花塞螺纹与缸盖螺纹,否则可能造成缸盖损坏。

④一定要按规定力矩拧紧火花塞,否则可能造成点火系统工作不良。

② 火花塞的检查

（1）火花塞外观检查。检查火花塞的型号、中央电极、搭铁电极、螺纹、垫片及瓷体等,并将积炭清除,如图4-21所示。

（2）火花塞间隙检查。如图4-22所示,使用间隙量规检查火花塞间隙。火花塞间隙为1.0~1.1mm。

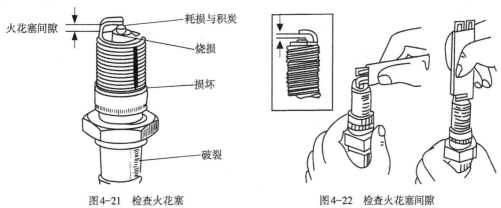

图4-21 检查火花塞　　　　图4-22 检查火花塞间隙

理论测试

一 填空题

1. 电控点火系统主要由_____、_____及_____组成。

2. 按点火方式的不同,点火系统可分为_____、_____和_____。

3. _____用于点火系统的闭环控制,用来监控发动机是否出现_____情况。

4. 曲轴位置传感器是发动机电子控制系统中最主要的传感器之一,它提供_____点火时刻(点火提前角)、_____确认曲轴位置的信号,用于检测_____、_____以及_____。具有这种功能的传感器形式很多,其中使用最多的是_____和

_____传感器。

5. 点火线圈可将_____转变成能击穿火花塞电极间隙的_____。点火线圈根据磁路结构类型的不同,一般分为_____和_____两种。

6. _____的作用是将点火线圈产生的高压电,按照发动机的工作顺序送至各缸火花塞;_____的作用是产生脉冲信号,送给点火控制器,由点火控制器控制初级电路的通断。

7. 火花塞根据其热特性的不同,可分为_____、_____和_____。

8. 点火系统的工作过程可分成_____、_____和_____三个阶段。

9. 点火时间控制可分为_____和_____两个阶段。

二 选择题

1. 将点火时间固定在一定值,是在_____。
   (A) 怠速时　　　　　　　　(B) 起动时
   (C) 加速时　　　　　　　　(D) 暖车时

2. 点火时间修正控制不包括_____。
   (A) 低温修正　　　　　　　(B) 暖机修正
   (C) 起动修正　　　　　　　(D) 爆震修正

3. 怠速稳定修正时,最大点火时间修正值为_____。
   (A) ±5°　　　　　　　　　(B) ±10°
   (C) ±15°　　　　　　　　(D) ±20°

4. 下列不用于确定基本点火时间的信号是_____。
   (A) 进气量　　　　　　　　(B) 进气压力
   (C) 发动机转速　　　　　　(D) 冷却液温度

5. 下列不属于点火系统输入信号的是_____。
   (A) 空气流量计　　　　　　(B) 进气温度传感器
   (C) 节气门位置传感器　　　(D) 点火线圈

6. 在点火系统中,用于产生高压的部件是_____。
   (A) 控制单元　　　　　　　(B) 分电器
   (C) 高压线　　　　　　　　(D) 点火线圈

三 判断题

1. 起动时的点火时间通常由 ECU 内的备用 IC 直接设定固定点火时间。(　　)

2. 点火线圈可将汽车电源提供的 12V 低压电转变成能击穿火花塞电极间隙的 15~20kV 的高压直流电。(　　)

3. 在温度较低时,ECU 会对点火提前角进行减小修正。(　　)

4. 当发动机转速高时,ECU适当增大闭合角,增加通加时间,防止初级线圈通过电流值下降。( )

5. 为了最大限度地发挥汽油机的潜能,应把点火提前角控制接近临界爆震点,同时又不能使发动机发生爆震。( )

6. 减小点火提前角可以避免发动机产生爆震。( )

7. 在进行点火系统试火时,测试结果如果没有出现火花,说明火花塞有故障。( )

8. 点火线圈初级绕组的电阻值和次级绕组的电阻值比较接近。( )

9. 火花塞的间隙一般为1.0mm~1.2mm。( )

四 简答题

1. 简述点火系统的组成与作用。

2. 简述点火系统的工作原理。

3. 简述点火时间修正的内容。

4. 简述火花塞更换的注意事项。

5. 简述点火系统的控制功能。

单元5

照明与信号系统

● 知识目标：

    1. 了解照明与信号系统的作用及相关的交通法规；
    2. 掌握照明与信号系统的作用及工作原理；
    3. 了解各种常见维修工具和检测仪器的使用方法和技术特点。

● 能力目标：

    1. 能正确分析照明与信号系统的电路图；
    2. 能操作照明与信号系统的开关；
    3. 能调整前照灯的照明效果；
    4. 能熟练使用各种常见维修工具和检测仪器。

● 建议学时：

    6学时。

5.1 照明与信号系统的功用与组成

为了保证汽车行驶安全,现代汽车上都装备多种照明及信号设备(图5-1),而且各国家对照明及信号设备在法律上都做了不同程度的规定,这些设备构成了照明与信号系统。照明系统用于提供车辆夜间安全行驶必要的照明,包括车外照明和车内照明。信号系统用于提供安全行车所必需的信号,包括喇叭信号和灯光信号。

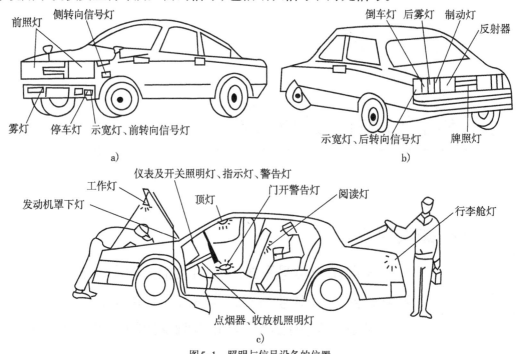

图5-1 照明与信号设备的位置

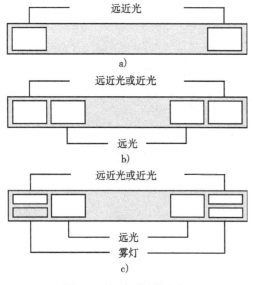

图5-2 前照灯的安装方式

5.1.1 前照灯的构造与电路

早期的汽车前照灯只担负照明的工作,现代汽车的前照灯,不但造型多样化,其前照灯的形式非常多且继续在开发研究,目前最流行的非HID前照灯莫属,且已经不再是高级车的专利了。

世界各国对前照灯的安装方式都有法律规定,汽车制造厂必须将前照灯装在规定的高度及宽度,如图5-2所示为前照灯安装的规定。两前照灯或四前照灯的外侧使用有远、近光束的2型灯泡,四前照灯的内侧使用只有远光光束的1型灯泡。

前照灯装在车上以后必须是可以调整的,

整个前照灯装在调整架内,再安装于固定架上,如图5-3所示。现代汽车前照灯的调整螺钉大多设在前照灯后方。

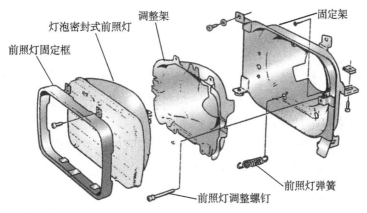

图5-3 前照灯的安装

一、前照灯的构造

前照灯基本上是由灯泡与外壳两部分所组成的,但外壳有两个很重要的部位,一个是前面的镜头,一个是后面的反射镜,如图5-4所示。

❶ 灯泡

(1) 白炽灯泡。

在真空状态的灯泡内装用钨丝的灯泡,即称为白炽灯泡,也称为钨丝灯泡。从20世纪20年代开始采用作为前照灯灯泡。

电流流经钨丝时,钨丝烧红成白炽状,产生光及热;灯泡内的真空,可避免空气中的氧气使灯丝烧尽。做示宽灯、侧灯、制动灯、尾灯及牌照灯用的白炽灯泡,如图5-5所示。

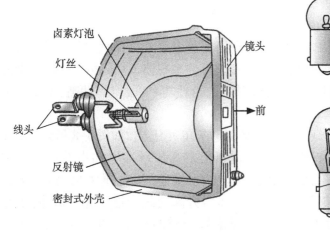

图5-4 前照灯的构造

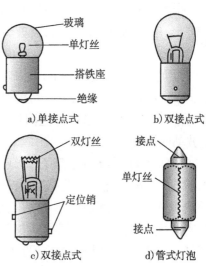

图5-5 各种白炽灯泡

部分白炽灯泡为双灯丝,共用搭铁接点,如图5-6所示。

双丝灯泡用于制动灯/尾灯及远/近光前照灯,各灯丝有自己的接点,因此可做两种用途。

白炽灯泡的体积大,耗电且寿命短,因此已被逐渐淘汰。

（2）卤素灯泡。

在灯泡内充入氟、氯、碘等卤素气体,以取代白炽灯泡的真空,卤素气体是一种惰性气体,在此气体内灯丝烧耗慢,并允许灯丝在高温下工作。较高的灯丝温度能改变光线的色彩及强度,卤素灯泡约比白炽灯泡亮25%。

卤素灯泡的构造及拆卸情形,如图5-7所示,双丝的卤素灯泡称为H4。卤素灯泡从1960年开始采用,至今仍有许多车辆使用中。

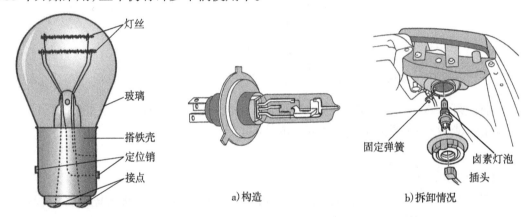

图5-6　双灯丝白炽灯泡　　　　图5-7　卤素灯泡的构造与拆卸情形

卤素灯泡比普通灯泡在同样电功率下亮度高,寿命长,光度稳定。但卤素灯泡内的钨丝温度高达2900℃以上,因此必须使用即使因温度剧烈变化,也不会在玻璃内产生过度内部张力的石英玻璃,故石英玻璃表面不可以手指碰触,若手指上的油脂黏附在玻璃表面时,会形成热点,以致使石英玻璃变形甚至破裂。

（3）氙气灯泡。

氙灯是一种含有氙气的新型前照灯,又称高强度放电灯或气体放电灯,英文简称HID（High Intensity Discharge）。目前奔驰、宝马、奥迪等许多高档车都使用了这种新型前照灯。氙灯亮度大,发出的亮色调与太阳光比较接近,消耗功率低,可靠性高,不受车上电压波动的影响。

HID前照灯系统由小型石英灯泡、变压器和电子单元组成,如图5-8所示。接通电源后,通过变压器,在几微秒内升压到2万伏以上的高压脉冲电加在石英灯泡内的金属电极之间,激励灯泡内的物质（氙气、少量的水银蒸气、金属卤化物）在电弧中电离产生光亮。由于高温导致碰撞激发,并随压力升高使线光谱变宽形成带光谱。在灯开关接通的一瞬间,氙灯即产生与55 W卤素灯一样的亮度,约3 s达到全部光通量。

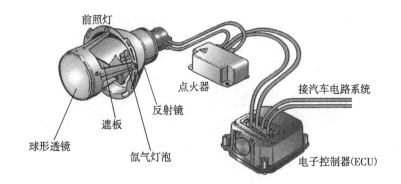

图5-8 氙灯系统的组成

HID灯泡是一种在两电极间因高电压产生电弧,而在灯泡内产生光度的装置,其结构如图5-9所示。HID灯泡产生浅蓝色光,灯泡内无灯丝,1993年由飞利浦公司首次成功研发。氙灯灯泡的玻璃用坚硬的耐温耐压石英玻璃(二氧化硅)制成,灯内充入的高压氙气缩短了灯被点亮的时间,灯的发光颜色则由充入灯泡内的氙气、水银蒸气和少量金属卤化物所决定。

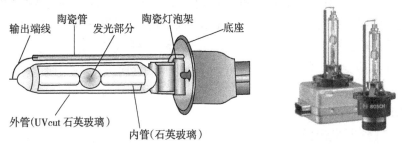

图5-9 氙灯灯泡的结构

电子控制器系统是一个独立的系统,包括变压器和电子控制单元,具有产生点火电压和工作电压两种功能。变压器将低电压变为高电压输出,电子控制单元的主要功能是限制氙灯灯泡的工作电流,向灯泡提供2万伏以上的点火电压和维持工作的低电压(80 V左右)。

(4)LED照明。

LED(light emitting diode)的中文名其实叫做发光二极管,LED的发光原理是利用固体半导体芯片作为发光材料,通过载流子发生复合引起光子发射而直接发光。由于LED省电、不发热、反应速度极快、寿命长及设计自由度高等优点,因此LED技术目前已被广泛应用,LED将取代白炽灯泡,成为现代汽车在指示、定位、室内照明及造型设计的主流。LED汽车灯适合于汽车电子的各种照明应用,包括前照灯(远光灯和近光灯)、雾灯、尾灯、制动灯、转向信号灯、日间天行车灯、踏板照明灯、仪表灯、牌照灯、车门灯、车内照明灯、示宽灯、导航、娱乐系统、背光灯及指示灯等。奔驰CLS的大灯采用了总共71颗LED,近光灯16个,远光灯8个,转向灯13个,示宽灯22个,弯道辅助灯2个,其他10个,如图5-10所示。

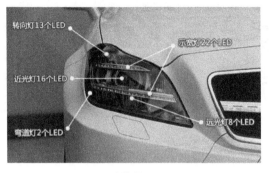

a) 外形　　　　　　　　　　　　　　b) 灯泡

图5-10　LED车灯

LED前照灯就是利用LED作为光源制造出的照明灯具，LED前照灯的普及也就是最近几年内的事情，不过如今的LED前照灯已经很常见了，诸如顶配的标致408、威朗GS等20万左右的车型就都配备LED前照灯。LED前照灯的结构基本上与目前传统的前照灯结构一致，通过反射或透镜结构聚光，不同的是LED前照灯往往是多个LED元件构成，需要有一个控制模块对整个系统进行控制。同时，LED元件对温度变化比较敏感，如果结温（LED的PN结温度，PN结即LED的发光源）较高，那么LED的发光性能将会降低，因此LED前照灯对散热的要求较高，需要良好的散热设计保证LED元件的温度稳定。也正是因为这样，我们才会看到在LED前照灯的背后，那些LED元件的后面都安装着散热片甚至风扇，这是目前普通的卤素前照灯和氙灯所没有的。

❷ 反射镜

从灯泡的灯丝所发出的光源，利用适当的反射镜及镜头，可投射出各种变化的光束。反射镜是在铜、玻璃或塑胶的抛光表面上，覆盖一层银、铬或铝金属而成。反射镜依反射原理，将灯泡产生无目的光线汇聚成为集中的光束。灯丝与反射镜间的相对位置，反射光线的情形，如图5-11所示。

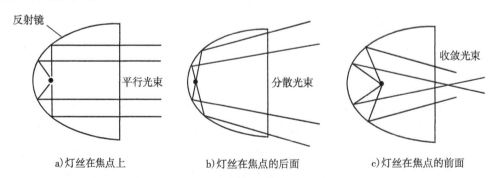

a) 灯丝在焦点上　　　　b) 灯丝在焦点的后面　　　　c) 灯丝在焦点的前面

图5-11　灯丝位置不同所反射光线的情形

灯丝在焦点上时，反射光线成平行状射出，如图5-11a)所示。灯丝在焦点与反射镜之间时，反射光线成分散状向外射出，如图5-11b)所示。灯丝在焦点的前面时，反射光线成收敛状向中央射出，如图5-11c)所示。

❸ 镜头

良好的前照灯，必须有强力的远距中央光束，周围并分布光源，以尽可能地扩大照射路面的范围。反射的光线经镜头可再改善，镜头能再分配反射的光束及散漫的光线，故可得较佳的照明。

玻璃或塑胶镜头上有许多纵、横或不规则的条纹，整个镜头可分割成极大数量的方形块，也就是说每一个单独的小镜头均会引导光线，来改善光线的投射或光束的形式。

目前许多汽车的前照灯均已改用透明的镜头，因此前照灯所有光线方向的变化，都是由反射镜来执行。

二、前照灯电路及作用

❶ 前照灯电路

双前照灯使用两个2型双丝灯泡的电路，如图5-12所示。前照灯电路一般由前照灯开关、变光开关、前照灯继电器等组成。

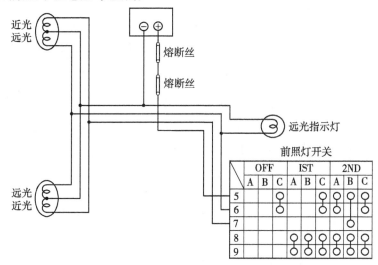

图5-12 双前照灯电路

（1）前照灯开关。

现代汽车的前照灯开关都装在转向盘下方，如图5-13所示。事实上此开关为一组合开关，左侧开关可操纵前照灯及转向灯，右侧开关则用以操纵刮水器及喷水电动机。前照灯开关通常有三个位置。

一位置：OFF，关灯，无电流进入。

二位置：电流送到驻车灯、尾灯、仪表灯、示宽灯、牌照灯等。

三位置：电流送到第二位置与前照灯。

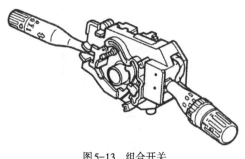

图5-13 组合开关

一般前照灯开关控制各灯的电源,如图5-14所示。但也有一部分汽车的灯开关控制各灯的搭铁。

(2)变光开关。

前照灯必须能选择使用远光或近光行驶,因此前照灯电路上必须有变光开关来控制。现代汽车都是利用前照灯开关做变光作用,因此没有单独的变光开关。

前照灯开关除可做示宽灯及前照灯的控制外,也可变换远、近光或将操纵杆扳到底做前照灯闪光,如图5-15所示,前照灯闪光在前照灯开关关闭时也有作用。

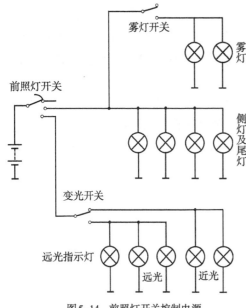

图5-14 前照灯开关控制电源

(3)前照灯继电器。

有些汽车在前照灯电路中装置继电器,使前照灯直接接到蓄电池,以减少前照灯电路的电压降,提高前照灯效率。远光与近光分别有一个继电器控制的电路,如图5-16所示。

图5-15 前照灯开关的变光作用

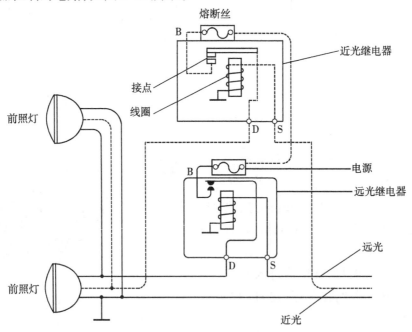

图5-16 远、近光各有一个继电器控制

❷ 前照灯冲洗装置

在泥泞路面或恶劣气候下跟车或会车时，经常因泥水飞溅，使前照灯镜面脏污，影响照明及行车安全，故部分车辆，如4WD汽车，装置前照灯冲洗装置。

本装置由前照灯冲洗开关、控制器、储水罐、冲洗电动机及喷嘴等组成，如图5-17所示。

前照灯冲洗装置的电路，如图5-18所示，压下冲洗开关，左右两侧的喷嘴喷出冲洗液，将前照灯冲洗干净。喷嘴位置必须正确，使在所有车速时，冲洗液均能喷向前照灯。

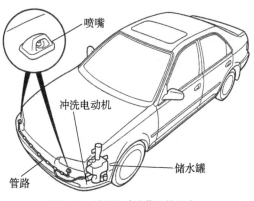

图5-17 前照灯冲洗装置的组成

三、自动前照灯范围调整系统

自动前照灯范围调整系统，不论汽车装载状态如何，用以确保氙气前照灯照射的范围不变。附加控制单元的轴传感器装在后轴或后悬吊上，以检测后悬吊被压缩向下角度，悬吊位置改变的信号经处理后，送给与前照灯连接的执行器，以保持氙气前照灯正确的照射范围，避免会车时对方眼睛发生目眩，如图5-19所示。

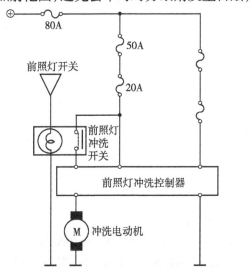

图5-18 前照灯冲洗装置电路

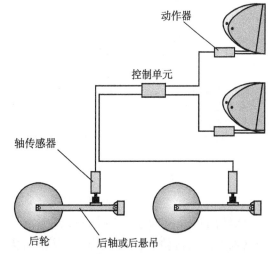

图5-19 自动前照灯范围调整系统

当前照灯打开，驾驶人操作风窗玻璃清洗系统时，前照灯清洁系统会同时作用，利用特殊的涡流室喷嘴，通过水滴的运动效果，强制冲洗前照灯表面污粒，以避免光线因污粒反射而造成眩目。

5.1.2 转向灯电路与部件的构造

转向灯于汽车要变换行驶方向时灯亮，使汽车前后的车辆及行人知道汽车的动向,以确保行车安全。转向灯以每分钟约60~120次的周期闪烁,若其中一个灯泡烧坏时,转向灯闪烁的周期变短,驾驶人可立即发现问题。

一、转向灯电路

大部分汽车使用的转向灯均为闪烁式。如图5-20所示,为闪烁式转向灯的电路,包括转向灯开关、左右的车前转向灯、车后转向灯、车侧转向灯及转向指示灯、闪光器、熔断丝、点火开关等。其灯泡通常为21W,侧转向灯则使用5W灯泡。

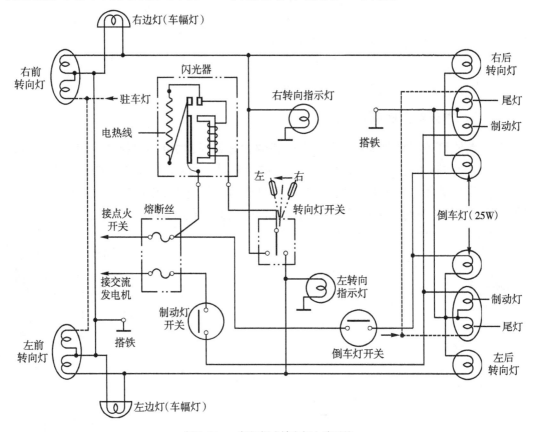

图5-20　一般闪烁式转向灯电路系统

当转向灯开关向左(右)扳时,蓄电池→点火开关→熔断丝→闪光器→转向灯开关→左(右)前、后、侧转向灯及指示灯搭铁,因闪光器的作用,使灯以60~120次/min的速度不断闪烁,以警告其他驾驶人及行人。

二、转向灯及危险警告灯电路

转向灯及危险警告灯电路的共同点是共用车前与车后的转向灯,车内的转向指示灯,以及一些车型共同一个闪光器。而两者的差别为功能不同,一为单侧转向灯闪亮,作为转向指示用,一为所有转向灯均同时闪亮,作为危险警告用;另外危险警告灯不经点火开关控制,只要压下开关,如图5-21所示,车外的转向灯及车内的转向指示灯均同时闪烁。

三、转向灯电路部件构造

❶ 转向灯开关

现代汽车的转向灯开关都是包含在组合开关内的,如图5-22所示,左侧开关为前照灯兼方向灯开关,方向灯开关有 L、OFF 与 R 三个位置。

转向灯开关均为自动复原式,开关向顺时针方向扳时为右转,向逆时针方向扳时为左转,等车子转弯后,转向盘开始回转时,转向灯开关自动复原至 OFF 位置,驾驶人不必于转弯后再扳回。

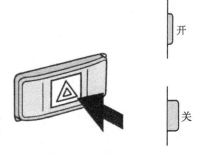

图5-21 危险警告灯开关

❷ 闪光器

转向灯的闪烁是由闪光器来控制的,常见的闪光器有电容式、晶体管式和IC式等类型,如图5-23所示。闪光器的作用是串联在转向灯电路中,在汽车转弯(或变道)时,使转向灯发出明暗交替的闪烁光,以示汽车的行驶方向。

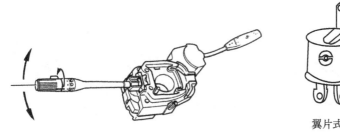

图5-22 转向灯开关

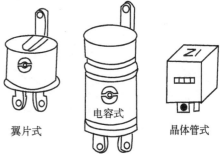

图5-23 闪光器的类型

5.1.3 其他灯电路与部件的构造与作用

其他灯电路依车型的不同,在配备上各有差异。以下将其他灯电路大致上分成室内灯与室外灯两大类来做说明,较为清楚。

一、室内灯电路与部件的构造及作用

(1)警告及指示灯。

警告及指示灯的种类很多,如图5-24所示,依车型及配备的不同,在构造上各有差异。本部分在第六单元仪表系统中再一并介绍。

(2)阅读灯。

又称地图灯、个人灯、内小灯等,在前座椅之上方,压下开关灯亮,点火开关在任何位置时均可作用,如图5-25所示。其灯泡功率容量约为5~8W。

(3)车顶灯。

又称车内灯或室内灯,装在车顶的中央。其开关通常有三个位置,"OFF"时灯熄,

"ON"时灯一直亮着,"DOOR"时在车门打开时灯才亮,车门关闭后熄灭,如图5-26所示。现代汽车利用定时器电路在车门关闭后使车顶灯持续点亮10~15s才熄灭,以方便驾驶人及乘客。如图5-27所示,为一般车顶灯的电路,其灯泡功率为10W。

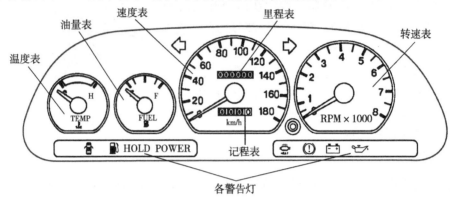

图5-24 警告及指示灯

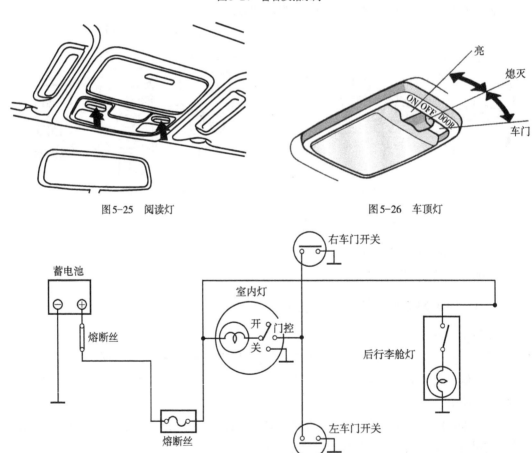

图5-25 阅读灯　　　　　图5-26 车顶灯

图5-27 车顶灯电路

(4) 点火开关照明灯。

所有车门关闭后,点火开关照明灯会持续点亮10~15s才熄灭,以方便驾驶人插入钥匙,如图5-28所示。

(5) 车门灯。

又称探照灯,装在四个车门下方,当车门打开时灯亮,照亮地面,以方便进出车辆的驾驶人及乘客,如图5-29所示。其灯泡功率约为3.4W。

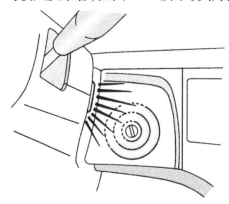
图5-28 点火开关照明灯

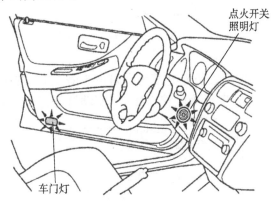
图5-29 车门灯

(6) 高位制动灯。

高位制动灯,因其位置比后灯座的制动灯高,警示效果更佳,可提高行车安全。其灯泡功率约为18W,LED式每个功率约8W,数量可达84个。

(7) 行李舱灯。

装在行李舱内,当行李舱打开时灯亮。其灯泡功率为5W。

其他室内常见的照明灯光还有置物箱灯、音响照明灯及自动变速器选择杆处挡位照明灯等。

二、室外灯电路与部件的构造及作用

(1) 前雾灯。

雾灯为辅助车辆照明的用途,尤其是遇雨雾时。

(2) 示宽灯。

示宽灯又称小灯、驻车灯或停车灯。装在车辆前面两侧对称位置,如图5-30所示,有些车辆在叶子板上也有安装。前照灯开关在第一与第二段时均点亮,其灯泡功率为5W。

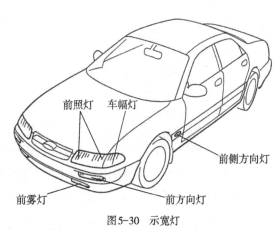
图5-30 示宽灯

(3) 尾灯。

尾灯又称小灯、驻车灯或停车灯。装在车辆后端左右两侧,前照灯开关在第一段与第二段时均点亮。通常尾灯与制动灯共用一灯泡,灯泡内功率为双灯丝21/5W,21W 为制动灯用,5W 为尾灯用,其构造如图5-31所示,注意其安装座的定位销位置与单丝灯泡不同,如图5-32所示。

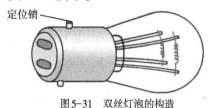

图5-31 双丝灯泡的构造　　图5-32 单丝电泡的构造

（4）制动灯。

制动灯的光亮度为尾灯的5倍以上。常用的制动灯开关,如图5-33所示,踩下制动踏板时,开关内的接点接通,制动灯亮,其电路如图5-34所示。

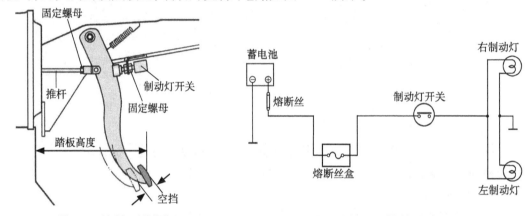

图5-33 制动灯开关的位置　　图5-34 制动灯电路

（5）牌照灯。

前后牌照灯与示宽灯及尾灯并联,同时点亮。其灯泡功率为5W。

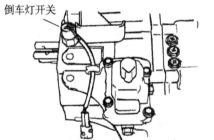

（6）倒车灯。

倒车灯电路为一个独立的电路,灯色为白色,倒车灯开关装在变速器由打倒挡时控制,如图5-35所示,为手动变速器倒车灯开关的安装位置;图5-36所示,为倒车灯电路,必须经过点火开关控制,有的倒车灯电路上装有蜂鸣器,以警告车后的人与车。

倒车蜂鸣器是一种间歇反应的音响信号装置,其发音部分是一只功率较小的电喇叭,控制电路是一个由非稳态电路和反相器组成的开关电路。

图5-35 倒车灯开关的安装位置

5.1.4 喇叭电路与部件的构造与作用

汽车喇叭是用来警告路上车辆或行人的警报装置,但也是产生噪声的一项来源,不当使用将破坏安宁,使人产生厌恶感。用来测量声音的特性者有音量、频率及音压三项。

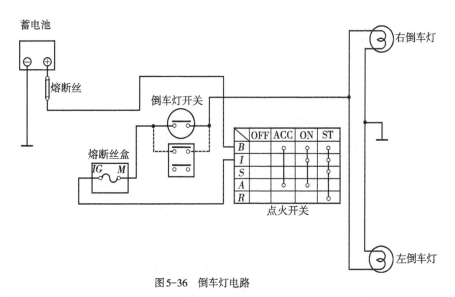

图5-36 倒车灯电路

音量：音量又称响度，用来表示声音强弱的程度。依发音体振幅的大小而定，振幅大者发音越强，一般使用分贝(dB)为音量的单位。

频率：频率又称音调，用来表示声音的高低程度。发音体的振动频率增多时，声音变高；反之振动频率减少时，声音变低。频率使用赫兹(Hz)为单位，赫兹为发音体每秒钟的振动次数。

音压：当音波碰到墙壁而反射时，墙壁受到的压力，此压力即为音压。一般使用微巴(μbar)为单位。

喇叭（又称扬声器）的种类主要有电磁式、电子式和压缩空气式三类。

一、电磁式喇叭

❶ 喇叭的工作原理

将一片薄钢板周围固定，中央放置电磁铁，当开关闭合时，电磁铁产生吸力吸引钢板，开关打开时，钢板由本身的弹性弹回，产生振动，即可发出声波。我们设法使开关连续的开闭，即可使钢板连续振动空气而发出声音，如图5-37所示。

❷ 电磁式喇叭的组成

电磁式喇叭的组成，以螺旋形为例，包括高低音喇叭各一只、喇叭继电器、喇叭按钮、电源、熔断丝等，如图5-38所示。因喇叭耗电量大，故使用继电器，避免按钮处产生过大的火花，以延长使用寿命。

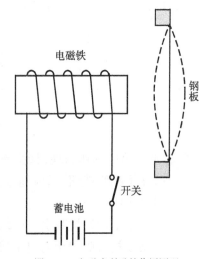

图5-37 电磁式喇叭的作用原理

电磁式喇叭，体积小，效率高，小型车普遍采用。现期产品较早期，喇叭的外径缩小了1/2，而质量只有原先的1/10。盆形喇叭与螺旋形喇叭的外形，如图5-39所示。

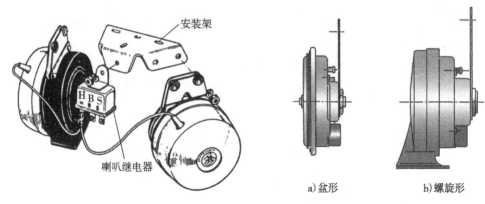

图5-38 电磁式喇叭的组成　　　图5-39 盆形式喇叭与螺旋形喇叭的外形

❸ 盆形式喇叭

盆形喇叭的基本构造,如图5-40所示,由振动板(或称膜片)与因共振而产生音量增幅的共振板所组成的振动板总成(或称膜片总成),产生驱动力的铁芯,使电流断续的白金接点,以及形成固定磁场回路的外壳等所组成。

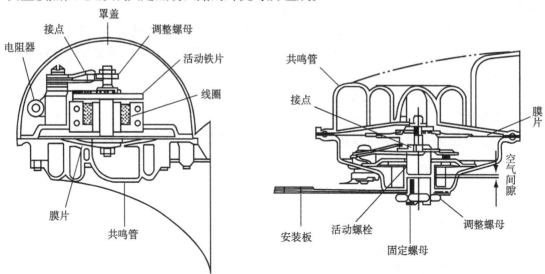

图5-40 盆形喇叭的基本构造

盆形喇叭的动作原理,如图5-41所示,其动作顺序为:

(1)压下喇叭按钮,蓄电池来的电流进入线圈。

(2)产生吸引力。

(3)由于活动柱被吸引,振动板随之移动。

(4)活动柱被吸引至与白金接点接触,使接点打开。

(5)白金接点打开时,电路中断,故吸力消失;但振动板总成因惯性会继续移动,与固定在外壳上的铁芯发生撞击。活动柱与铁芯的撞击力,使振动板总成产生振动,因而发出声音。

（6）撞击后，振动板总成因撞击而跳回及本身的弹力，反方向回到原位。
（7）接着接点再闭合，又产生吸引力，回到（2）的动作状态。
如此反复进行，只要喇叭按钮持续压着，动作顺序会在（2）~（7）间反复作用。

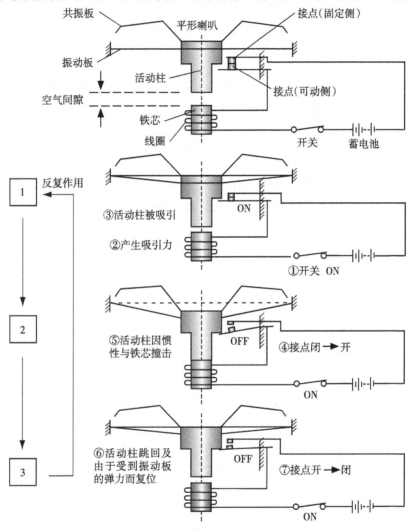

图5-41 盆形喇叭的动作原理

❹ 含喇叭继电器的喇叭的动作原理

喇叭继电器的构造与电路，如图5-42所示。以喇叭按钮的控制电流控制经过接点的工作电流，可以减少喇叭电路的电压降，缩短电源与喇叭的配线长度。喇叭继电器上有三个接头，分别接通按钮、喇叭、电源。一般12V高低音喇叭需通过3~5A的电流。

当喇叭按钮按下时，喇叭继电器线圈通电，使继电器接点闭合，闭合后电流进入喇叭线圈后搭铁，如图5-43所示。其路径如下：

蓄电池→喇叭继电器B接头→接点P_1→H接头→喇叭接头→线圈→喇叭内接点P_2→搭铁

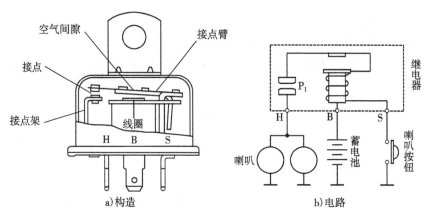

图5-42 喇叭继电器的构造与电路

喇叭电磁线圈的吸力将活动片吸引,使膜片及调整螺母一起下移,调整螺母将接点拉开,线圈电路中断,膜片的弹性使膜片及活动片弹回。线圈电流中断时产生的感应电流由与接点并联的电阻或电容器吸收。

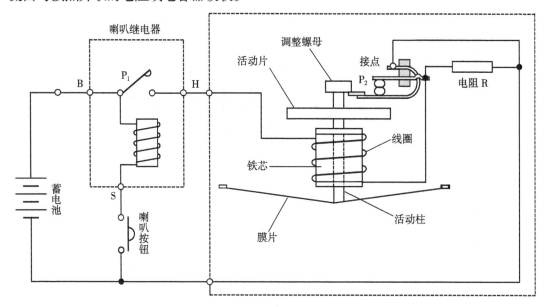

图5-43 喇叭的电路

膜片弹回后,接点又闭合,电流又接通,线圈的磁力又将活动片及膜片拉下,使接点又分开。如此膜片不断地来回振动,使空气因振动而发出声音。

❺ 螺旋形喇叭

螺旋形喇叭利用螺旋管的共鸣产生较柔软的音色,体积比盆形的大。低频率型为400Hz,高频率型为500Hz。

螺旋形喇叭的基本构造,如图5-44所示,以螺旋管的音响管取代盆形喇叭的共振板,其他的驱动回路、接点机构等均与盆形相同。

螺旋形喇叭的动作原理,在振动板(或称膜片)与接点间的动作关系,与盆形完全相同,只有发音机构不同而已。

二、电子式喇叭

电子式喇叭发音体采用压电元件,以产生悦耳的声音,且省电、低噪声,其结构如图 5-45 所示。

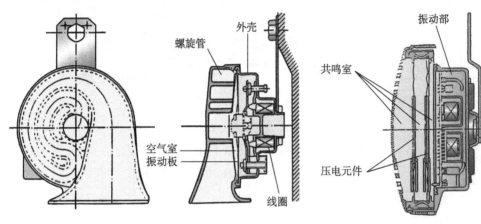

图 5-44　螺旋形喇叭的基本构造　　　　图 5-45　电子式喇叭

5.2　照明与信号系统的检修

5.2.1　检查或更换汽车灯泡

一、技术标准与要求

(1)能在 40min 内独立完成作业项目。
(2)安装配套使用功率的各种灯泡。
(3)检查前照灯和前雾灯光束照射位置,必要时进行调整。
(4)按照规范要求拆装各种车灯总成。

二、实训工具

前照灯测试仪(图 5-46)、万用表、一字旋具、维修工具、翼子板护裙、驾驶室保护罩等。

三、实训准备

(1)汽车进入工位前,将工位清理干净,准备好相关的工具和器材。
(2)拉紧驻车制动器操纵杆,并将变速杆置于空挡或驻车挡(P 挡)。
(3)地面必须平坦、轮胎气压必须在标准值、行李舱不可放置重物以保证汽车水平停放。
(4)蓄电池在充满电状态。

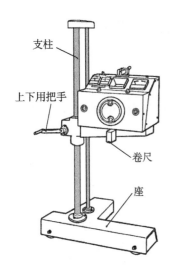

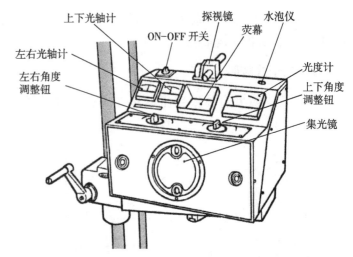

图5-46 前照灯测试仪

(5)粘贴翼子板和前脸磁力护裙。

(6)准备零件盒,以放置零件。

四、实操步骤

(1)前照灯照明检查与光轴校正。

①将前照灯镜面擦拭干净。

②调整前照灯试验器水平。转动水平调整螺栓,如图5-47所示。检视水泡仪水泡应在其中央位置。

③被检查汽车的位置。汽车开至试验器前方,距离3m,如图5-48所示。试验器上有卷尺,以测量正确距离。

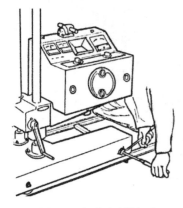

图5-47 调整试验器水平

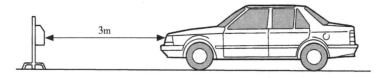

图5-48 汽车与前照灯试验器的距离

④利用前照灯试验器上的探视镜,检查车辆是否与试验器对正,如图5-49所示。

⑤打开前照灯试验器开关,打开汽车近光灯,用橡皮盖盖住其中一个近光灯。移动前照灯试验器,对准近光灯主光轴。上下或左右移动前照灯试验器,使上下光轴计及左右光轴计的指针对正零,如图5-50所示。

⑥转动上下及左右角度调整按钮,将前照灯的影像调整至荧屏的中央,如图5-51所示。从上下及左右角度调整按钮上读取上下及左右角度差,并读取光度。

⑦调整前照灯方向。依原生产厂规定值,将上下及左右角度调整按钮转至一定值。上下及左右移动前照灯试验器,使前照灯的影像在荧屏的中央。调整前照灯的方向,如图5-52与图5-53所示,使上下光轴计及左右光轴计的指针对正零。

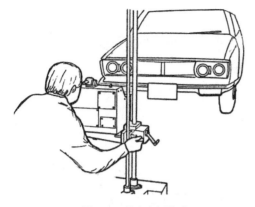
图5-49 检查车辆的对正

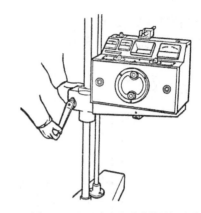
图5-50 上下或左右移动前照灯试验器

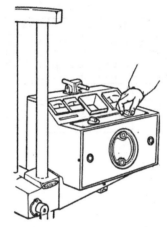
图5-51 调整前照灯影像至荧屏中央

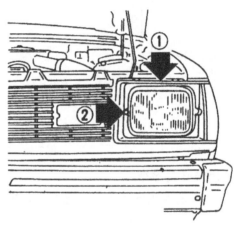
图5-52 由前照灯前方调整方向

（2）在车内拉动发动机舱盖手柄，在车外打开并支承发动机舱盖，如图5-54所示。

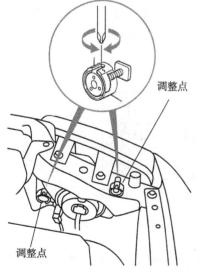
图5-53 由前照灯后方调整方向

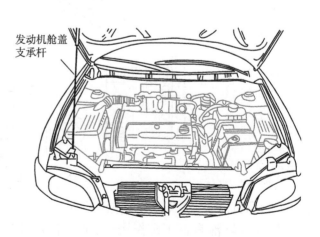
图5-54 打开发动机舱盖

(3)前照灯电路的检查。

检查近光、远光及远光指示灯等是否正常。前照灯电路如图5-55所示。

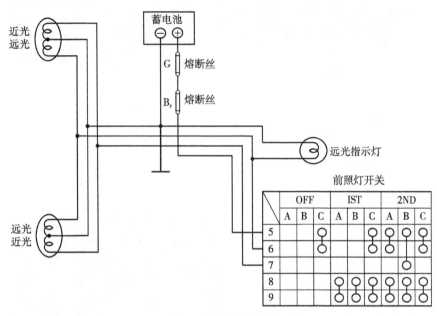

图5-55 前照灯电路

(4)组合开关检查。

使用欧姆表检查各接头是否导通,如图5-56所示。

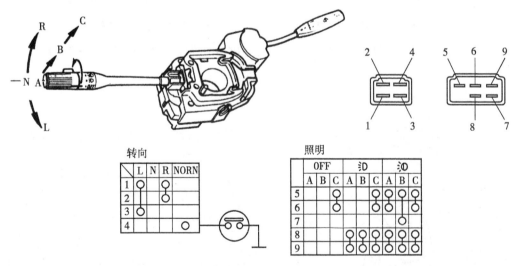

图5-56 检查组合开关

(5)示宽灯、尾灯及牌照灯电路检查。

检查各灯泡是否正常作用。必要时使用欧姆表检查各接头是否导通,如图5-57所示。

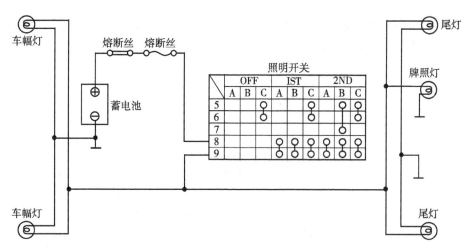

图 5-57 检查示宽灯、尾灯及牌照灯电路

(6) 转向灯及危险警告灯电路检查。

检查闪光器及各灯泡是否正常作用。必要时,使用欧姆表检查各接头是否导通,如图 5-58 所示。

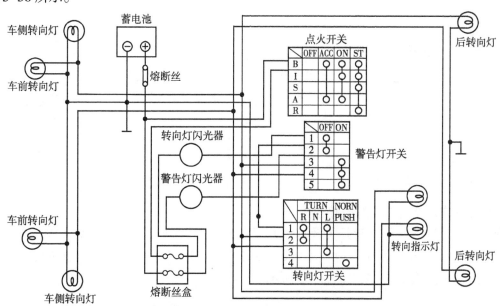

图 5-58 检查转向灯及危险警告灯电路

(7) 倒车灯电路检查。

检查倒车灯开关及灯泡是否正常作用。必要时,使用欧姆表检查倒车灯开关,柱塞压入时应导通,如图 5-59 所示;检查倒车灯电路各接头是否导通,如图 5-60 所示。

(8) 制动灯电路检查。

检查制动灯开关及灯泡是否正常作用。必

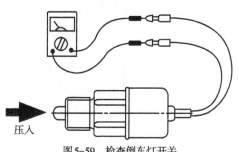

图 5-59 检查倒车灯开关

要时,使用欧姆表检查制动灯开关在柱塞压入时应不导通,如图5-61所示;检查制动灯电路各接头是否导通,如图5-62所示。

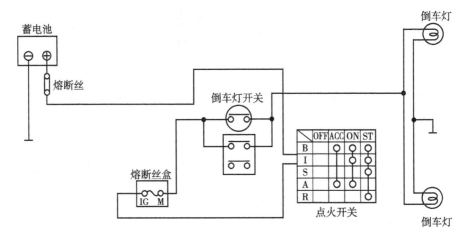

图5-60 检查倒车灯电路

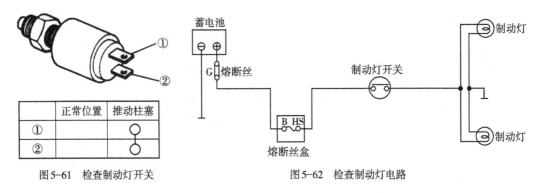

图5-61 检查制动灯开关　　　图5-62 检查制动灯电路

(9)室内灯及行李舱灯电路检查。

检查车门开关、行李舱开关及灯泡是否正常作用。必要时,使用欧姆表检查车门开关及行李舱开关在柱塞压入时应不导通,如图5-63与图5-64所示;检查室内灯与行李舱灯电路各接头是否导通,如图5-65所示。

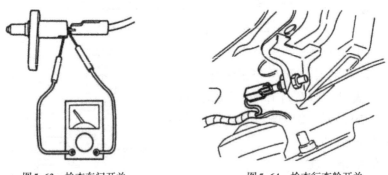

图5-63 检查车门开关　　　图5-64 检查行李舱开关

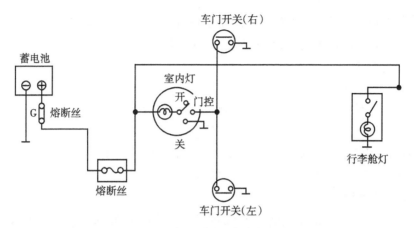

图5-65　检查室内灯及行李舱灯电路

（10）更换前照灯的灯泡。

①前照灯组件的分解图，如图5-66所示。安装时不要接触玻璃泡。以免手指在玻璃泡上留下油腻痕迹，使玻璃泡模糊。

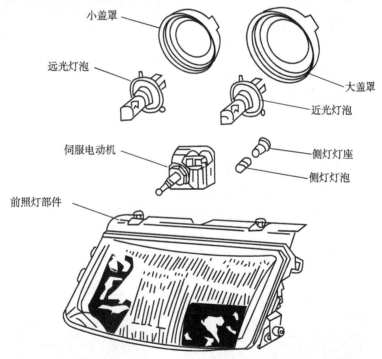

图5-66　前照灯组件分解图

②更换近光灯泡。

a. 拆下前照灯背面上大的罩盖。

b. 拔出近光灯泡的插头，如图5-67所示。

c. 在止动销上，旋压弹簧丝夹（弹簧丝U形螺栓），并且把它翻转到侧面。

d. 从反射罩中取出近光灯泡。

e. 安装新的灯泡,使摩擦盘圆片上的止动销在反射罩上的凹槽中。

f. 在安装一只新的近光灯泡之后,应检查前照灯的调整角度。

③更换侧灯灯泡。

a. 拆下前照灯背面上大的罩盖。

b. 从反射罩中取出带接线插座的灯泡灯座(图5-67)。

c. 从灯座中取出灯泡,并且换上新的灯泡。

d. 把使用白炽灯的灯座塞进反射罩中,一直插到底时为止。

④更换远光灯泡或远光和雾灯的双灯丝灯泡。

a. 拆下前照灯背面上小罩盖。

b. 拔出远光灯汽车雾灯的远光灯泡或双灯丝灯泡的插头,如图5-68所示。

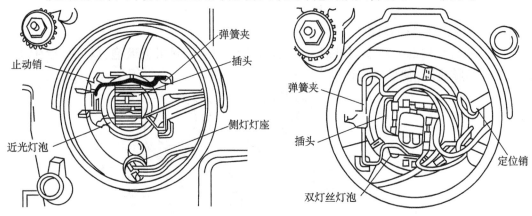

图5-67　更换近光灯泡　　　　图5-68　更换远光灯泡或双灯丝灯泡

c. 经过止动销,旋压弹簧丝夹,并且把它翻转到侧面。

d. 从反射罩中取出远光灯泡或双灯丝灯泡。

e. 换上新的灯泡,使摩擦盘圆上的止动销位于反射罩上的凹槽中。

(11)更换前转向信号灯的灯泡。

①拆卸灯泡。按图5-69所示箭头方向,旋转和从灯罩中取出灯座,再从灯座中取出灯泡。

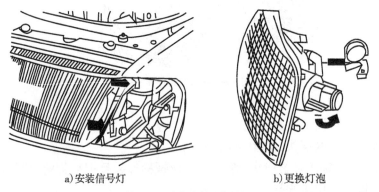

a) 安装信号灯　　　　b) 更换灯泡

图5-69　安装前转向信号灯

②安装灯泡。安装新的灯泡,按拆卸相反的方向转动灯座使其啮合在灯罩中。

注意:在安装灯泡时不要接触玻璃泡,手指在玻璃泡上会留下油腻痕迹,在接通灯泡时雾化,并且使玻璃泡模糊。

(12)拆卸和安装尾灯的灯座。

尾灯组件的分解图,如图5-70所示。拆卸灯座。将行李舱中的内饰折起到侧面,分开插头连接,松开保持架,如图5-71箭头所示,并且取出灯座。按与拆卸相反的顺序安装灯座。

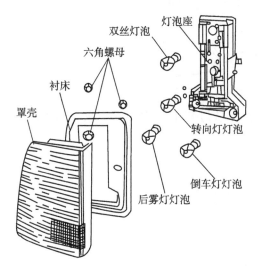
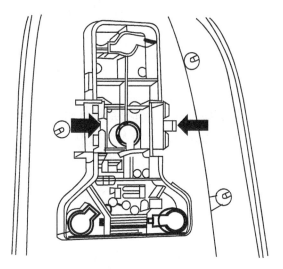

图5-70 尾灯分解图　　　　图5-71 拆卸尾灯的灯座

(13)拆卸和安装尾灯。

①拆卸尾灯。在行李舱中拆卸尾灯之前,从车身衬里或者在尾灯侧旁把阻塞孔的盖罩打开,拆卸灯架。拧开固定螺栓,如图5-72箭头所示,并且拆除后侧灯罩。

②安装尾灯。把后侧灯罩放入到车体凹口中,以3N·m的力矩拧固定螺母,安装灯座,并且将插头插上。把车身衬里折回或者在尾灯侧旁关闭阻塞孔的盖罩。

(14)高位制动信号灯的检修。辅助制动信号灯在衣帽存放处的后面部分,直接安装到汽车尾部玻璃上。

①拆卸和安装灯架。拔出插头,旋压回弹簧夹,如图5-73所示,并且取出灯架。按与拆卸相反的顺序安装灯架。

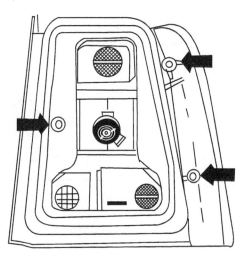

图5-72 拆卸尾灯

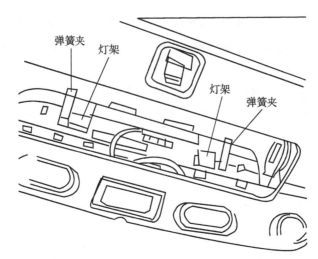

图5-73 拆卸和安装灯架

②更换灯泡。灯泡都是插在灯架上的,可以直接从灯架中把它们拔出来,如图5-74所示将新的灯泡直接插入灯架中。

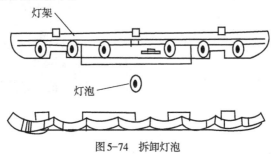

图5-74 拆卸灯泡

（15）牌照灯的拆卸和安装。

把牌照灯的固定螺钉旋转出来,如图5-75所示,拆下散光玻璃。按与拆卸相反的顺序安装牌照灯。

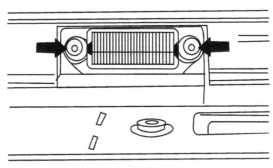

图5-75 拆卸牌照灯

（16）拆卸和安装行李舱照明灯及开关。

①拆卸和安装行李舱灯。在灯罩上向下旋压灯,一直到松开为止。拔出插头,更换灯泡(12V/3W)。插上插头,把灯插入支架上,并且加以定位。

②拆卸和安装行李舱照明灯开关。行李舱照明灯开关位于汽车尾部锁中。拆下开关

的塑料保护罩,如图5-76所示。从锁中拆下行李舱的照明开关,并从尾门锁中取出行李舱照明开关,如图5-77所示。把开关插入尾门锁中,并且给开关定位。安装开关的塑料保护罩。

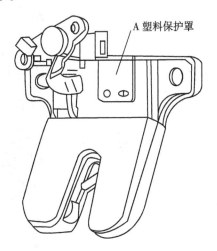
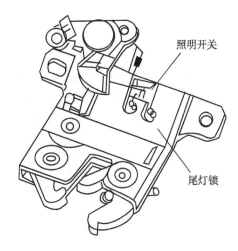

图5-76 拆下开关的塑料保护罩　　　图5-77 拆卸行李舱照明灯开关

(17)完成。整理好工位和工具,清理场地卫生。

5.2.2 检查或更换汽车喇叭

一、技术标准与要求

(1)能在20min内独立完成作业项目。
(2)安装配套使用的汽车喇叭并正确连接汽车喇叭导线。
(3)汽车喇叭线圈的电阻值为0.4~1.5Ω。
(4)汽车喇叭接线柱与外壳绝缘性能良好。
(5)正确调整汽车喇叭的音量和音调。

二、实训工具

音量计(图5-78)、万用表、蓄电池、维修工具、翼子板护裙、驾驶室保护罩等。

三、实训准备

(1)汽车进入工位前,将工位清理干净,准备好相关的工具和器材。
(2)拉紧驻车制动器操纵杆,并将变速杆置于空挡或驻车挡(P挡)。

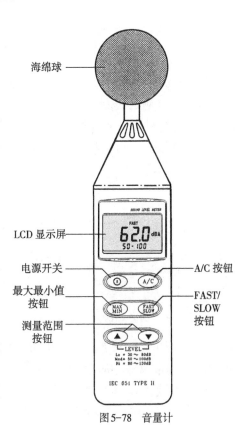

图5-78 音量计

（3）打开并可靠支撑机舱盖。

（4）粘贴翼子板和前脸磁力护裙。

（5）安装转向盘套、换挡手柄套、座套，铺设地板垫等。

（6）准备零件盒，以放置零件。

四、实操步骤

（1）接通电源，压下喇叭按钮，检查喇叭作用是否正常。

（2）喇叭电路如图5-79所示，先检查喇叭电路作用是否正常。

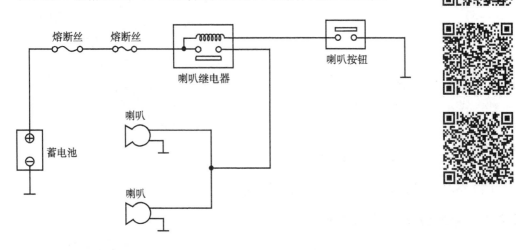

图5-79 喇叭电路

（3）拆卸汽车喇叭。将点火开关处于"OFF"状态，用手拔下汽车喇叭电插头。

（4）检查喇叭线圈。使用万用表检查汽车喇叭电阻，电阻值为0.4~1.5Ω，则证明线圈良好；如果电阻值为∞，则证明线路开路，应更换汽车喇叭。

（5）测量汽车喇叭接线柱与外壳的绝缘性能。

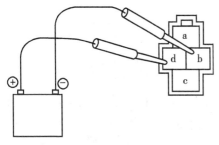

图5-80 四接头式喇叭继电器

（6）检查喇叭继电器。如图5-80所示，检查四接头式喇叭继电器，a与c之间应导通。

（7）喇叭音量调整。

连接蓄电池、电流表与喇叭。喇叭工作时，注意电流表读数，并使用音量计检查喇叭音量。喇叭响声的高低与电流量成正比。

电流量不合规定时，或喇叭发出的声音不正常时，可通过调整气隙和活动触点臂的调整螺栓大小进行调节，如图5-81所示，为平形喇叭的调整；而图5-82所示，为螺旋形喇叭的调整。此项调整非常灵敏，每次转动调整螺栓不可超过1/10转。

（8）安装汽车喇叭。将喇叭的固定螺栓旋紧，并接好汽车喇叭的电插头。

（9）汽车喇叭就车检验。用手按下汽车喇叭开关，此时喇叭应鸣响。

（10）整理工位。拆除护裙，关闭发动机机舱盖，清理工具和仪器，清洁地面卫生。

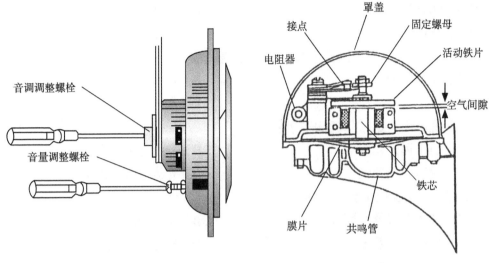

图 5-81　盆形喇叭的调整　　　　图 5-82　螺旋形喇叭的调整

理论测试

一、填空题

1. 前照灯基本上是由_____与外壳两部分所组成，但外壳有两个很重要的部位，一个是前面的_____，一个是后面的_____。

2. 目前许多汽车的前照灯均已改用透明的_____，因此前照灯所有光线方向的变化，都是由_____来执行。

3. _____在汽车要变换行驶方向时灯亮，使车子前后的车辆及行人知道汽车的动向，以确保行车安全。

4. _____使灯以60~120次/min的速度不断闪烁，以警告其他驾驶人及行人。

5. _____用来表示声音的高低程度。

二、选择题

1. 没有灯丝的灯泡是_____。
　　（A）白热灯泡　　　　　　　　（B）氙气灯泡
　　（C）卤素灯泡　　　　　　　　（D）白炽灯泡

2. 目前氙气灯泡的功率为_____。
   (A) 90W (B) 60W
   (C) 55W (D) 35W

3. HID 的自动前照灯范围调整系统，其传感器是装在_____。
   (A) 左前悬架 (B) 右前悬架
   (C) 后轴   (D) 车体中央

4. 抛物线式反射镜，灯丝置于焦点上时_____。
   (A) 射出远光光线 (B) 光线全部折向上
   (C) 射出近光光线 (D) 光线全部折向下

5. 前照灯开关无以下哪种功能？
   (A) 使示宽灯及前照灯点亮 (B) 使前照灯闪光
   (C) 变换远、近光   (D) 使雾灯点亮

6. 小型车目前最普遍使用的是_____喇叭。
   (A) 压缩空气式 (B) 电动式
   (C) 电磁式   (D) 电子式

7. 电磁式喇叭的发音源是_____。
   (A) 铁芯   (B) 振动板总成
   (C) 线圈总成   (D) 前盖

8. 转向灯开关均为自动复原式，开关向_____方向扳时为_____，向_____方向扳时为_____，等汽车转弯后，转向盘开始回转时，转向灯开关自动复原至"OFF"位置。
   (A) 顺时针，右转；逆时针，左转 (B) 顺时针，左转；逆时针，右转
   (C) 逆时针，右转；顺时针，右转 (D) 以上都不正确

三 判断题

1. 灯泡内为真空状态的是卤素灯泡。（　）
2. 卤素灯泡是在灯泡内充入氟、氯等卤素气体。（　）
3. 氙气灯泡的亮度及寿命，是卤素灯泡的 2~3 倍及 5 倍。（　）
4. HID 灯泡内是保持在真空状态。（　）
5. 现代车辆均采用灯泡密封式前照灯。（　）
6. 转向灯及危险警告灯电路的共同点是共用车前与车后的转向灯，及车内的转向指示灯，以及一些车型共同一个闪光器。（　）
7. 从反射镜反射的光线，经镜头后，可再改善光线的分布。（　）
8. 高位制动灯可提高行车安全。（　）
9. 汽车喇叭的音量是以 dB 为单位。（　）
10. 供应电流给喇叭的是喇叭按钮。（　）

四 简答题

1. 简述汽车照明与信号系统的组成。

2. 简述前照灯电路的组成及工作原理。

3. 简述汽车灯泡的种类及特点。

4. 电磁式喇叭有何优点？

单元6

仪表与电子显示系统

● 知识目标：

　　1. 了解仪表与电子显示系统的作用；
　　2. 掌握仪表与电子显示系统通用符号的含义；
　　3. 掌握系统的组成、主要部件的作用及工作原理。

● 能力目标：

　　1. 能正确分析仪表系统的电路图；
　　2. 能说明组合仪表上各警告灯符号的含义；
　　3. 掌握各主要仪表的检修方法；
　　4. 能熟练使用各种常见维修工具和检测仪器。

● 建议学时：

　　6学时。

6.1 仪表的功用与结构

6.1.1 概述

仪表就是汽车各部位（如油箱、冷却液、机油、充电系统等）的监视系统，能够让驾驶人随时了解汽车各部的运行状况，保证驾驶安全。如图6-1所示为很多现代汽车采用的一般指针型模拟式仪表。

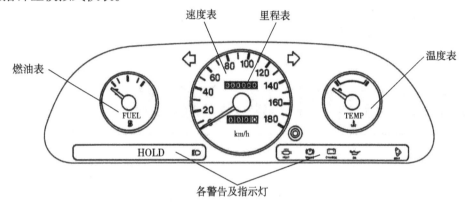

图6-1　一般指针型仪表

现代汽车除了车速表、转速表、燃油表及冷却液温度表外，为了提高对驾驶人的报警及指示作用，利用各种报警及指示灯来代替仪表，如机油压力警告灯取代机油压力表，充电警告灯取代电流表等，另外再增加驻车制动警告灯、远光指示灯、转向指示灯、挡位指示灯、车门未关警告灯、安全带未系警告灯、发动机故障警告灯、ABS警告灯、SRS警告灯等各种报警及指示灯。现代汽车越来越多的警告灯，是由电子模块组控制电路的搭铁，使警告灯点亮。

由于电子及微机控制技术的现代汽车也有采用如液晶数字显示的数字仪表，常称为电子仪表，以取代传统指针指示的模拟式仪表。采用数字显示的仪表有车速、发动机转速、燃油量、冷却液温度等，如图6-2所示。报警装置除各警告灯外，还有语音报警系统。

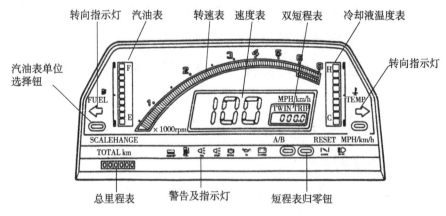

图6-2　电子仪表

有些行车信息的显示,并不要求很高的精确度。以发动机冷却液温度为例,模拟式温度表的指针指在约中间稍下方的位置时,驾驶人一看就能确定冷却液温度是在适当的范围;若是以数字显示温度为98℃,驾驶人反而不易认定冷却液温度是否正确。这就是为什么系统采用数字处理技术,但显示是采用模拟式方法的原因。

6.1.2 一般仪表的构造与作用

一、一般仪表的构造与种类

燃油表、温度表等各种仪表由两部分组成,一为接收器,或称指示表,另一为传感器,两者间用电线连接。接收器中有指针及刻度,指示各测定值;传感器在各部位进行测定,以提供指示表测定值。

接收器有电热式及电磁式两种,传感器有电热式及电阻式两种,故仪表的组成有数种,如图6-3所示。

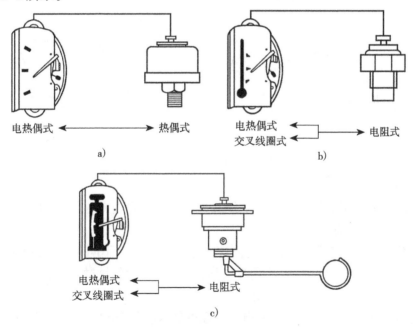

图6-3 仪表接收器与传感器的组合

二、电热式仪表

① 热偶片原理

汽车使用的电热式仪表是利用热偶片弯曲拉动仪表的指针,以指示正确读数,其构造简单,成本低。

热偶片是两片膨胀系数相差很大的金属片,一般使用黄铜与弹簧钢,相重叠在一起而成,如图6-4所示,将膨胀率极小的弹簧钢置于上侧,膨胀率大的黄铜置于下侧,当加热后,尾端即向上弯,热偶片的弯曲量 A 与温度(℃)的变化成正比。

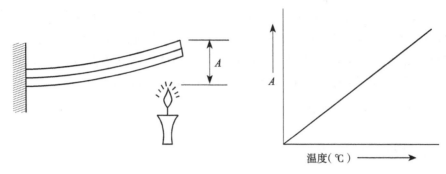

图6-4 热偶片的作用

热偶片若只用一片,则热偶片会因外界温度的变化而弯曲,使表的指示失准,如图6-5a)所示。为避免表的指示受外界温度的影响,使用两片热偶片成"U"字形,如图6-5b)所示,如此外界温度变化时,固定端与自由端的弯曲量相同,因外界温度变动所产生的弯曲量互相抵消,因此表的指针不会因外界温度变动而发生指示误差,这是热偶片的温度补偿。

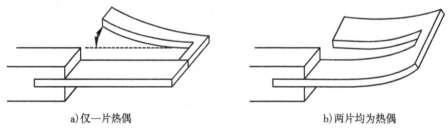

a) 仅一片热偶　　　　　　　　　　b) 两片均为热偶

图6-5 热偶片的温度补偿

❷ 电压调节器

电热式仪表是利用电流流经绕在热偶片外的电热线产生热量,使热偶片弯曲,仪表的指针移动,以指示正确读数。

当电源发生变化,如发动机低速与高速发电机发出电压不同时,电压高则流经电热线的电流较大,产生的热量较多,热偶片的弯曲量大,指针的读数会较高;电压低时,指针的读数会较低。如此会造成仪表的指示失准。

为使电热式仪表的指示不受电源电压变动的影响,所有电热式仪表的前面一定装有电压调节器,使流到仪表的电流量保持一定,不致因电压的变化而影响仪表读数。电压调节器有电热式及IC式两种。

6.1.3 电子仪表的作用

一般仪表都是以指针及刻度表示数量,表示速度快,可以直接目视读取,但精确度较差。而电子仪表则以数字直接表示数量,读取不会错误,容易辨认,准确度好,可靠性高,适于高精度要求的仪表。

数字显示器是由综合仪表内的CPU控制,利用输入的信号,CPU将之转换为正确的段以形成数字、文字或棒状图形,如图6-2所示。

数字显示方式通常采用发光二极管(LED),LED应用于电子装置的指示与数字显示用,耗电极低,且寿命长达50000h。当电流通过时,能产生红色、黄色及绿色光,光色会因制程的差异而稍有不同。利用7段或11段显示,以形成数字或文字,或LED也能排列组合成棒状图形,如图6-6所示。

a) 7段数字显示　　b) 棒状圆形显示　　c) 棒状圆形显示　　d) 7段显示9999

图6-6　LED的显示

6.1.4　燃油表

燃油表的功用是指示油箱的存油量,使驾驶人明确是否需要加油。

一、电热式燃油表的构造与作用

图6-7所示为电热式燃油表及可变电阻式传感器的构造。传感器装在油箱内,油箱中的浮筒随油量的多少而升降,经过连杆使传感器中的电阻值发生变化。

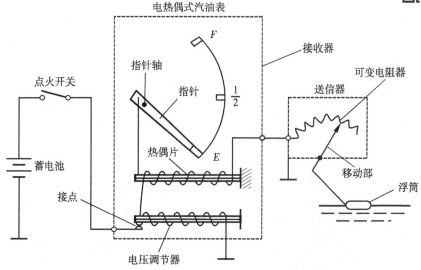

图6-7　电热式配合可变电阻传感器的构造与作用

当油箱油量少时,浮筒降到下面位置,传感器的电阻变大,电流由蓄电池→点火开关→电压调节器→燃油表接收器电热线→传感器电阻→搭铁。因电阻值大,通过热偶片电热线的电流小,产生热量少,热偶片弯曲量少,指针指在"无油"附近。

当油箱油满时,浮筒升到上面位置,传感器的电阻减到最小,流过热偶片的电流增大,产生热量多,热偶片弯曲最大,指针指在"油满"附近。

二、电磁式燃油表的构造与作用

电磁线圈的构造,如图6-8所示,绕在铁芯周围的线圈交叉90°,因磁力线的变化使指针摆动,用于燃油表及温度表,使用很多。

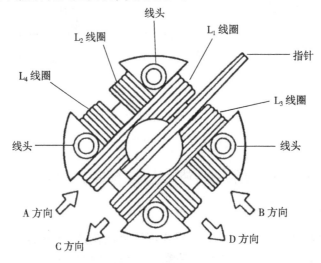

图6-8 电磁线圈的绕线方向

在图6-8中,线圈L_1与L_3在同一轴向产生A方向及C方向(相差180°)的磁力,线圈L_2及L_4与L_1及L_3成90°方向,产生B方向及D方向(相差180°)的磁力。这些交叉的线圈产生使转子旋转动作的磁力线,为了控制转子的动作,在转子下部注入硅油,如图6-9所示。

在交叉的线圈中通入电流,则转子因受各线圈磁力线的影响而产生转动,使装在上面的指针摆动。图6-10为电磁燃油表电路,若传感器的电阻值R_S发生变化,则电压V_S也变化,电流I_1、I_2的大小也变化,各线圈所产生磁力线的强度也发生变化。

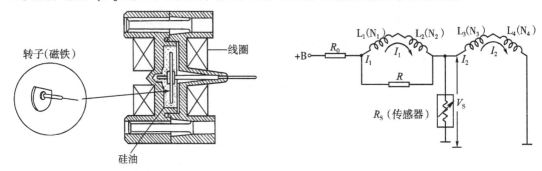

图6-9 电磁式仪表断面　　　　图6-10 电磁式燃油表电路

三、归零式与非归零式燃油表

归零式燃油表:系统仅在点火开关"ON"时才起作用,当点火开关"OFF"时,指针回到 0 位置。图 6-11a) 为归零式燃油表的构造，其转子为半圆形，当点火开关 "OFF" 时，线圈的磁力线消失，转子靠本身质量回复到 0 位置。

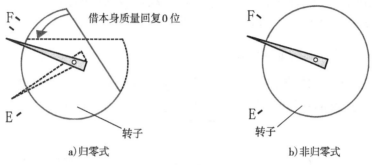

a) 归零式　　　　　　　　b) 非归零式

图 6-11　归零式与非归零式燃油表

非归零式燃油表：现代汽车均采用非归零式燃油表，当点火开关 "OFF" 时，指针仍留在原位，如图 6-11b) 所示。其转子的形状为圆盘状，通过一定硅油的黏度保持指针在一定的作用位置。指针的移动速度很慢，从点火开关打开到指针稳定为止，约需 2min。

四、电子式燃油表

以仪表计算机处理数据，来显示汽油量为例，如图 6-12 所示，由传感器、处理器及显示器所组成，处理器是计算机的一种主要设备器件。仪表计算机也可称为车身计算机或车身控制模块。

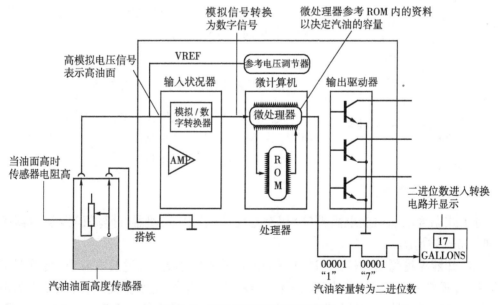

图 6-12　电子式燃油表的组成及作用

燃油箱可变电阻式传感器（信号器）产生模拟信号，模拟 / 数字转换器将模拟信号转换为二进位数或称二进制代码的信号给微计算机，经微机处理后将数字信号送给仪表板内电路，以照明正确的线节，而显示出汽油存量。

6.1.5 冷却液温度表

冷却液温度表(也称为水温表)用来指示发动机冷却液的温度,使驾驶人能知道发动机的工作温度,以防发动机因过热而损坏。

一、电热式温度表的构造与作用

如图6-13所示,为传感器使用热敏电阻,接收器使用热偶片的温度表组成。此型的作用原理与电热式燃油表相同,都是可变电阻配合热偶片的作用。

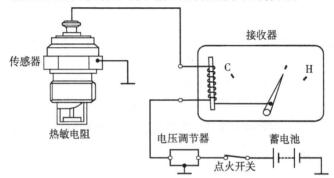

图6-13 电热式配合热敏电阻的温度表组成

温度表表面的刻度表中,C 表示低温,H 表示高温,一般汽车行驶时指针应指在1/3~1/2 刻度之间。

图6-14 热敏电阻的构造

当冷却液温度低时,热敏电阻的电阻值大;当冷却液温度高时,热敏电阻的电阻值小。其构造如图6-14所示。

二、电磁式温度表的构造与作用

电磁式温度表与电磁式燃油表的构造和作用几乎相同。表身的转子有部分被切除,当点火开关"OFF"时,由于本身的质量,使指针回到静止位置。

三、电子式温度表

电子式温度表由可变电阻器(冷却液温度传感器)、处理器(计算机)及显示器所组成,如图6-15所示。

当冷却液温度低时,NTC 型冷却液温度传感器电阻高,流过的电流小,传感器两端的电压高,模拟/数字转换器将高电压信号转为数字信号,送给微处理器,微处理器再送出信号给输出驱动器,使显示器显示出75 ℉(23.9℃)的冷却液温度,如图6-15a)所示;反之,当冷却液温度逐渐升高时,因 NTC 型冷却液温度传感器电阻逐渐降低,流过的电流逐渐变大,因此传感器两端电压逐渐变低,故冷却液温度的显示会逐渐升高,例如达230 ℉(110℃),如图6-15b)所示。

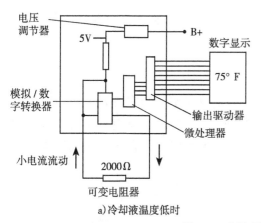
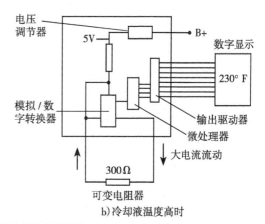

a) 冷却液温度低时　　　　　　　　　b) 冷却液温度高时

图 6-15　电子式温度表的组成及作用

6.1.6　车速—里程表

车速表可显示车速、行驶总里程及短程行驶距离等。

一、一般式车速表的构造与作用

一般的车速表均为电磁式，构造如图 6-16 所示，由变速器输出轴带动的软轴所驱动。

车速表指针的指示是因软轴带动磁铁旋转时，使转盘也发生旋转力，此旋转力与游丝弹簧的弹力平衡时指示在一定位置。

旋转磁铁之所以使转盘转动，其原理是

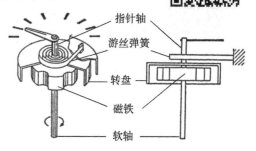

图 6-16　电磁式车速表

把导体置于旋转磁场中，导体便感应产生电流，而发生与旋转磁场同方向转矩。旋转磁铁是永久磁铁产生的磁力线，由 N 极发出，切割转盘后回到 S 极。当旋转磁铁顺时针旋转时，转盘不动，由相对运动可假定旋转磁铁不转，而转盘以逆时针方向切割磁力线，如图 6-17 所示，根据右手定则可知，在靠近 N 极处的电流向下流，靠近 S 极的电流向上流；再根据左手定则可知，在磁场中的转盘，当有电流发生后，会产生顺时针方向旋转的作用，如图 6-18 所示。所以，旋转磁铁旋转时，转盘会随着产生同方向的旋转。

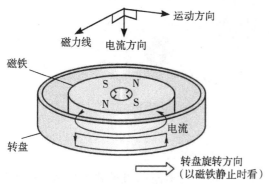

图 6-17　车速表的作用原理（一）

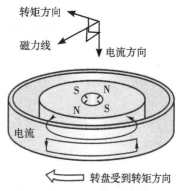

图 6-18　车速表的作用原理（二）

转盘的旋转力与旋转磁铁的旋转速度(即车速)成正比,而游丝弹簧的力与此旋转力平衡时,便决定了指针的指示位置。

二、一般式里程表的构造与作用

如图6-19所示为里程表的构造。里程表是以车速表旋转磁铁的驱动软轴,驱动特殊的齿轮来带动计数环来计算行驶里程,如图6-20所示。全程表通常有五个计数环,末位数每转一圈代表汽车行驶1km。现代汽车的全程表的最右侧通常再附一组白底黑字,每一数字代表1/10km的计数环。

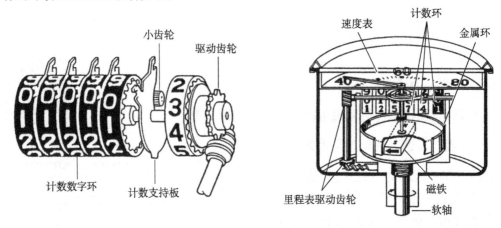

图6-19　里程表的构造　　　　图6-20　里程表的驱动齿轮

短程表通常为三位数,随时可以用归零装置,使每个计数环都回到0。

三、电子式车速表

电子式车速表,由车速传感器(VSS)、处理器及指针式车速表所组成,如图6-21所示。车速传感器是采用电磁式,为一种小型的AC信号产生器,由变速器输出轴驱动,当汽车行进时,VSS产生的电压信号与车速成正比,送给处理器放大、计算及处理后,使指针摆动以显示速度。

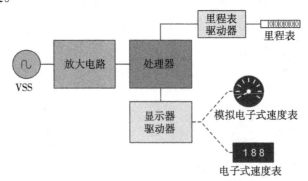

图6-21　模拟电子式车速表的组成

电磁式车速表与一般式车速表相同,使用不同点为不使用机械式的软轴,而是利用

VSS 及处理器的电子控制作用,现为许多汽车所采用。

车速传感器也可采用光电式,如图 6-22 所示,其遮光板是靠软轴驱动,而软轴是由变速器输出轴带动。若 VSS 采用电磁式,直接装在变速器输出轴处,则不必装用软轴。

四、机械电子式里程表

机械电子式里程表,由车速传感器(VSS)、处理器及步进电动机与机械式里程表所组成。VSS 信号送给处理器,处理器控制步进电动机作用,使机械式里程表显示正确的数字。步进电机与机械式里程表的组合,如图 6-23 所示。

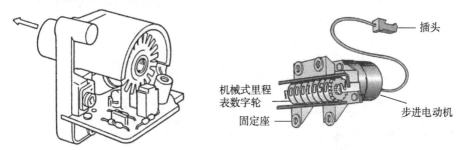

图 6-22 光电式车速传感器的构造　　图 6-23 机械电子式里程表

6.1.7 发动机转速表

发动机转速表指示发动机转速,便于驾驶人了解发动机运转与怠速情况,以避免发动机超速运转。

转速表通常都是利用送到点火线圈的脉冲电压或电流,使指示器作用,以显示发动机转速。分电器白金接点的 "ON–OFF",或点火系统 ECU 使点火线圈电流 "ON–OFF",电子电路利用此 "ON–OFF" 信号,使模拟式指针或数字显示器作用。如图 6-24 所示为白金接点型脉冲式发动机转速表的电路。

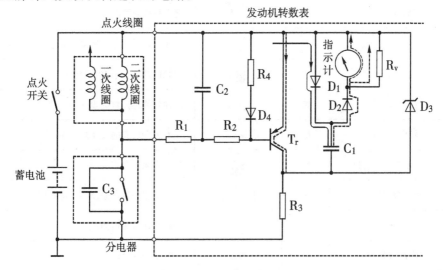

图 6-24 脉冲式发动机转速表电路

6.2 警告及指示灯

6.2.1 概述

汽车仪表指针指示的刻度对一般汽车驾驶并不具有特别的报警作用,因此就以警示性直观性高的灯光来取代仪表。当汽车各系统有故障时,红灯或黄灯亮,提醒驾驶人注意;做指示用时,则采用绿灯或蓝灯。现代汽车仪表板处的警告及指示灯,现在常以 LED 式灯为照明。

图6-25 为现代汽车仪表板上的各种警告及指示灯,其代表图案与报警内容,见表6-1。

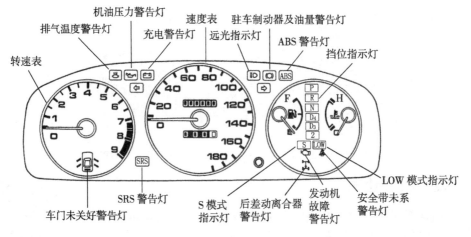

图6-25 各种警告及指示灯

常见的警告灯图形符号及作用　　　表6-1

编号	名　称	颜色	图　案	警告或指示内容
1	机油压力警告灯	红		发动机机油压力过低时点亮
2	充电警告灯	红		充电系统故障时点亮
3	驻车制动器及制动器油量警告灯	红		驻车制动器拉起或制动器油量不足时点亮
4	汽油残量警告灯	红		油箱内油量少于10L时点亮
5	远光指示灯	紫		前照灯为远光灯时点亮
6	转向指示灯	绿		左右方向灯亮时指示灯点亮
7	安全带未系警告灯	红		安全带未系时点亮
8	发动机故障警告灯	黄		发动机集中控制系统零件故障时点亮
9	ABS 故障警告灯	红	ABS	ABS 系统故障时点亮
10	SRS 故障警告灯	红	SRS	SRS 系统故障时点亮

续上表

编号	名称	颜色	图案	警告或指示内容
11	排气温度警告灯	黄		排气温度超过900℃时点亮
12	挡位指示灯	红或绿		自动变速器汽车依选择杆所在位置指示灯亮
13	车门、行李舱盖未关妥警告灯及制动器灯故障警告灯	红		四个车门及行李舱未关妥时点亮,另制动器灯故障时警告灯点亮

6.2.2 使警告灯或指示灯点亮的控制方式

开关在搭铁侧,即警告灯或指示灯电路是在外部搭铁。当点火开关"ON"时,电压供应至灯泡处,因此搭铁开关闭合时,警告灯或指示灯点亮;搭铁开关打开时,灯则熄灭。

开关在电源侧,即警告灯或指示灯电路是在内部搭铁。这种情况,点火开关不需要在电路内,取而代之的,利用开关装在蓄电池与灯路之间,当开关闭合时,警告灯或指示灯点亮,直至开关又打开,如远光指示灯、危险警告灯、安全带未系警告灯等。

部分警告灯的搭铁开关是在电子模块内,也就是是由计算机监测系统的作用,当有故障时,计算机内的搭铁开关通搭铁,使警告灯点亮,发动机故障警告灯、ABS警告灯、SRS警告灯等如图6-25所示。

6.2.3 机油压力警告灯

当驾驶人打开点火开关时灯亮;起动发动机,机油压力达到规定值时,警告灯熄灭。油压低于规定值时警告灯亮,表示机油压力不足,须立刻停车检查。

如图6-26所示,为机油压力警告灯系统的组成,由装在仪表板上的警告灯及装在发动机主油道的压力开关组成。

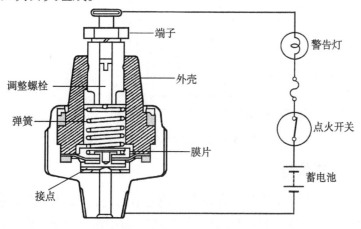

图6-26 机油压力警告灯系统的组成

当机油压力低于规定值时，弹簧将膜片向下推，使接点闭合，警告灯亮；当机油压力高于规定值时，油压克服弹簧力，将膜片上推，使接点分开，警告灯熄。

6.2.4 充电警告灯

充电警告灯，当打开点火开关时灯亮，发动机发动后，发电机静子中性点(N)的电压达一定值时灯熄。

如图6-27所示，为使用定子线圈中性点(N)电压来控制充电指示灯的电路。当点N的电压达规定值时，充电指示灯继电器的磁力将接点N吸开，使警告灯熄灭。

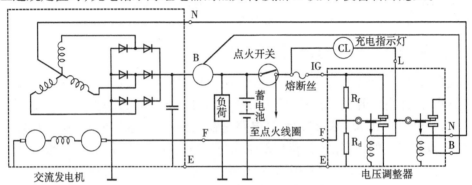

图6-27 使用中性点N电压控制的充电指示灯电路

图6-28所示为附IC调整器的交流发电机的充电指示灯控制电路图。打开点火开关，发动机未起动时，充电指示灯继电器闭合，灯亮；发电机发电后使指示灯继电器两边的电压接近，接点跳开，灯灭。

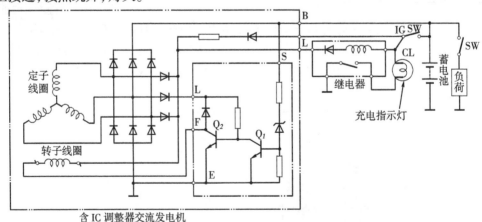

图6-28 附IC调整器交流发电机的充电指示灯控制电路

6.2.5 燃油不足警告灯

汽油残量警告灯，当油箱汽油的存量少于规定值时，打开点火开关，则警告灯点亮。

图6-29所示为其电路，油箱的油面开关为热敏电阻制成，利用空气与汽油热传导率及热敏电阻的负温度特性，来控制警告灯的作用。

当开关浸在油中时,温度低,电阻阻值大,灯熄。当开关露出油面时,温度高,电阻阻值小,灯亮。

如图 6-30 所示为热偶片式油面开关的汽油残量警告灯电路。它由油面开关及电热偶开关组成,平时两接点均分开,故点火开关打开时灯不亮。如油箱中的油面低于规定值时,浮筒臂使油面开关的接点闭合,闭合后,电经电热偶开关的电热丝搭铁,加热使热偶片弯曲,闭合,使警告灯点亮。

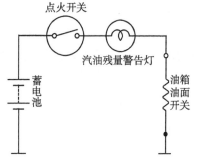

图 6-29 汽油残量警告灯电路

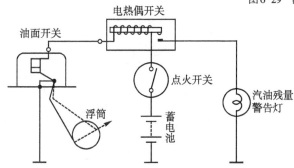

图 6-30 热偶片式油面开关的汽油残量警告灯电路

6.2.6 制动液不足警告灯

制动液不足警告灯的作用是当制动液液面过低时,发出报警信号,以提醒驾驶人注意。

制动液不足报警装置由报警开关和警告灯组成。报警开关安装在制动总泵液罐内。此报警开关适用于冷却液、风窗玻璃清洗液等液面过低警告灯的控制电路,区别仅在于报警开关的安装位置不同。

6.2.7 摩擦片使用极限警告灯

制动器摩擦片极限警告灯的作用是当制动器摩擦片磨损到使用极限厚度时,提示制动器摩擦片需要更换,并发出报警信号。

其原理为在摩擦片内部埋有一段导线,该导线与组合仪表中的电子控制器相连。当摩擦片没有到使用极限时,电子控制器中的晶体管基极电位为低电位,晶体管截止,警告灯不亮;当摩擦片到使用极限时,摩擦片中埋设的导线被磨断,电子控制器中的晶体管基极电位为高电位,晶体管导通,警告灯亮。一般情况下,制动器摩擦片使用极限报警与制动液不足报警共用一个警告灯。

6.2.8 制动灯电路故障警告灯

由于制动灯对于行车安全极为重要,而驾驶人在开车过程中很难发现制动灯有故障,所以在一些车辆中设置了制动灯电路故障警告灯。

图6-31所示为制动灯电路故障警告灯控制电路。在正常情况下,踩下制动踏板,制动灯开关接通,电流经左、右两电磁线圈到制动信号灯。此时,两线圈所产生的磁场相互抵消,舌簧开关的触点继续处于常开状态,警告灯不亮;当左、右两个制动信号灯中有一个灯泡坏了,或者线路有断路时,则有故障一侧的电磁线圈将不产生磁场,而另一侧的电磁线圈产生磁场,舌簧开关中的触点将闭合,警告灯亮,提醒驾驶人注意制动灯电路有故障。

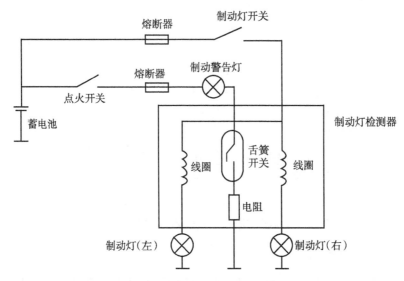

图6-31 制动灯电路故障警告灯控制电路

6.3 综合信息显示系统的组成与作用

6.3.1 概述

随着汽车电子技术的飞速发展,汽车电子控制系统所用的传感器不断增多,汽车仪表的电子显示系统从简单地显示传感器信息,已发展成为可以对各种信息进行分析计算、加工处理的综合信息系统。

综合信息系统能够从大量的信息中选择出驾驶人所需要的各种信息内容,包括电子行车地图、汽车维修等信息,还可以显示电视、广播、电话等实况信息。显示器通常采用阴极射线管(CRT)显示器,其阴极射线管屏幕是触摸式的,通过触摸屏幕上的按钮(菜单)便能变更显示的内容。阴极射线管显示器的优点是可以彩色显示、响应速度快、对比度高以及工作测试范围宽;其缺点是体积大、质量小、驱动方法复杂,且需要有较高的驱动电压。

图6-32所示为综合信息系统配置原理图。该综合信息显示系统的显示器可显示电子地图、燃料消耗和行程信息等综合信息。该综合信息显示系统的组成包括:用于管理和控制整个系统的CRT ECU;用于调用CD ROM数据并传送给CRT ECU的CD ECU;

接收电视信号并与 CRT ECU 通信的 TV ECU；控制音响系统并与 CRT ECU 通信的音频 ECU；控制空调并与 CRT ECU 通信的空调 ECU；从 GPS 卫星接收无线电信号、计算汽车的当前位置并传送给 CRT ECU 的 GPS ECU；控制蜂窝电话并与 CRT ECU 通信的电话 ECU。

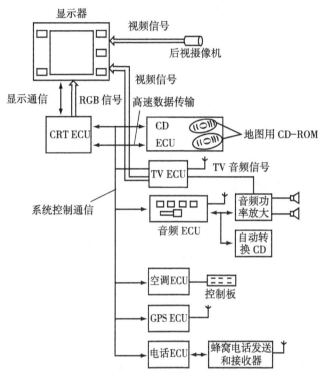

图6-32 综合信息系统配置原理图

6.3.2 综合信息显示系统所显示的种类

一、地图信息

地图信息可将公路交通图按不同的比例显示，它与一般地图的区别是可以滚屏显示，使需要的内容可以被放大单独显示出来。另外，借助于导航系统，汽车的当前位置也可以直接显示在电子地图上。

二、行车信息

行车信息包括从出发开始的行程、行程时间和燃料消耗，并可根据燃料消耗率和存油量显示剩余燃料可能行驶的里程。

三、维修信息

维修信息显示如发动机换润滑油、更换轮胎以后所行驶的里程，供驾驶人确定下次维修时间与维修项目参考。

四、日历信息

日历信息显示驾驶人的日历和日程表。

五、空调信息

空调信息显示空调的操作模式和风扇的设置,通过触摸屏幕上键盘即可操作空调系统。

六、音响系统信息

音响系统信息显示音响系统的操作模式,通过触摸屏幕上的键盘可以控制音响系统及显示音响系统的音乐资料。

七、电视广播

电视广播接收电视、广播节目。

八、电话信息

电话信息显示诸如移动电话号码信息,并可通过触摸屏幕键盘来实现拨号和挂机。

九、后视摄像机信息

后视摄像机信息可在倒车时,显示从安装在车后部的镜头摄取的图像信息。

6.3.3 触摸键盘

显示系统的触摸键盘通常是以模拟形式显示在屏幕上,用手指触摸键盘即可进行操作,从而简化了选择信息的过程。通常,显示系统采用红外触发开关来检测屏幕是否被触摸。红外触发开关的原理如图6-33所示。

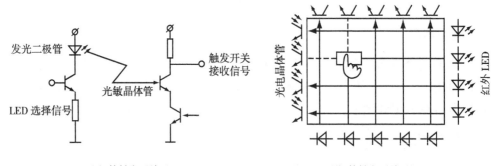

图6-33 红外触发开关的原理

在显示器的两端都有一个红外LED和光敏晶体管相对。在显示器键盘未被触摸时,红外LED的光束到达光敏晶体管促使其导通。键盘被触摸时,红外LED光波被截断,光敏晶体管立即截止。红外LED和光敏晶体管的混合体安放在显示器的多个地方,如图6-33b)所示。因此,屏幕上被触摸到的键盘位置由被关断的光敏晶体管所在位置测定。

6.4 仪表系统的检修

6.4.1 组合仪表的拆装

一、技术标准与要求

（1）能在20min内独立完成作业项目。

（2）拆装组合仪表时，应先拆下蓄电池负极电缆，以免手触摸仪表板后面时造成线路短路。

（3）拆组合仪表装饰面板时，由于固定螺钉一般是隐蔽的，因此要仔细查找固定螺钉，否则强行拆卸将会损坏装饰面板。

（4）拆装组合仪表时，应注意仪表板后面的线束插接器及车速里程表软轴接头，一般都带有锁止机构，切忌强拆。

（5）从电路板上拆下仪表表芯、电源稳压器、照明及指示灯时，小心不要损坏印制电路。

二、实训工具

实训车辆、维修工具、翼子板护裙、驾驶室保护罩等。

三、实训准备

（1）汽车进入工位前，将工位清理干净，准备好相关的工具和器材。

（2）拉紧驻车制动器操纵杆，并将变速杆置于空挡或驻车挡（P挡）。

（3）粘贴翼子板和前脸磁力护裙，做好驾驶室的保护。

（4）准备零件盒，以放置零件。

四、实操步骤

（1）拆卸驾驶人侧的安全气囊装置。松开六角螺栓，如图6-34所示。

（2）把转向盘放置在中间位置上使车轮放正。从转向柱中间拔出转向盘。

（3）把2个十字槽头螺钉拧开，如图6-35中箭头所示，拆除转向柱开关的上罩盖。

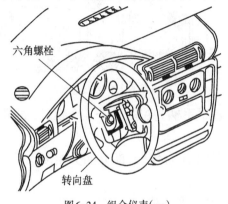

图6-34 组合仪表（一）

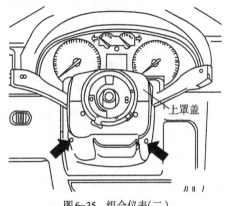

图6-35 组合仪表（二）

（4）把4个十字槽头螺钉拧开，如图6-36中箭头所示，把内六角螺栓拧开，拆开转向盘的高度调整装置，拆除转向柱开关的下罩盖。

（5）拧松内六角螺栓，从转向柱开关中拔出插头，如图6-37中箭头所示，拆除转向柱开关。

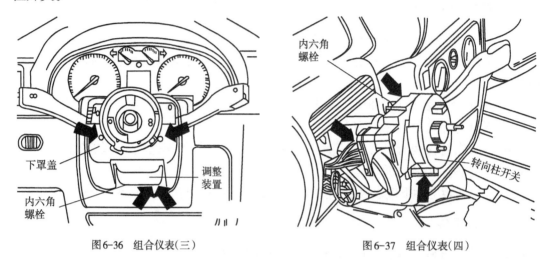

图6-36 组合仪表（三）　　　　　图6-37 组合仪表（四）

（6）如图6-38所示，拉出罩盖，拧开螺钉1和螺钉2，从车门压板中夹出和拆除下面的驾驶人侧面A柱的面板。

（7）夹出罩盖，拧出螺钉，如图6-39所示箭头，拆除驾驶人侧的杂物箱，脱开前照灯开关的插头连接和照明范围调节器的插头连接。

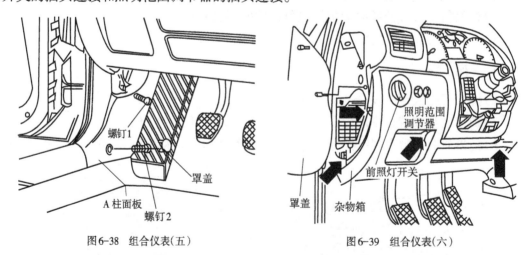

图6-38 组合仪表（五）　　　　　图6-39 组合仪表（六）

（8）向上移动护板，用辅助工具（例如螺栓扳手手柄）夹紧，拆下4个螺钉，如图6-40箭头所示，拧下盖子。

（9）拧开2个螺钉，如图6-41中箭头所示。取下组合仪表，断开插头连接。

（10）安装时，按与拆卸相反的顺序进行。

（11）整理工位。清理工具和仪器，清洁车内及地面卫生。

图6-40 组合仪表(七)

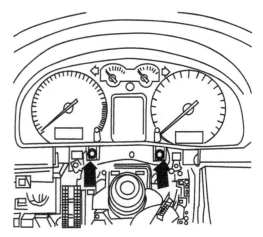
图6-41 组合仪表(八)

6.4.2 主要仪表的检查

一、技术标准与要求

(1)能在30min内独立完成作业项目。
(2)按照规范要求拆装与检查各种仪表。
(3)正确使用各种检查仪器与工具检查各仪表的工作状况。
(4)各仪表的技术参数可参考实训步骤中的要求。
(5)单独更换表芯或仪表传感器时,注意仪表与传感器必须配套使用。

二、实训工具

万用表、底盘测功机、仪表开关、实训车辆、维修工具、翼子板护裙、驾驶室保护罩等。

三、实训准备

(1)汽车进入工位前,将工位清理干净,准备好相关的工具和器材。
(2)拉紧驻车制动器操纵杆,并将变速杆置于空挡(N)或驻车挡(P)。
(3)粘贴翼子板和前脸磁力护裙,做好驾驶的保护。
(4)准备零件盒,以放置零件。

四、实操步骤

(1)根据上一实训要求拆卸仪表板,找到各个主要仪表的位置。
(2)燃油表检查。
①燃油表及温度表的电路图,如图6-42所示。

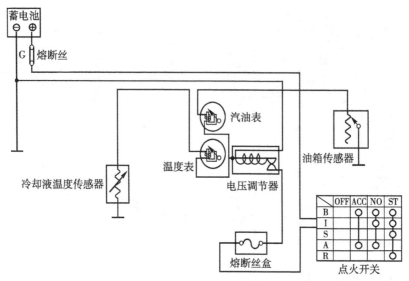

图 6-42 燃油表及温度表电路图

②燃油表传感器检查。将传感器从油箱内拆下,如图 6-43 所示。使用欧姆表检查传感器浮筒在各位置时的电阻,如图 6-44 与图 6-45 所示。

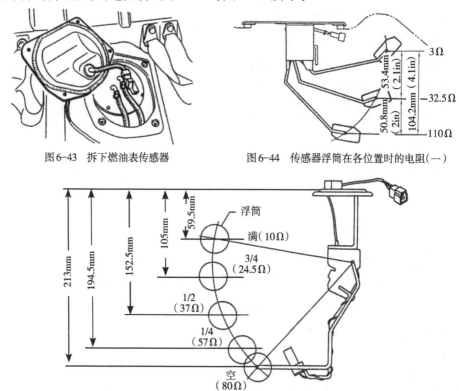

图 6-43 拆下燃油表传感器　　图 6-44 传感器浮筒在各位置时的电阻(一)

图 6-45 传感器浮筒在各位置时的电阻(二)

③燃油表检查。将蓄电池电压及一定的电阻值送入燃油表,检查燃油表指针指示位置是否正确,如图 6-46 所示。燃油表指示若不正常,故障位置为仪表板电路或燃油表本身。

（3）温度表检查。

①冷却液温度传感器。检查拆下冷却液温度传感器。冷却液温度传感器置于水中加热，检查其电阻，如图6-47所示。电阻阻值应在190~260Ω（在50℃时）之间。

②温度表检查。将蓄电池电压及一定的电阻值送入温度表，检查温度表指针指示位置是否正确，如图6-48所示。温度表指示若不正常，故障位置为仪表板电路或温度表本身。

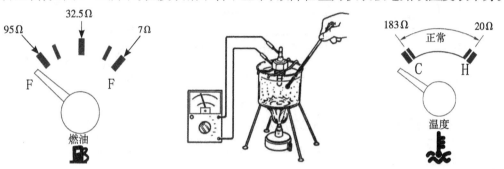

图6-46　检查燃油表指示位置　　图6-47　检查冷却液温度传感器电阻　　图6-48　检查温度表指示位置

（4）机油压力表、充电指示灯等电路与检查。

①机油压力、充电指示灯电路检查。机油压力及充电指示灯电路图，如图6-49所示。

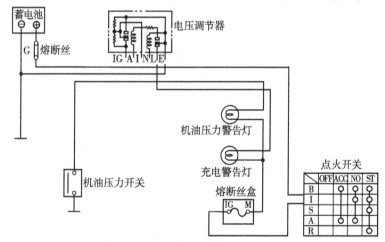

图6-49　机油压力及充电指示灯的电路图

②驻车制动器警告灯电路，如图6-50所示。

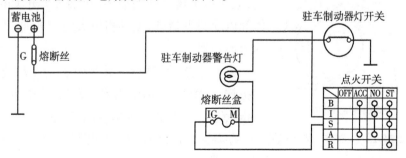

图6-50　驻车制动器警告灯的电路图

③阻风门警告灯电路,如图6-51所示。

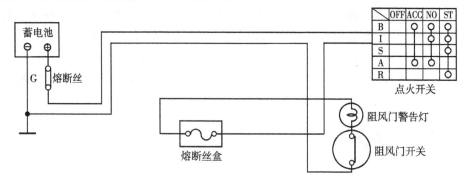

图6-51 阻风门警告灯的电路图

④仪表内警告灯电路,如图6-52所示。

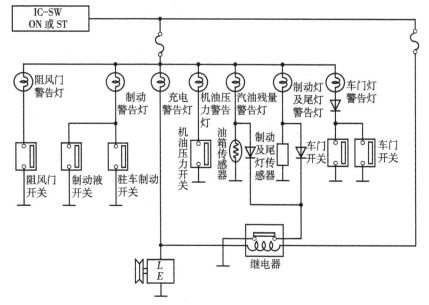

图6-52 仪表内警告灯电路图

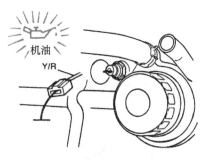

图6-53 检查机油压力开关

⑤机油压力开关检查。将机油压力开关的接头拆下搭铁,如图6-53所示。若机油压力指示灯此时才点亮,表示机油压力开关损坏。机油压力开关的接头与本体间以欧姆表测量,发动机熄火时应导通,发动机发动后应不导通。

⑥充电指示灯检查。将发电机上W/B电线接头拆下搭铁,如图6-54所示。起动发动机,充电指示灯应点亮;若指示灯不亮,应检查充电指示灯、电线及发电机等。

⑦制动液开关检查。将制动液开关接头拆开,两接头之间跨接,如图6-55所示。若此时制动指示灯才点亮,表示制动液开关损坏。

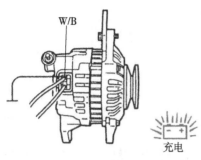
图6-54 检查充电指示灯

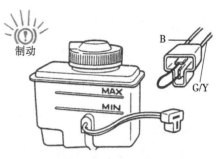
图6-55 检查制动液开关

⑧驻车制动器开关检查。使用欧姆表检查驻车制动器开关,如图6-56所示。驻车制动器开关内柱塞压入时应不导通。

⑨车门开关检查。使用欧姆表检查车门开关,如图6-57所示。车门开关内柱塞压入时应不导通。

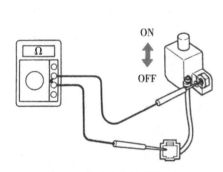
图6-56 检查驻车制动器开关

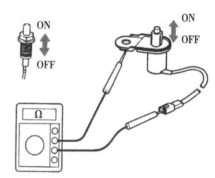
图6-57 检查车门开关

（5）车速表、里程表的检查。

①车速表、里程表的位置,如图6-58所示。

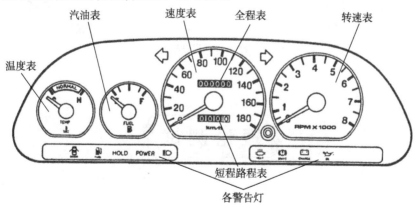
图6-58 车速表及里程表的位置

②使用底盘测功机,检查车速表指示值是否在容许范围内,见表6-2。

③车速表及里程表不动时,拆开驱动轴接头,如图6-59所示,检查内部的软轴是否折断或检查变速器处的驱动齿轮。

车速表指示值的容许范围　　　　　　　　　　表6-2

车速表指示值(km/h)	容许范围(km/h)	车速表指示值(km/h)	容许范围(km/h)
20	21~25	100	104~109
40	41.5~46	120	125~130.5
60	62.5~67	140	145.5~151.5
80	83~88	160	166~173

（6）转速表检查。

①转速表作用时。另接转速表，发动发动机。检查另接的转速表在标准值时，车上转速表的转速是否在容许范围内，见表6-3。

转速表指示值的容许范围　　　　　　　　　　表6-3

标准值(r/min)	容许范围(r/min)	标准值(r/min)	容许范围(r/min)
700	610~750	5000	4850~5150
3000	2850~3150	7000	6790~7210

②转速表不作用时。拆开仪表板，转速表接在2E与2G两接头上，如图6-60所示。发动发动机，若转速表显示正确的转速，表示仪表至点火器间的电线或接头有问题。

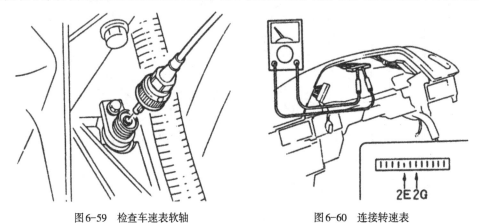

图6-59　检查车速表软轴　　　　图6-60　连接转速表

（7）整理工位。清理工具和仪器，清洁地面卫生。

理 论 测 试

一、填空题

1. _____ 是汽车各部位如油箱、冷却液、机油、充电系统等的监视系统，能够让驾驶人随时了解汽车各部的运行状况，保证安全驾驶。

2. 燃油表、温度表等各种仪表是由两部分组成，一为＿＿＿＿，另一为＿＿＿＿，两者间使用电线连接作用。

3. 热偶片是两片＿＿＿＿相差很大的金属片，一般使用黄铜与弹簧钢，相重叠在一起而成。

4. ＿＿＿＿的功用是指示汽油箱的存油量，使驾驶人知道是否需要加油。

5. ＿＿＿＿用来指示发动机冷却液的温度，使驾驶人能知道发动机的工作温度，以防发动机过热而损坏。

6. 车速里程表可显示＿＿＿＿、＿＿＿＿及＿＿＿＿等信息。

二 选择题

1. 以指针显示数值的方式，称为是＿＿＿＿。
   （A）数字式　　（B）电子式　　（C）模拟式　　（D）电动式
2. 一般模拟式汽油表，其传感器是装在＿＿＿＿。
   （A）仪表板处　　　　　　　（B）油箱处
   （C）散热器处　　　　　　　（D）汽缸盖处
3. 对电子式汽油表的叙述，哪种说法是错误的＿＿＿＿。
   （A）仪表板处为数字显示
   （B）必须使用处理器
   （C）准确度高
   （D）可变电阻式传感器送出数字信号
4. 电热偶式温度表，其传感器是采用＿＿＿＿。
   （A）电位计类型可变电阻　　（B）热敏电阻式
   （C）电磁式　　　　　　　　（D）光电式
5. 一般车速表是由＿＿＿＿带动的。
   （A）曲轴　　　　　　　　　（B）凸轮轴
   （C）变速器输出轴驱动的软轴　（D）传动轴
6. 模拟电子式车速表及电子式车速表，是由＿＿＿＿送出信号给处理器。
   （A）车速传感器　　　　　　（B）可变电阻式传感器
   （C）热敏电阻　　　　　　　（D）冷却液传感器
7. 下列警告灯中，＿＿＿＿由计算机控制警告灯点亮的。
   （A）机油压力警告灯　　　　（B）远光指示灯
   （C）危险警告灯　　　　　　（D）ABS警告灯

三 判断题

1. VTF 也称为 CRT，如同一个小型电视机般。　　　　　　　　　　　　　（　　）

2. 电热式汽油表，油箱油量少时，传感器的电阻小。（　　）
3. 使用电热式或电磁式的汽油表，都称为模拟式。（　　）
4. 汽油箱中无油时，指针指在 F 处。（　　）
5. 温度表指针指向 H 时，表示冷却液过高。（　　）
6. 热敏电阻的特性是水温低时电阻小。（　　）
7. 模拟电子式车速表，是由软轴所驱动。（　　）
8. 安全带未系警告灯电路，其开关是装在电源侧，即警告灯或指示灯电路是在内部搭铁。（　　）

四 简答题

1. 写出现代汽车仪表板上的十种警告及指示灯。

2. 简述冷却液温度表电路的组成及工作过程。

3. 简述车速里程表的组成及工作原理。

4. 简述发动机转速表电路的组成及工作原理。

5. 简述润滑油压力警告灯的工作过程。

6. 综合信息显示的系统的原理及作用。

单元7

空调系统

🔷 知识目标：

1. 掌握汽车空调系统的组成与原理；
2. 了解各部分的结构及作用；
3. 了解制冷剂的特点；
4. 了解各种常见维修工具和检测仪器的技术特点。

🔷 能力目标：

1. 能进行空调系统的拆装与检修；
2. 能现场观察汽车空调各部分的工作情况和特点；
3. 能更换汽车空调滤芯；
4. 能加注空调系统制冷剂；
5. 能熟练使用各种常见维修工具和检测仪器。

🔷 建议学时：

4学时。

7.1 空调系统的结构与工作原理

汽车空调系统能在各种气候和行驶条件下,为乘员提供舒适的车内环境,并能预防或清除附在风窗玻璃上的雾、霜或冰雪,以确保驾驶人的视野清晰与行车安全。汽车空调主要由制冷装置、暖风装置、通风装置、加湿装置、空气净化装置和控制装置等部分组成。

7.1.1 空调制冷系统的组成与原理

一、汽车制冷空调系统的组成

汽车空调制冷系统主要由压缩机、冷凝器、储液干燥器、膨胀阀、蒸发器、导管与软管、压力开关等组成,如图7-1所示。汽车空调部件的布置位置如图7-2所示。

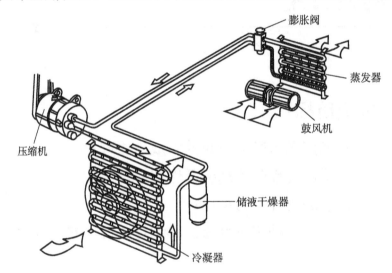

图7-1 空调制冷系统的组成

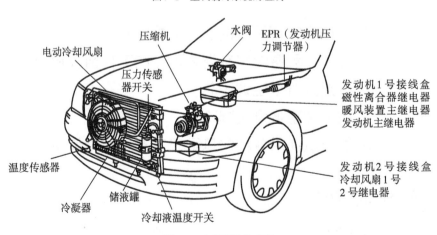

图7-2 空调系统的布置

二、空调制冷系统的工作原理

汽车空调制冷系统的工作原理如图7-3所示,分为压缩、放热、节流、吸热四个过程。

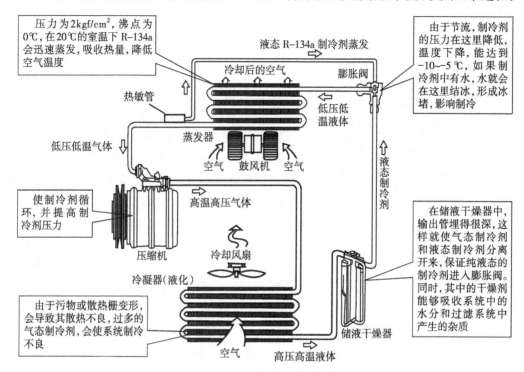

图7-3 汽车空调制冷系统的工作原理

压缩过程:汽车空调压缩机吸入蒸发器出口处的低温低压制冷剂气体,把它压缩成高温高压气体排出压缩机,经管道进入冷凝器。

放热过程:高温高压的过热制冷剂气体进入冷凝器后,由于温度的降低,达到制冷剂的饱和蒸汽温度,制冷剂气体冷凝成液体,并放出大量的液化气热。

节流过程:温度和压力较高的液态制冷剂通过膨胀装置后体积变大,压力和温度急剧下降,以雾状排出膨胀装置。

吸热过程:雾状制冷剂液体进入蒸发器,由于压力急剧下降,达到饱和蒸汽压力,液态制冷剂蒸发成气体。蒸发过程中吸收大量的蒸发器表面热量,变成低温低压气体后,再次循环进入压缩机。

7.1.2 空调制冷系统主要部件的结构及作用

一、压缩机

压缩机俗称空调泵,其作用是使制冷剂保持循环。压缩机的吸气侧抽吸制冷剂蒸汽,然后制冷剂流经压缩机的出口或排放侧,对其加压。高压高温的制冷剂被压出压缩机而流入冷凝器。

压缩机有两个重要的功能：一是使系统内产生低压条件，二是使制冷剂循环，把制冷剂蒸汽从低压压缩至高压，两种功能同时完成。

对压缩机的结构和性能上的特殊要求如下：

（1）制冷能力要强。

（2）节省能力。

（3）体积小和质量小。

（4）在高温和颠振的情况下能正常工作。

（5）启动运转平稳、噪声低、工作可靠。

轿车空调制冷系统压缩机，一般都是由汽车发动机驱动，其结构形式有曲柄连杆式、斜盘式、旋转式等。随着汽车空调技术的发展，近年又出现了许多结构紧凑、质量小、效率高、省动力的新型车用空调压缩机。如图7-4所示为连续变化式可变容量压缩机。

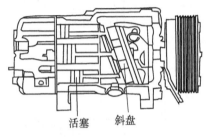

图7-4 连续变化式可变容量压缩机的结构

二、冷凝器

冷凝器的作用是对压缩机排出的高温高压制冷剂蒸汽散热降温，使其凝结为液态高压制冷剂。气体状态的制冷剂在冷凝器中得到液化或冷凝，制冷剂进入冷凝器时几乎为100%的气体，而当其离开冷凝器时并非为100%的液体，因为仅有一定量的热能在一定时间内由冷凝器排出。因此，少量的制冷剂以气态方式离开冷凝器，但由于下一步是储液干燥器，故制冷剂的这一状态并不影响系统的运行。冷凝器直接安装在散热器的前方，这样冷凝器可以接收汽车向前行驶和发动机风扇所产生的充气气流。

其结构类型主要有管片式、管带式以及平行流式三种，如图7-5所示。

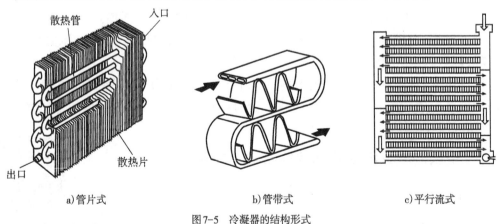

a) 管片式　　　　b) 管带式　　　　c) 平行流式

图7-5 冷凝器的结构形式

三、储液干燥器

储液干燥器全称为储液干燥过滤器，主要作用为储存制冷剂、过滤水分与杂质、防止气态制冷剂进入蒸发器等。还提供了系统内液态制冷剂的缓冲空间,能及时调整和补充供给恒温膨胀阀的制冷剂流量,以保证系统内制冷剂流动的连续性和稳定性。

储液干燥器接收冷凝器排出的制冷剂。它装在冷凝器周围或其与膨胀阀之前,由储液干燥气体、过滤器、干燥机、引出管和观察窗玻璃等构成,如图7-6所示。

四、膨胀阀

1 膨胀阀的作用

（1）节流作用。膨胀阀节流小孔将改变流入的液态制冷剂的压力,从高压变低压。膨胀阀将汽车空调系统的高压侧与低压侧分离开来。因为通过阀产生一压力

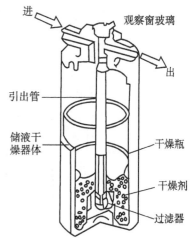

图7-6 储液干燥器的结构

降,制冷剂的流动会受到限制即节流。进入阀中的制冷剂为高压液体,离开阀的制冷剂为低压液体,制冷剂的压力降低对制冷剂的状态几乎没有影响。少量制冷剂会由于严重的压力而汽化,这种汽化称为"闪蒸气体"。

（2）调节作用。安装在膨胀阀体上的恒温控制阀按照要求改变开启或关闭位置来控制通过节流孔的液态制冷剂流量。这就确保了蒸发器可以接收到适量的制冷剂,以保证合理适当的制冷作用。

在给定时间所需的制冷剂量随不同的热负载而不同。热力膨胀阀可以从全开位置调到关闭位置,它在这两位置之间不断地调整平衡,以保证在各种负载条件下节流而进入适量的制冷剂。

（3）控制作用。恒温膨胀阀必须快速地对热负载工况变化做出反应。当测出的热量升高时,膨胀阀会向增加制冷剂流量的开启位置移动。由于发动机转速提高使得热载荷降低或压缩机输出量增加时,就会使膨胀阀移动到关闭位置以限制制冷剂流入蒸发器的数量。

2 膨胀阀的工作原理

膨胀阀的针阀是通过膜片联动的,膜片的控制因素有三个:蒸发器的压力使阀关闭;弹簧压力使阀关闭;膜片顶部通过毛细管来自热敏管的惰性气体压力使阀打开。这三种力的合力使膨胀阀打开一定的开度,控制制冷剂的流量。膨胀阀的工作过程如图7-7所示。

热敏管固定在蒸发器的出口或尾管处。热敏管感应出尾管的温度后,通过毛细管对阀中的膜片作用。当作用在膜片顶部的压力比蒸发器的压力与弹簧压力的组合还大时,针阀从阀座移开,直到压力达到平衡为止,以此方式将适量的制冷剂流入蒸发器芯。

尾管处的温度上升时,热敏管中的膨胀气体通过毛细管作用在膜片上的压力增加,膜片接着又迫使推杆向下推动阀销和针阀,使更多的制冷剂进入蒸发器。尾管处的温度下降时,热敏管和膜片上的压力降低,从而使针阀就座,流入蒸发器的制冷剂量受到限制。

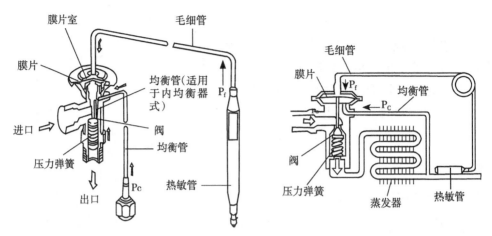

图7-7 膨胀阀的工作过程

除了典型的膨胀阀以外,还有一种H形膨胀阀得到了广泛的应用,H形膨胀阀取消了外平衡式膨胀阀的外平衡管和感温包,使其直接与蒸发器进出口相连。H形膨胀阀因其内部通路形状像"H"而得名,如图7-8所示。它有四个接口通往汽车空调系统,其中两个接口和普通膨胀阀一样,一个接储液干燥器的出口,一个接蒸发器的进口,另两个接口,一个接蒸发器的出口,一个接压缩机的进口。温包和毛细管均由薄膜下面的感温元件取代,H形膨胀阀结构紧凑,性能可靠。由于没有感温包、毛细管和外平衡接管,避免了因汽车颠簸、振动而使充注系统断裂外漏以及感温包松动影响膨胀阀工作,提高了膨胀阀的抗振性能。

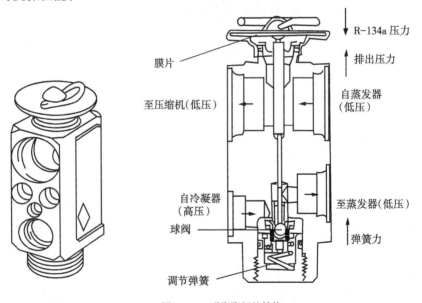

图7-8 H形膨胀阀的结构

❸ 节流管

膨胀阀的另一种形式是节流管,也称细管,用于孔管系统上,它没有感温包、平衡管，而有一个小孔节流元件和一个网状过滤器，如图7-9所示。它一般用在隔热性能好，且车内负荷变化不大的轿车上。与膨胀阀相比，它结构简单，可靠性好，价格便宜，应用广泛，美国、日本的许多高级轿车都采用这种节流方式，但它不能根据工况变化调节制冷剂的流量。节流管根据使用情况尺寸也有所不同，其节流元件堵塞会导致节流管失效，即使清理堵塞，节流管的节流效果也不理想，所以节流管一旦失效，通常都是直接换件，而且储液罐一般也要同时更换。

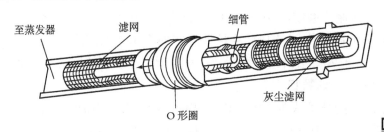

图7-9 节流管的结构

五、蒸发器

汽车空调蒸发器属于直接风冷式结构，是制冷系统中的重要部件之一。制冷系统工作时，来自膨胀阀的低压雾状制冷剂通过蒸发器时，吸收蒸发器周围空气的热量，从而达到降低车内温度的目的，同时低压雾状制冷剂变为低压气态制冷剂，并回到压缩机，如图7-10所示。

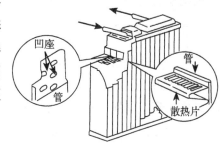

图7-10 蒸发器的结构

7.1.3 制冷剂与冷冻润滑剂

一、制冷剂

目前，汽车空调制冷系统使用的制冷剂通常有R12和R134a两种，其中英文字母R是制冷剂(Refrigerant)的简称，数字代号使用的是美国制冷工程师协会(ASRE)编制的代号系统。

1 R12制冷剂的特性

R12是汽车空调中曾广泛使用的制冷剂，其分子式为CF_2Cl_2，化学名称为二氟二氯甲烷，主要特性如下：

（1）无色、无刺激性气味；一般情况下不具有毒性，对人体没有直接危害；不燃烧、无爆炸危险；热稳定性好。

（2）在一个标准大气压(1atm=101.325kPa)下R12的沸点为-29.8℃，凝固温度为-158℃。

（3）R12对一般金属没有腐蚀作用。

（4）使用R12的制冷系统要求使用特制的橡胶密封件。

（5）R12有良好的绝缘性能。

（6）R12液态时对冷冻润滑油的溶解度无限制，可以任何比例溶解。这样在整个制冷循环中，冷冻润滑油通过R12参与循环，对空调压缩机进行润滑。

（7）R12对水的溶解度很小。

在制冷系统中，R12的含水量不得超过0.0025%。若制冷系统中有水，就会在膨胀阀形成"冰塞"，堵塞制冷系统的循环通道，从而使空调的制冷系统失效。由于R12对大气臭氧层具有很强的破坏作用，因此，在目前生产的汽车空调制冷系统中已经被R134a所替代，但还有很多于20世纪末生产的汽车，其空调制冷系统使用的制冷剂仍为R12。

❷ R134a制冷剂的特性

R134a制冷剂的分子式为CH_2FCF_3，是卤代烃类制冷剂中的一种。R134a制冷剂与R12制冷剂相比，其热力学性能（包括分子量、沸点、临界参数、饱和蒸气压和汽化潜热等）均与R12相近，具有无色、无臭、不燃烧、不爆炸、基本无毒的特性。但是，采用制冷剂R134a的汽车空调中，在结构与材料方面与R12空调系统还是有很大区别的。两种制冷系统中的制冷剂是不能互换使用的。

二、冷冻润滑油

❶ 冷冻润滑油的作用和特性

冷冻润滑油也叫冷冻油，是制冷压缩机的专用润滑油。它保证压缩机正常运转、可靠工作和延长使用寿命。冷冻油具有以下作用：

（1）润滑作用。压缩机是高速运转的机器，轴承、活塞、活塞环、曲轴、连杆等机件表面需要润滑，以减少阻力和磨损、延长使用寿命、降低功耗、提高制冷系数。

（2）密封作用。汽车使用的压缩机传动轴需要油封来密封，以防止制冷剂泄漏。有润滑油，油封才起密封作用。同时，活塞环上的润滑油不仅有减磨作用，而且起着密封压缩机蒸汽的作用。

（3）冷却作用。运动的摩擦表面会产生高温，需要用冷冻油来冷却。冷冻油冷却不足，会引起压缩机温度过热、排气压力过高、降低制冷系数，甚至烧坏压缩机。

（4）降低压缩机噪声。

❷ 空调制冷系统对冷冻油的性能要求

冷冻油在空调制冷系统中完全溶于制冷剂中，并随制冷剂一起在制冷系统中循环。因此，冷冻油工作在高温与低温交替的条件下。为保证其工作正常，对冷冻油提出性能要求如下：

（1）冷冻油的凝固点要低。在低温下具有良好的流动性。若冷冻油的低温流动性差，则冷冻油会沉积在蒸发器内影响制冷能力，或凝结在压缩机底部，失去润滑作用从而损坏运动部。

（2）冷冻油的黏度受温度的影响要小。温度升高或降低时，其黏度随之变小或增大。与冷冻油完全互溶的制冷剂会使冷冻油变稀，因此应选用黏度较高的冷冻油；但黏度也不宜过高，否则，需要的起动转矩增大，压缩机起动困难。

（3）冷冻油与制冷剂的溶解性能要好。在汽车空调制冷系统中，制冷剂与润滑油是混合在一起的。当制冷剂流动时，润滑油也随之流动，这就要求制冷剂与润滑油能够互溶。若二者不互溶，润滑油就会聚集在冷凝器和蒸发器的底部，阻碍制冷剂流动、降低换热能力。由于润滑油不能随制冷剂返回压缩机，压缩机将会因缺油而加剧磨损。

（4）冷冻油要具有较高的热稳定性。即在高温下不氧化、不分解、不结胶、不积炭。

（5）冷冻油应无水分。若冷冻油中的水分过多，则会在膨胀阀节流口处结冰，造成冰堵，影响系统制冷剂的流动。同时，冷冻油中的水分会使冷冻油变质分解，腐蚀压缩机材料。

❸ 冷冻油的牌号

按黏度的不同，国产冷冻润滑油牌号有 13 号、18 号、25 号和 30 号四种，牌号越大，其黏度也越大。进口冷冻润滑油有 SUNISO 3GS、SUNISO 4GS、SUNISO 5GS 三种牌号。目前，汽车空调制冷系统通常选用国产 18 号和 25 号冷冻润滑油，或进口 SUNISO 5GS 号冷冻润滑油。

7.2 空调系统的采暖与通风

7.2.1 汽车空调采暖系统

一、汽车空调采暖系统的作用

向车厢内供暖是汽车空调的重要功能之一，而汽车空调的目的不是单纯的制冷和供暖，而是在不断变化的车外大气环境下，保持车内的温度、湿度稳定在一定范围内，并保证送入车内的空气清新，所以必须有通风配气系统对已经通过制冷和加热的空气重新进行调和温度、输送和分配，汽车空调采暖系统的功能是将冷空气送入热交换器，吸收某种热源的热量，提高空气的温度，并将热空气送入车内。目前绝大部分汽车上都采用水暖式取暖设备（少数风冷式发动机的汽车除外），水暖式采暖系统利用的是发动机冷却液的热量，因此本部分主要讲述水暖式采暖系统。

二、汽车空调采暖系统的工作原理

水暖式采暖系统实际上是发动机冷却系统的一部分，大致可分为两大部分，即热水循环回路和配气装置。热水循环回路与发动机的冷却系统相连通，借助于发动机的水泵实现热水循环。来自发动机冷却系统的热水从进水管流经加热器控制阀进入散热器，然后经由出水管回到发动机的冷却系统，实现回路的循环，如图 7-11 所示。

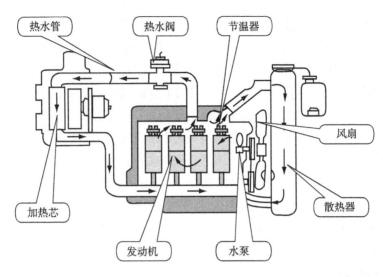

图 7-11　热水循环回路

在通风装置中,由风机(电动鼓风机)强制使空气循环运动。空气经由进风口被吸入,流经加热器时将被加热,并由出风口导出,进入车厢内实现取暖或为风窗除霜,如图 7-12 所示。

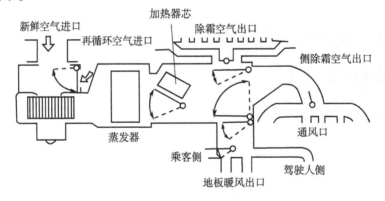

图 7-12　水暖通风系统

三、汽车空调采暖系统的组成

汽车空调采暖系统的主要组成部件有加热器总成、电动鼓风机总成和热水阀等。此外,其他部件有冷却液循环管路、采暖通道、风门控制电动机等,如图 7-13 所示。

1　热水阀

热水阀也称加热器控制阀,它安装在发动机冷却液通道中,用于控制进入加热芯的发动机冷却液的流量,可以通过空调控制面板上的温度调节杆进行操控,如图 7-14 所示。

2　电动鼓风机总成

电动鼓风机总成由电动机和风扇组成,如图 7-15 所示。

空调系统

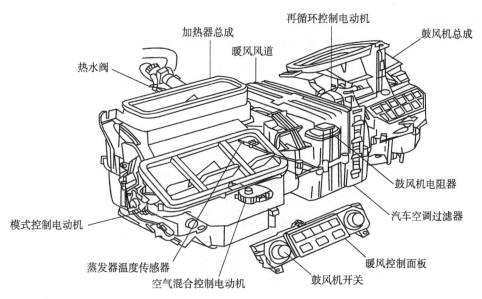

图7-13 汽车空调采暖系统的组成

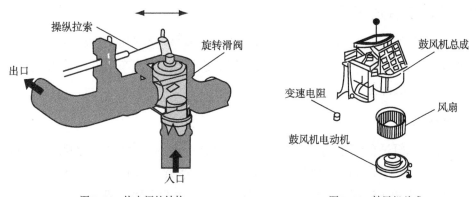

图7-14 热水阀的结构　　　图7-15 鼓风机总成

根据空气流动方向的不同，风扇可分为轴流式和离心式两种。轴流式风扇可将空气从与转轴平行的方向吸入，并将空气从与转轴平行的方向排出，如图7-16所示。

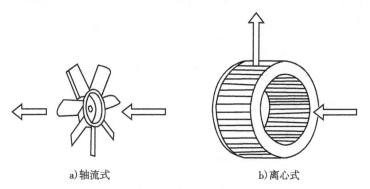

a) 轴流式　　　b) 离心式

图7-16 鼓风机的类型

❸ 加热器芯

加热器芯由管子和散热片等构成。新式的加热器芯的管道上有凹坑,可改善热量输出性能,加热器芯的形状与散热器相似,如图7-17所示。如前所述,当热水阀打开时,加热后的发动机冷却液部分流经加热器芯,以便为车厢内乘员提供所需的热空气。

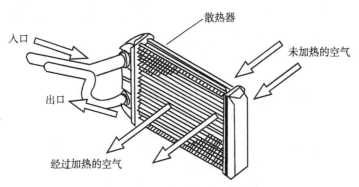

图7-17 加热器芯的结构和原理

7.2.2 汽车空调通风配气系统

在相对封闭的汽车厢内,只有温度的调节不能满足舒适度的要求,它不但需要新鲜空气的补充,还要对狭小的车厢内部空间的气流进行调配,汽车空调通风系统就是完成上述任务重要组成部分。

一、通风装置

为了健康和舒适的要求,汽车厢内空气要符合一定的卫生标准。这就需要输入一定量的新鲜空气。新鲜空气的配送量除了考虑人们因呼吸排出的二氧化碳、蒸发的汗液、吸烟以及从车外进入的灰尘、花粉等污染物外,还必须考虑保持车内正压和局部排气量所需的风量。将新鲜空气送入车内,取代污染空气的过程,称为通风。

根据我国对轿车、客车的汽车空调新鲜空气要求,换气量按人体卫生标准最低不少于$20m^3/h·$人,且车内的CO_2的体积分数一般应控制在0.03%以下,风速为0.2m/s。

汽车空调的通风方式一般有动压通风(图7-18)、强制通风和综合通风三种。

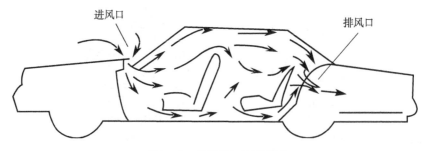

图7-18 动压通风时风的循环

二、空气净化装置

进入车内的空气由车外新鲜空气和车内再循环空气组成。车外空气受到粉尘、烟尘以及汽车尾气中 CO、SO_2 等有害气体的污染；车内空气受到乘客呼出的 CO_2、人体汗味以及漏入车内的废气污染。这些因素降低了车内空气的洁净度，而空气净化器能够清除车内空气中的异味微粒，并能清除车外空气中的花粉和灰尘，使空气得到净化。因此汽车空调需要装备空气净化器，如图 7-19 所示。

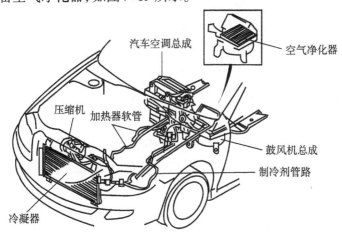

图 7-19 空气净化器

汽车空调系统采用的空气净化装置通常有空气过滤式和静电集尘式两种。前者是在汽车空调系统的送风和回风口处设置空气滤清装置，它仅能滤除空气中的灰尘和杂物，因此，结构简单，只需定期清理过滤网上的灰尘和杂物即可，故广泛用于各种汽车空调系统中。后者则是在空气进口的过滤器后再设置一套静电集尘装置或单独安装一套用于净化车内空气的静电除尘装置。它除能过滤和吸附烟尘等微小颗粒杂质外，还具有除臭、杀菌、产生负氧离子以使车内空气更为新鲜洁净的作用。由于其结构复杂，成本高，所以，只用于高级轿车和旅行车上。图 7-20 所示为静电集尘式空气净化装置的空气净化过程。

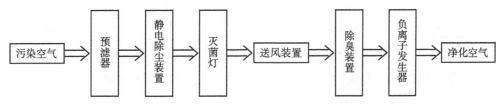

图 7-20 静电集尘式空气净化装置原理图

三、通风系统的原理

通风系统原理一般由三个阶段构成，第一阶段为空气进入段，第二阶段为空气混合段，第三阶段为空气分配段，如图 7-21 所示。

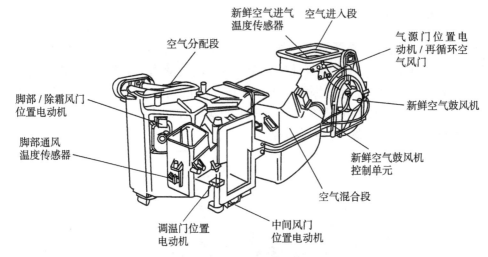

图 7-21 暖风通风系统结构

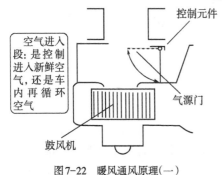

图 7-22 暖风通风原理(一)

第一阶段为空气进入段,主要由气源门和气源门控制元件组成,用来控制新鲜空气和车内再循环空气的进入,如图 7-22 所示。

第二阶段为空气混合段,主要由蒸发器、加热芯、调温门及控制元件组成,用来调节所需空气的温度,如图 7-23 所示。

第三阶段为空气分配段,空气分配段主要用于控制空调吹出风的位置和方向。主要由各种风门、风道及控制元件组成,分别使空气吹向面部、脚部和风窗玻璃上,如图 7-24 所示。

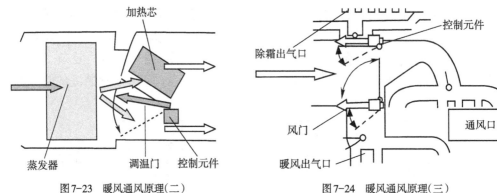

图 7-23 暖风通风原理(二)　　　　图 7-24 暖风通风原理(三)

7.2.3 风窗玻璃防雾装置

在气温较低的环境中,风窗玻璃内侧易结雾,甚至出现冰霜,会造成视线不良,严重影响行车安全。通常采用加热的方法将其除去。前风窗玻璃一般采用暖风加热的方法除雾,而后风窗玻璃通常采用电热线加热的方法除雾,其中电热线由镀在后风窗玻璃内表面的多条金属导电膜制成。

后风窗除雾电热线装置,如图7-25所示,由除雾开关电热线开关、CPU、继电器及后窗除雾电热线等组成,除雾电热线定时器装在中央处理器(CPU)内。

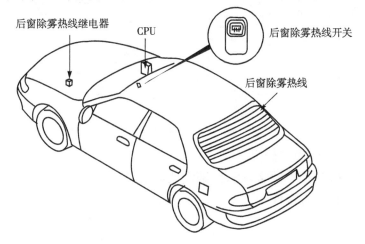

图7-25 后风窗除霜电热线装置的组成

7.3 空调系统的检修

7.3.1 更换空调滤芯

一、技术标准与要求

(1)能在15min内独立完成作业项目。

(2)使用压缩空气清洁空调滤芯。

(3)在拆卸和安装空调滤芯的过程中一定要注意轻拿轻放。

(4)在安装空调滤芯过程中,应注意不要损坏其他相关部件,例如发动机舱盖的密封胶条,副驾驶席前风窗下的储物盒等。

(5)一般说来,空调滤芯的更换周期为1万~2万km,如果经常对空调滤芯进行清理会在一定程度上延长空调滤芯的使用寿命,但车辆行驶2万km以上,应及时更换空调滤芯。因为此时空调滤芯内的活性炭过滤功能已经减退,过滤效果开始下降。

二、实训工具

空气压缩机、吹气枪、鲤鱼钳、棉纱、维修工具、翼子板护裙、驾驶室保护罩等,如图7-26所示为部分实训器材。

三、实训准备

(1)汽车进入工位前,将工位清理干净,准备好相关的工具和器材。

(2)拉紧驻车制动器操纵杆,并将变速杆置于空挡或驻车挡(P挡)。

(3)打开并可靠支承发动机舱盖。

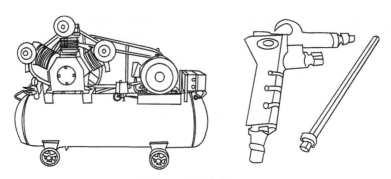

图7-26 部分实训器材

（4）粘贴翼子板和前脸磁力护裙。

（5）安装转向盘套、换挡手柄套、座套、铺设地板垫等。

（6）准备零件盒，以放置零件。

四、实操步骤

（1）确定空调滤芯的位置。

空调滤芯一般安装在进气管道中，如图7-27所示。德国车系在发动机舱靠近风窗玻璃下的位置居多，韩日车系在副驾驶席前风窗下的储物盒后面或下面居多。

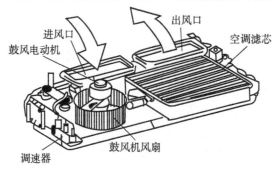

图7-27 空调滤芯的安装位置

（2）将点火开关转到"ON"模式，并切换至再循环空气模式，然后关闭点火开关。

（3）双手向内压下储物盒两侧，用力卸下储物盒，如图7-28所示。

（4）这就是空调滤芯格，双手轻压两侧的卡子就可以把它拖出来。注意不要用力过猛，以免损坏相关部件，如图7-29所示。

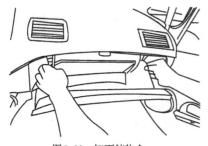

图7-28 卸下储物盒

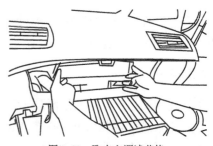

图7-29 取出空调滤芯格

（5）取出空调滤芯，如图7-30所示。

（6）检查空调滤芯是否破损，如有损坏应换用新件。

（7）使用棉纱和压缩空气清理空调滤芯上的灰尘，如图7-31所示。

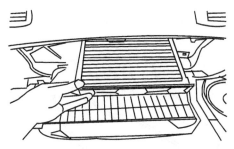
图7-30 取出空调滤芯

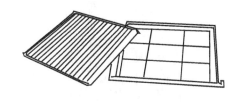
图7-31 清理空调滤芯

（8）将清理后或更换的空调滤芯安装回原位。滤清器上的"↑UP"标志应朝上方向，如图7-32所示。

（9）将储物盒安装回原位。

（10）整理工位。清理工具和仪器，清洁地面卫生。

7.3.2 加注空调系统制冷剂

一、技术标准与要求

（1）能在40min内独立完成作业项目。

（2）空调制冷循环系统中加注R134a制冷剂，加注量要适量。

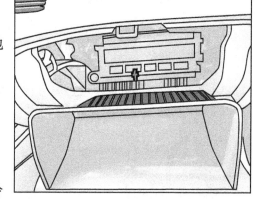
图7-32 安装空调滤芯

（3）在打开制冷系统时，必须戴手套及防护眼镜，以免制冷剂冻伤皮肤。一旦皮肤上溅到制冷剂，要立即用大量冷水清洗，千万不可用手搓。

（4）制冷剂的排放应远离工作场所，并保持工作场所通风良好，以免造成窒息危险。制冷剂不要靠近火焰，以免产生对人体有害的物质。

（5）制冷系统打开后，一定要及时加盖或包扎密封，防止空气的潮气或杂质进入。

（6）更换制冷部件后，要先为系统补充冷冻机油（注意不同品牌的冷冻机油不能混用），然后再加注制冷剂。

（7）拧紧或拧松螺纹接头时，必须同时使用两把扳手。

（8）空调低压管路和高压管路中的真空度应不低于750mmHg（1mmHg=133.322Pa），并保持5min不下降。

（9）空调运行时，低压管路压力0.15~0.25MPa为正常；高压管路压力1.37~1.57MPa为正常。

（10）制冷剂加注后，应进行泄露检查。

二、实训工具

制冷剂加注机、检漏仪、R134a 制冷剂、维修工具、翼子板护裙、驾驶室保护罩等,如图 7-33 所示为部分实训器材。

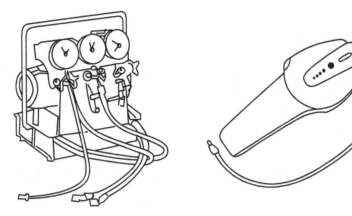

图 7-33 部分实训器材

三、实训准备

(1)汽车进入工位前,将工位清理干净,准备好相关的工具和器材。

(2)拉紧驻车制动器操纵杆,并将变速杆置于空挡或驻车挡(P挡)。

(3)打开并可靠支承发动机舱盖。

(4)粘贴翼子板和前脸磁力护裙。

(5)安装转向盘套、换挡手柄套、座套,铺设地板垫等。

(6)为防止电路短路,应拆下与蓄电池负极相连的电线。

(7)准备零件盒,以放置零件。

四、实操步骤

(1)制冷系统抽真空。

①歧管压力表、真空泵的连接如图 7-34 所示。将歧管压力计上的两根高、低压力软管分别与压缩机上的高、低压阀接口相连;将歧管压力计上中间软管与真空泵相连。

②开动真空泵,打开歧管压力表的高、低压手动阀。几分钟后,在歧管压力表上产生大于750mmHg(1mmHg=133.322Pa)高度的真空度,再持续10min后停止抽真空。

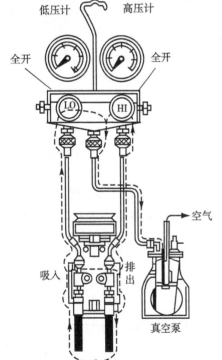

图 7-34 空调系统连接图

③关闭高、低压手动阀,其表针应在10min内不得回升。这一过程就是前面所说的真空试漏。若在抽真空时系统达不到所需的真空度,或达到了所需的真空度,但在10min内表针有回升,则说明制冷系统有泄漏处。

④检漏。系统内的真空度在10min内没有回升,也必须检漏。检漏时,从低压端注入少量气态制冷剂。用电子检漏仪或肥皂液等方法检查漏点,并将泄漏之处修理好,如图7-35所示。

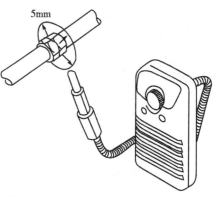

图7-35 电子检漏仪的使用

⑤再次开动真空泵,打开歧管压力表的高、低压手动阀,继续抽真空15min,然后关闭高、低压手动阀,为后面进行向系统充注制冷剂作好准备。

(2)制冷系统的制冷剂充注。

①制冷剂有两种加注方法:液态加注法和气态加注法。液态加注制冷剂时,要保持空调压缩机不工作,制冷剂从高压管路注入,低压表侧管路关闭,制冷剂罐倒置,如图7-36所示;气态加注制冷剂时,要保持空调压缩机处于工作状态,制冷剂从低压管路注入,高压表侧管路关闭,制冷剂罐正置,如图7-37所示。下面以气态加注法为例,来说明制冷剂的加注方法。

②取下真空泵进气口端的软管。将软管接头旋紧在注入阀的管接头上,如图7-38所示。

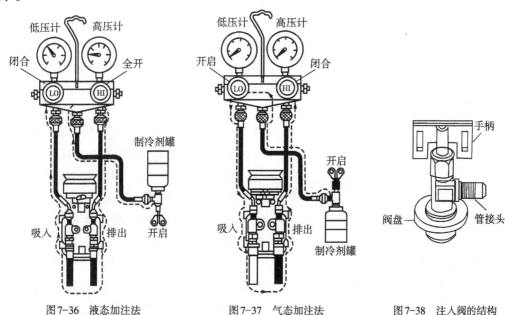

图7-36 液态加注法　　图7-37 气态加注法　　图7-38 注入阀的结构

③将注入阀的阀盘拧紧在制冷剂罐上,如图7-39所示。

④在对制冷系统检漏、再次抽真空后,关闭歧管压力表的高、低压手动阀,断开真空泵,将中间软管与制冷剂瓶连接好,如图7-37所示。

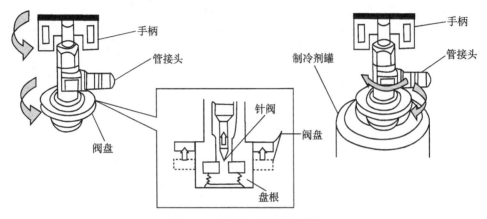

图7-39 连接注入阀和制冷剂罐

⑤打开制冷剂罐,拧松中间注入软管歧管压力表侧的螺母,听到制冷剂排放的声音后,立刻拧紧螺母。此过程的目的是将中间注入软管中的空气排出。

⑥打开歧管压力表的低压手动阀,制冷剂罐正立(正立时罐的上部为气态,下部为液态,防止液态制冷剂进入制冷系统的低压侧对空调压缩机的进、排气阀片造成"液击"),使制冷剂以气态的形式进入制冷系统的低压侧。当低压侧的压力不再增加时,关闭歧管压力表的低压侧手动阀。

⑦起动发动机,打开空调开关,将风机开关打到高速挡。

⑧再次打开歧管压力表的低压手动阀,让制冷剂继续进入制冷系统。达到规定后,关闭歧管压力表的低压手动阀和制冷剂罐。

在向制冷系统的加入制冷剂时,加入制冷剂过多或加入制冷剂不足,都将会使制冷效果变差。如何确定制冷剂的加注量符合规定是非常重要的。一般情况下有两种方法:一个是将发动机转速控制在2000r/min,风机转速开到高速挡,此时制冷系统低压侧的压力应为147~192kPa,高压侧的压力应为1373~1668kPa,不同车型,此值略有不同;另一个是如果制冷系统的干燥罐有观察窗,可在上述条件下通过干燥罐的观察窗观看制冷剂的流动情况,若流动的液态制冷剂中有气泡出现,说明制冷剂不足,需要继续加注制冷剂,直到气泡消失才说明制冷剂的加注量符合规定,如图7-40所示。

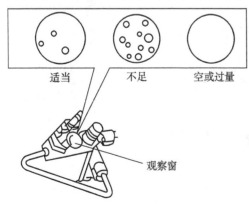

图7-40 观察制冷剂的加注量

⑨加注完毕后,应按照下述方法拆除歧管压力表。关闭歧管压力表的高、低压手动阀;关闭制冷剂罐上的注入阀;关闭发动机;断开歧管压力表与制冷系统的连接软管,用布块盖

在检修阀上,动作要快,防止制冷剂喷射到手上。

(3)空调管路泄漏检查。使用检漏仪,检测空调系统制冷管路是否存在泄漏现象,如图7-35所示。

(4)整理工位。拆除护裙,关闭发动机舱盖,清理工具和仪器,清洁地面卫生。

理论测试

一、填空题

1. 汽车空调主要由_____装置、_____装置、_____装置、加湿装置、空气净化装置和控制装置的部分组成。

2. 汽车空调制冷系统的工作原理分为_____、_____、_____和_____四个过程。

3. _____的作用是对压缩机排出的高温高压制冷剂蒸汽散热降温,使其凝结为液态高压制冷剂。

4. 按黏度的不同,国产冷冻润滑油牌号有13号、18号、25号和30号四种,牌号越大,其黏度也_____。

5. 前风窗玻璃一般采用_____的方法除雾,而后风窗玻璃通常采用_____的方法除雾。

二、选择题

1. 下列设备中不属于汽车空调制冷系统的是_____。
   (A)压缩机　　　　　　　(B)鼓风机
   (C)冷凝器　　　　　　　(D)蒸发器

2. 下列作用中不属于膨胀阀的作用的是_____。
   (A)节流作用　　　　　　(B)调节作用
   (C)控制作用　　　　　　(D)膨胀作用

3. 关于R134a制冷剂的特性,说法错误的是_____。
   (A)R134a制冷剂的分子式为CH_2FCF_3,是卤代烃类制冷剂中的一种
   (B)R134a制冷剂与R12制冷剂相比,其热力学性能(包括分子量、沸点、临界参数、饱和蒸气压和汽化潜热等)均与R12相近,因此可以互换使用
   (C)无色、无刺激性气味,一般情况下不具有毒性,对人体没有直接危害

（D）不燃烧、无爆炸危险，热稳定性好

4. 关于压缩机的结构和性能上的特殊要求的说法错误的是_____。

（A）制冷能力要强

（B）体积和质量要大，制冷效果好

（C）在高温和颠振的情况下能正常工作

（D）启动运转平稳、噪声低、工作可靠

三 判断题

1. 制冷剂是在液态→气态→液态等物理状态变化时进行热量的转移。（   ）
2. 空调压缩机是使低压液态制冷剂变成高压液态制冷剂。（   ）
3. 冷凝器通常装在仪表板的下方。（   ）
4. 暖风系统采用最多的是控制送往暖气散热器的冷却液流量。（   ）
5. 采用液态加注法补充制冷剂时，制冷剂从低压管路注入，高压表侧管路关闭，制冷剂罐正置。（   ）
6. 检查制冷剂的观察窗装在储液罐上。（   ）

四 简答题

1. 简述汽车空调系统的基本工作原理。

2. 简述 H 形膨胀阀的工作过程。

3. 简述空调系统制冷剂充注的基本过程。

单元8

辅助电气设备

● 知识目标:

    1. 了解刮水器与洗涤器的构造;
    2. 了解电动车窗的构造;
    3. 了解汽车音响系统的组成;
    4. 了解安全气囊系统的组成和原理。

● 能力目标:

    1. 能正确分析辅助电器的电路图;
    2. 掌握检查或更换刮水器电动机和刮水片的操作技能;
    3. 掌握音响系统的检修方法;
    4. 掌握电动车窗的检修方法;
    5. 掌握安全气囊的检修方法;
    6. 能熟练使用各种常见维修工具和检测仪器。

● 建议学时:

    12学时。

8.1 电动刮水器、洗涤器的构造与检修

8.1.1 电动刮水器、洗涤器的构造

一、刮水器的作用与分类

遇有下雨或下雪天气时,为保持良好的视线,前及后风窗玻璃上均装有刮水器,以扫除玻璃上的积水或积雪。

现代汽车均使用电动机驱动刮水器,这样可以保持一定速度摆动,不受发动机转速与负荷变动的影响,且可以随驾驶人需要,视雨势大小调整动作速度。电动刮水器更可以做每秒一次至30s一次间歇动作的无级变速调整。根据刮水片的连动方式,刮水器可分为:平行连动式:一般小型车采用最多,如图8-1a)所示;对向连动式:大型车采用,如图8-1b)所示;单臂式:部分小型车采用,如图8-1c)所示。目前使用的刮水器多数是平行连动式。

图8-1 刮水片连动方式

二、刮水器的结构及工作原理

如图8-2所示,刮水器由直流电动机、蜗轮箱、曲柄、连杆、摆杆、摇臂和刮水片等部分组成。

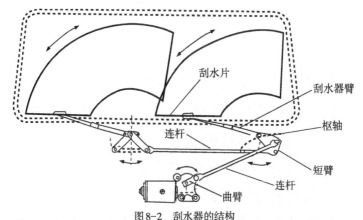

图8-2 刮水器的结构

利用电动机的动力,带动连杆机构,使刮水片产生作用。现代汽车刮水器直流电动机均使用永久磁铁的磁场以代替硅钢片绕有线圈的磁场。永久磁铁式刮水器电动机的构造,如图8-3所示。与线圈磁场电动机最大的不同点为刮水器架装在齿轮壳侧端,端板与外壳为一体,使用三个电刷做两段变速。

辅助电气设备

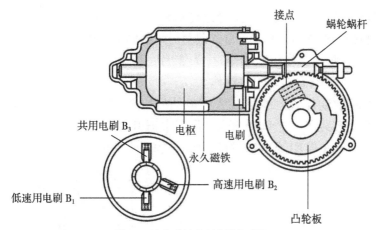

图8-3　永久磁铁式刮水器电动机

刮水器电动机转动时，使蜗轮上的曲臂旋转，经连杆使短臂以电枢中心做扇形运动，此短臂上安装右侧的刮水器臂，另一连杆与左侧的短臂连接，左右两侧的刮水器臂以电枢为中心做同方向左右平行的运动(图8-2)。

要将风窗玻璃上的积水清除得很干净，使视线良好，刮水器臂与刮水片(图8-4)必须经特殊设计才能发挥功能，平面玻璃与曲面玻璃所用的刮水器臂与刮水片的构造是不同的，使用错误会使积水刮除不干净，影响视线。刮水器臂与驱动轴的安装方法，如图8-5所示，一般均以螺栓固定。

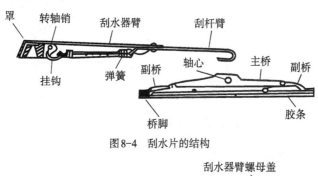

图8-4　刮水片的结构

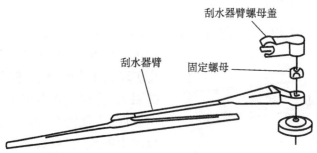

图8-5　刮水器臂与驱动轴安装法

三、低、高速附间歇动作式刮水器的功用与构造

在下小雨时或在潮湿路面上行驶，前车带起的水珠溅湿后车的风窗玻璃，偶尔需要

操作一下刮水器才能保持良好视线,避免给驾驶人带来麻烦。故现代汽车刮水器除低、高速外,通常附有间歇(INT)的位置,间歇摆动与间隔固定时间者较多,有的可以调整,最久可达30s左右。有些汽车在间歇动作时,为能彻底刮净风窗玻璃上的尘土,并且避免刮水片或玻璃刮伤,一般附有自动喷水动作。

低、高速附间歇动作式刮水器装置的电动机构造,与永久磁铁式刮水器电动机相同,只是在电路上多装了一个间歇开关,及刮水器开关上多了一段间歇(INT)位置。如图8-6所示为一般汽车使用低、高速附间歇动作的刮水器电路。

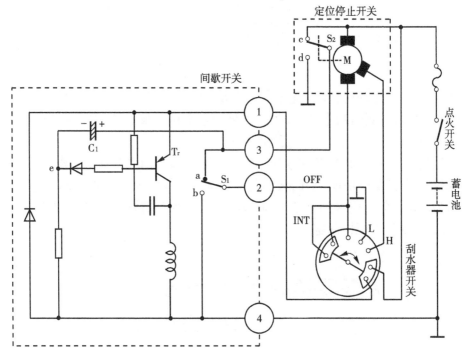

图8-6 低、高速附间歇动作刮水器电路

四、风窗玻璃洗涤器的功用与构造

汽车行驶时,风窗玻璃上常附着灰尘、砂粒等,若不冲洗就直接使用刮水器时,会使刮水片损伤,并易使风窗玻璃刮伤;同时风窗玻璃太干燥时,也会使刮水器片受到过大的阻力,易使刮水器电动机烧坏。故使用刮水器前,先使洗涤器向风窗玻璃喷水,洗净玻璃上的灰尘、砂粒等,并减少刮水器片的阻力。

目前,汽车使用的洗涤器均为电动式,其结构包括储液箱、水管及喷嘴等部分,电动机(永久磁铁式)及水泵(离心式)装在储

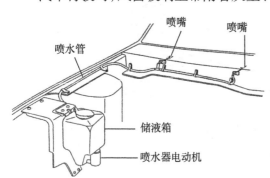

图8-7 风窗玻璃洗涤器系统

液箱上,如图8-7所示。如图8-8所示为离心式水泵的作用。如图8-9所示为喷嘴的种类。

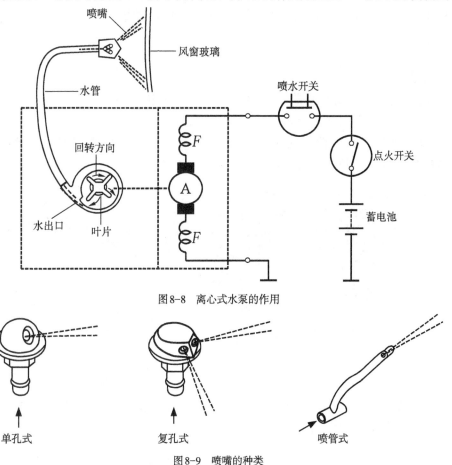

图8-8 离心式水泵的作用

图8-9 喷嘴的种类

8.1.2 检查或更换刮水器电动机和刮水片

一、技术要求与标准

(1)能在40min内独立完成作业项目。
(2)拆装刮水器电动机时,应断开蓄电池负极电缆。
(3)正确调整曲柄的安装位置,保持刮水片在零位时处于车窗玻璃上的标记处。
(4)在连杆与曲柄的连接球碗内涂抹适量 $MoSO_2$ 润滑脂。

二、实训器材

万用表、鲤鱼钳、维修工具、砂布、$MoSO_2$ 润滑脂、翼子板护裙、转向盘护套、脚垫和座位套。

三、作业准备

(1)汽车进入工位前,将工位清理干净,准备好相关的器材。

（2）拉紧驻车制动器操纵杆，并将变速杆置于空挡或驻车挡（P挡）位置。

（3）套上转向盘护套、变速杆手柄套和座位套，铺设脚垫。

四、操作步骤

（1）检查刮水器。

①喷射洗涤液，起动刮水器，如图8-10所示。检查喷射停止后是否有擦拭痕迹。如果有擦拭痕迹，就需要对刮水器橡胶刮片进行检查。

②刮水片端部发生弯曲无法复位时，原因是接近了寿命极限，很快就会产生裂纹或端部断裂。最好在发生故障之前进行更换，如图8-11所示。

图8-10　起动刮水器　　　　　　　图8-11　刮水片端部检查

③如果刮水器正常，可拉起刮水器臂检查是否有足够的弹性，如图8-12所示。

④定期用湿纱布擦拭，除去积尘，如图8-13所示。

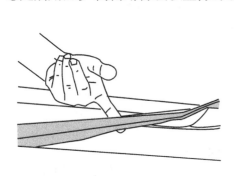 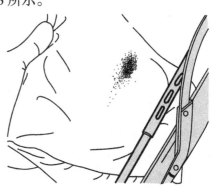

图8-12　刮水器弹性检查　　　　　　图8-13　除去积尘

（2）调整喷射角度。

洗涤液喷射方向可通过将喷嘴的喷孔沿上下、左右方向移动进行调整，如果有两个喷射孔时，可将一侧调整喷射于刮片动作范围（上下宽度）距下端1/3处，剩下的喷射孔对准2/3的位置。

调整喷射角度用掰开的曲别针最合适，要选择与喷射孔大小一致的尺寸，如图8-14所示。

操作方法很简单,将曲别针插入喷射口内进行调整即可,如图8-15所示。但是,喷射口移动几毫米时喷出的位置就会移动100mm左右,所以要耐心地边试边调整。

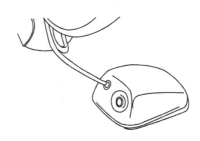

图8-14 准备曲别针　　　　　图8-15 调整喷射角度

(3)拆卸刮水片。

①拉起刮臂,使刮臂在弹簧力作用下与其接头自动保持垂直。在树脂卡扣的安装根部可看到设有锁止解除杆,如图8-16所示。

②用手压下位于刮水片主桥上的定位凸台,如图8-17所示。

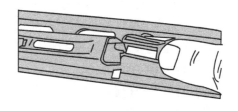

图8-16 拉起刮水器臂　　　　　图8-17 按下定位凸台

③保持刮水片定位凸台压下,用手下推刮水片,将刮水片从刮杆上脱出,如图8-18所示。

(4)检查刮水片。

如图8-19所示,检查刮水片的主桥、副桥是否存在扭曲变形现象。检查胶条是否存在老化、龟裂或折断现象。

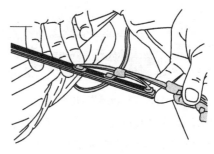

图8-18 拆下刮水片　　　　　图8-19 检查刮水片

(5)安装刮水片。

①将刮水片主桥上的连接块插入刮臂的弯钩内,如图8-20所示。

②上推刮水片,使刮水片连接块上的凸台落座于刮臂弯钩上的方孔内,如图8-21所示。

③将刮水器臂水平伸直,使刮水片胶条贴合在风窗玻璃上,如图8-22所示。

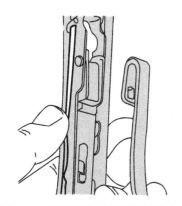
图8-20 连接块插入刮水器臂的弯钩内

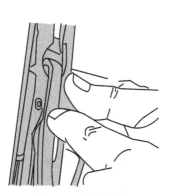
图8-21 上推刮水片

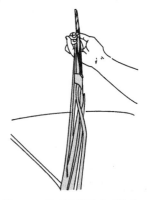
图8-22 将刮水器臂水平伸直

(6)刮水片安装后的性能测试。

起动刮水器向风窗玻璃喷射水,刮水片来回摆动3~4次后停止于风窗玻璃的下边沿。察看风窗玻璃表面的清洁情况。如果玻璃表面洁净、明亮,无水渍残痕,证明刮水片刮拭效果良好。否则,再次检查或更换刮水片,直到符合规定要求为止。

(7)在车内拉动发动机舱盖手柄,在车外打开并支承发动机舱盖,如图8-23所示。粘贴翼子板和前脸磁力护裙。

(8)刮水器电动机电路检查。

①拔下刮水器电动机的电插头。将点火开关旋置"ON"挡位,拨动刮水器开关,如图8-24所示。

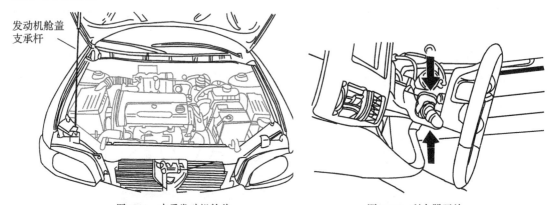
图8-23 支承发动机舱盖　　图8-24 刮水器开关

②将刮水器开关拨至2挡位,接通点火开关和刮水器电动机低速挡位间的电路。使用万用表,测量刮水器电动机电插头上的绿/黑导线电压,应约为蓄电池电压值。

③将刮水器开关拨至1挡位,接通点火开关和刮水器电动机高速挡位间的电路。使

用万用表,测量刮水器电动机电插头上的绿/黄导线电压,应约为蓄电池电压值。

④将刮水器开关拨至4挡位.接通点火开关和刮水器电动机间歇挡位间的电路。使用万用表,测量刮水器电动机电插头上的绿/黑导线电压,应为间歇通电状态。

⑤将刮水器开关拨至3挡位,接通点火开关和刮水器电动机复位开关间的电路。使用万用表,测量刮水器电动机电插头上的黑/灰色导线电压,应约为蓄电池电压;使用万用表,测量刮水器电动机电插座上的绿色和棕色导线间的电阻值,应为∞。

(9)拆卸蓄电池负极电缆。

拧松蓄电池负极电缆的固定螺栓,然后从接线柱上取下负极电缆,并使负极电缆可靠离开蓄电池接线柱,如图8-25所示。

(10)拆卸刮水器电动机。

使用鲤鱼钳,取下防护板固定卡,如图8-26所示。拆掉电动机的紧固螺栓,取下电动机。

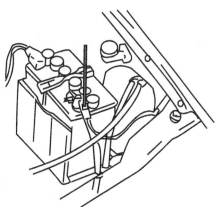

图8-25 拆卸蓄电池负极电缆

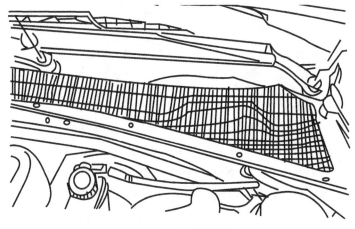

图8-26 拆卸刮水器电动机

(11)安装刮水器电动机。

稳固地安装好刮水器电动机,并在连杆球碗中加注适量润滑脂,将刮水器电动机的插头安插到插座上。装好防护板。

(12)安装蓄电池负极电缆。

用砂布清理负极电缆夹内孔和蓄电池负极柱,保持两者接触面清洁。将负极电缆夹套装到蓄电池负极柱上之后,拧紧蓄电池负极电缆夹的固定螺栓。

(13)刮水器电动机性能检验。

将点火开关旋置"ON"挡位。操作刮水器开关手柄,检查各个挡位的功能是否正常。

(14)整理工位。拆除护裙;关闭发动机舱盖;清理工具和仪器;清洁地面卫生。

8.2 电动车窗、电动后视镜、电动天窗与电动座椅

8.2.1 电动车窗的作用及组成

电动车窗,是指以电为动力使车窗玻璃自动升降。它是由驾驶人或乘员操纵开关接通车窗升降电动机的电路,电动机产生动力通过一系列的机械传动,使车窗玻璃按要求进行升降。其优点是操作简便,有利于行车安全。如图8-27所示,为常见的四门电动窗系统。主开关装于驾驶侧,有四个按键,可操作四个车门的电动窗;副开关装在乘客侧及后座,仅能操作一个车门的电动窗。

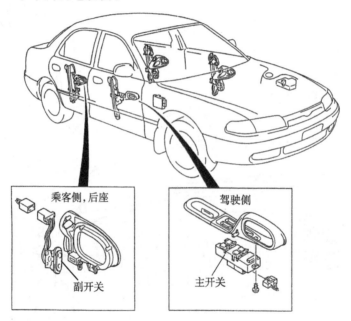

图8-27 四门电动窗系统

主开关或副开关拉起时,车窗升起,放开开关时,车窗停止移动,以避免车窗突然关闭;反之车窗下降时也然。但主开关驾驶侧车窗开关为两段式,如图8-28所示,第一段与其他开关作用相同,按下第二段时驾驶侧车窗会自动一次下降至最低位置。

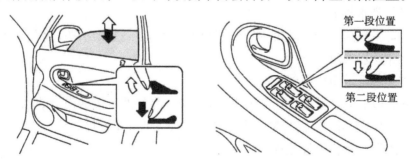

图8-28 主开关处驾驶侧的作用

电动车窗一般由车窗、车窗玻璃升降器、电动机、开关等装置组成。

一、电动机

现代汽车的电动车窗常使用可左右旋转的串联式电动机操作,如图8-29所示。磁场线圈有两个方向相反的线圈,也称左转用线圈及右转用线圈,当不同的磁场线圈通电时,电枢的转动方向各不相同,使电动窗向上或向下。

二、玻璃升降器

它安装在门内,实现门窗打开或关闭的装置。一般采用X形机构主动臂的摆动,使门窗作升降运动,如图8-30所示。旋转手动式调节器手柄或按下电动玻璃升降器开关,使门窗开始运动。"电动式"是通过电动机驱动减速齿轮运动,带动主动臂运动。"手动式"是利用钢索拖动玻璃托架沿导槽上下移动。在玻璃与车门之间的玻璃导槽内嵌入橡胶制的密封条,其作用是防止雨水等沿着玻璃导槽流进车内。进入的雨水通过车门下的小孔流出。

图8-29 左右都能旋转的串联电动机

8.2.2 电动后视镜

对于电动调节的后视镜,驾驶人只需操作开关便能将外面的后视镜调整到合适的位置,如图8-31所示。

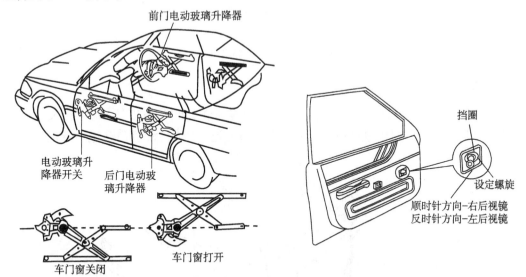

图8-30 玻璃升降器   图8-31 电动后视镜的开关

电动后视镜的结构,如图8-32所示,电动机可以使后视镜折叠成与汽车平行的方向。电动机等机械部分安装在车门内。调节角度用的电动机有两台,隐藏后视镜用的电动机有一台。

如图8-33所示,为带有超声波雨点清除装置的后视镜。在镜面内侧的压电振动子振动使雨点雾化,而加热板加热后除去镜面上的小雨点,保持后视镜表面光滑清晰。

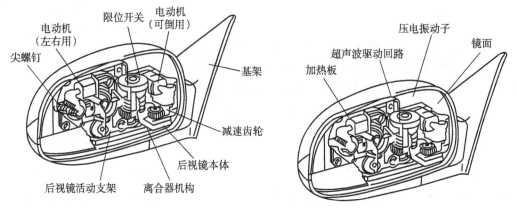

图 8-32　电动后视镜的结构　　　　图 8-33　带有超声波雨点清除装置的后视镜

为防止车门后视镜在后方车辆前照灯的照射下产生眩光，妨碍驾驶人对后方的观察，继而出现了内后视镜。其利用镀铬材料，感知周围亮度与后方灯光的亮度，通过内后视镜中 EC 元件的电化学反应，使后视镜表面着色，以控制后视镜的反射率，如图 8-34 所示。

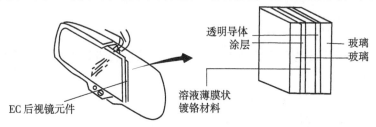

图 8-34　自动防炫目后视镜

8.2.3　电动天窗

有些轿车为了提高乘坐的舒适性，安装了电动天窗，如图 8-35 所示。天窗使用电动控制装置将其打开或关闭。如图 8-36 所示为天窗的连杆机构，铰接销穿过后导向体的槽

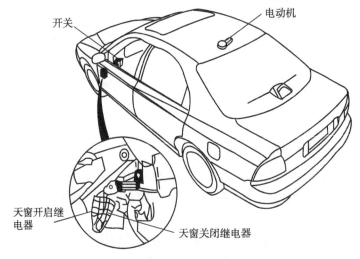

图 8-35　电动天窗元件的位置

中并固定在约束点上,后导向体以铰接销为支点前后运动,实现天窗的打开或关闭。天窗遮阳板采用玻璃材料制成,为实现轻量化也有采用树脂材料制成。

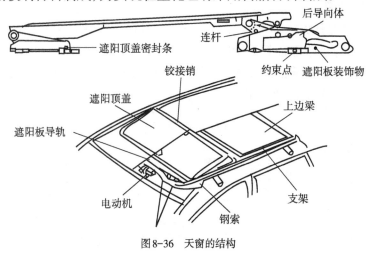

图8-36 天窗的结构

8.2.4 电动座椅

一、概述

现代汽车极为方便及舒适,驾驶座椅已采用电动调整,以适合不同身高及驾驶习性的驾驶人。电动座椅具有前后移动、前端升降、后端升降及前后端同时升降的功能,如图8-37所示。

二、电动座椅的构造

电动座椅的构造,如图8-38所示,由电动机、齿轮箱、滑动螺杆、连杆机构及调整开关等组成。电动机有三个,分别是前后移动电动机、前端升降电动机及后端升降电动机。每一个电动机都装有断电器,以防止线路过载。

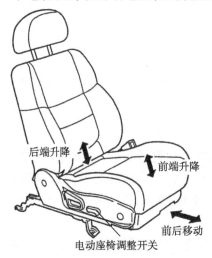

图8-37 电动座椅的功能

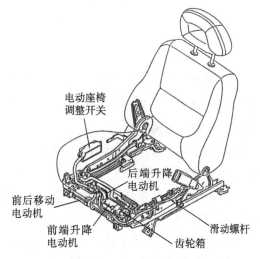

图8-38 电动座椅的构造

三、电动座椅的工作原理

❶ 座椅前后移动

当电动座椅调整开关往前推时,前后移动电动机开始运转,齿轮箱内的螺旋齿轮随之转动,使滑动螺杆也跟随旋转,因滑动螺母是固定在上端滑动器,因此电动机与滑动螺杆的转动,使固定在上端滑动器的座椅整个往前移动,其移动量有230mm,如图8-39所示的黑色箭头表示各机件的作用方向。

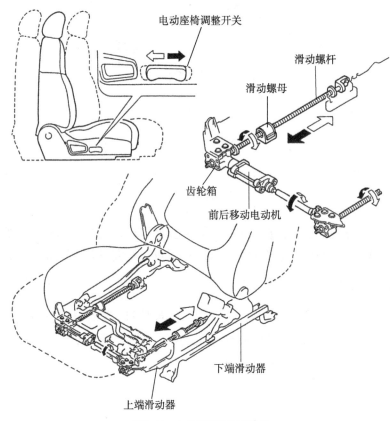

图8-39 电动座椅的前后移动

当电动座椅调整开关以后推时,电动机反转,使整个座椅以后移动,如图8-39所示的白色箭头表示各机件的作用方向。

❷ 座椅前端升降

当电动座椅调整开关前端向上拉时,前端升降电动机开始运转,齿轮箱内的螺旋齿轮随之转动,使移动螺杆(A)向后移动。装在移动螺杆(A)上的连杆沿着支点向前转动,使装在座椅骨架上的连杆及椅垫前端升高,其升高量为30mm,如图8-40所示的黑色箭头表示各机件的作用方向。

当电动座椅调整开关前端向下压时,前端升降电动机反转,使椅垫前端下降,如图8-40所示的白色箭头表示各机件的作用方向。

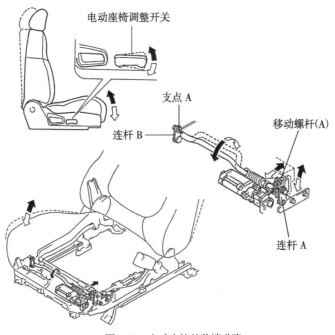

图 8-40 电动座椅的前端升降

❸ 座椅后端升降

当电动座椅调整开关后端向上拉时,后端升降电动机开始运转,齿轮箱内的螺旋齿轮随之转动,使移动螺杆(B)向前移动。装在移动螺杆(B)上的连杆向前移动,且装在座椅骨架上的连杆沿着支点向前转动,使连杆及座椅后端升高,其升高量为30mm,如图8-41所示的黑色箭头表示各机件的作用方向。

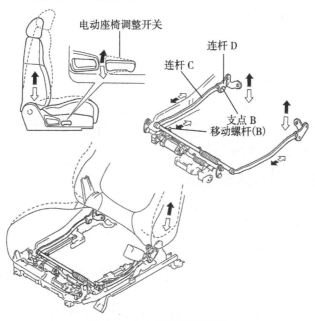

图 8-41 电动座椅的后端升降

当电动座椅调整开关后端向下压时,后端升降电动机反转,使座椅后端下降,如图8-41所示的白色箭头表示各机件的作用方向。

❹ 座椅前后端同时升降

当拉起整个电动座椅的调整开关时,前后端升降电动机同时作用,使整个座椅上升,如图8-42所示。当压下整个电动座椅的调整开关时,前后端升降电动机同时反转,使整个座椅下降。

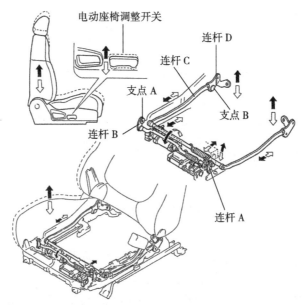

图8-42 电动座椅前后端同时升降

8.3 中央控制门锁

8.3.1 概述

中央控制门锁简称中控锁。为了提高汽车使用的便利性和行车的安全性,现代汽车越来越多地安装中控锁。当驾驶人锁住其身边的车门时,其他车门也同时锁住,驾驶人可通过门锁开关同时打开各个车门。当行车速度达到一定时,各个车门能自行锁上,防止乘员误操作车门把手而导致车门打开。

8.3.2 中央控制门锁的功用及组成

一、中央控制门锁的功用

中控门锁具有以下功能:

(1)单独控制功能。在车内个别车门需打开时,可分别拉开各自的锁扣,也可由驾驶人操纵门锁控制开关开启车门。

(2)后车门儿童安全锁止功能。将儿童安全锁闩拨到锁止位置时,在车内用内锁扣不能开门,而在车外用外锁扣可以开门,以防止车内儿童擅自打开车门。只有当中央门锁控制系统在开锁状态时,儿童安全锁闩才能退出。

(3)中央控制锁止功能。能同时锁止其他几个车门及行李舱门;当驾驶人车门锁扣拉起时,能同时打开其他几个车门及行李舱门;用钥匙开门,也可实现所有车门同时打开。

(4)钥匙占用预防功能。钥匙插入点火开关中未拔出,即使驾驶人侧的内部锁止开关在锁止位置时,关上车门后,所有车门也会自动锁止。防止钥匙遗忘在车内而车门被锁住。

(5)防盗功能。配合防盗系统,实现汽车防盗。

(6)速度控制功能。当车速达到一定时,能自动将所有的车门锁锁止。

二、中央门锁的组成

中央门锁控制系统一般都由门锁开关、门锁执行机构、门锁控制器及控制电路等组成,各部件在车上的安装位置如图8-43所示。

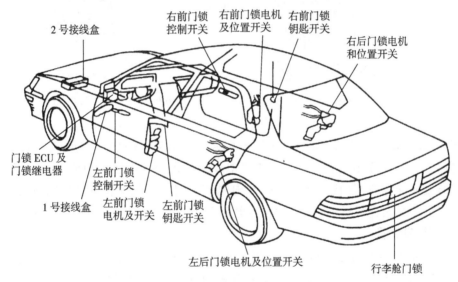

图8-43 中控门锁系统各部件在车上的安装位置

❶ 门锁控制开关

门锁控制开关一般安装在驾驶员侧前门的扶手上,如图8-44所示。通过门锁控制开关可以同时锁上或打开所有的车门,将开关推向前门是锁门,推向后门是开门。

❷ 钥匙控制开关

钥匙控制开关安装在左前门和右前门的外侧门锁上,当从外面用钥匙开门和锁门时,钥匙控制开关便发出开门或锁门的信号给门锁ECU。钥匙控制开关的安装位置如图8-45所示。

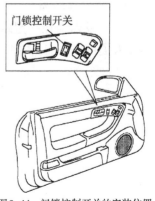

图8-44 门锁控制开关的安装位置

❸ 门锁位置开关

门锁位置开关位于门锁总成内，用来检测车门的锁紧状态，它由一个触点片和一个开关底座组成。当锁杆推向锁门位置时，位置开关断开，而推向开门位置时接通。当车门关闭时，此开关断开；当车门打开时，此开关接通，如图8-46所示为门锁位置开关在车门锁紧和打开时的状态。

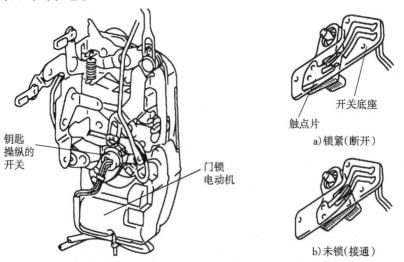

图8-45 钥匙控制开关的安装位置　　图8-46 门锁位置开关的工作情况

❹ 门锁执行机构

车门门锁驱动装置是指车门锁止（或开启）的动力装置，常见的有电动式和电磁式两种。

电动式车门门锁驱动装置由双向永磁电动机及齿轮和齿条等组成，电动机旋转带动齿条伸出或缩回完成车门锁止（或开启）。电磁式车门门锁驱动装置是分别对锁止车门线圈和开启车门线圈进行通电，即可锁止或开启车门。

❺ 门锁控制器

门锁控制器是为门锁执行机构提供上锁、开锁脉冲电流的控制装置。门锁控制器常用形式有继电器式、集成电路（IC）—继电器式和电脑（ECU）控制式。

❻ 遥控发射器

遥控发射器在一定距离内完成对汽车车门开闭装置的执行器进行遥控的装置，可为驾驶人提供一个打开车门的方便手段。图8-47为遥控发射器钥匙的外形图。

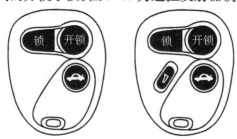

图8-47 遥控发射器的外形图

8.3.3 中央门锁的工作原理

一、钥匙控制工作过程

图8-48所示为电脑控制式中控门锁系统的控制电路。下面分析其工作过程和基本工作原理。

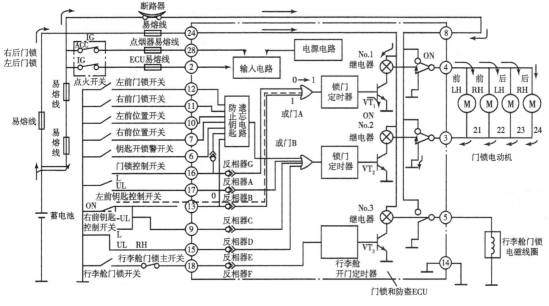

图8-48 电脑控制式中控门锁系统电路

❶ 锁门控制过程

当把钥匙插入驾驶人侧或副乘员侧门锁的锁芯内并向锁门方向转动时，钥匙控制开关将锁门侧(L)接通，防盗和门锁ECU的端子13与搭铁端接通，相当于开关向ECU输入锁门信号。此信号经过反相器C、或门A、锁门定时器，使晶体管VT1（起开关作用）导通，从而使继电器No.1通电，接通了门锁电动机电路，门锁电动机转动，将四个门锁全部锁上。

❷ 开锁控制过程

当将钥匙插入驾驶人侧或乘员侧门锁锁芯内并向开锁方向转动时，钥匙控制开关向开门(UNLOCK)侧接通，防盗和门锁ECU的9号端子与搭铁之间接通，即开关向ECU输入一个开锁请求信号。此信号经过反相器D、或门B、开锁定时器，使晶体管VT2导通。继电器No.2通电使其触点闭合，接通了门锁电动机电路，门锁电动机反向转动，将四个门锁全部打开。

二、遥控器控制过程

央门锁的工作原理是通过遥控门锁的发射器发出微弱电波，此电波由汽车天线接收后送至中控门锁系统中的ECU进行识别对比，若识别对比后的代码一致，ECU将把信号送至执行器来完成相应的动作。其工作过程如图8-49所示。

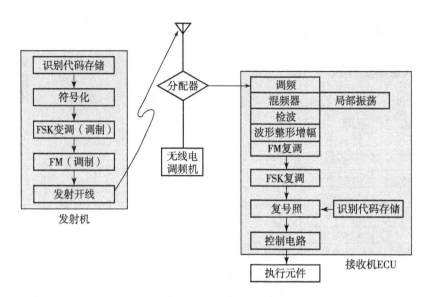

图 8-49　遥控门锁系统工作原理示意图

8.4　音响系统

8.4.1　概述

汽车音响虽然不能影响汽车本身的性能，但是随着人们对视听水平的要求逐渐提高，汽车制造商也日益重视汽车的音响设备，并将它作为评价轿车舒适性的依据之一。汽车音响主要由主机、扬声器和天线等部分组成。

8.4.2　汽车音响的主要部件

一、主机

主机为音响系统的核心部分，其控制面板，如图 8-50 所示。现代汽车采用多碟连放 CD 音响主机，可兼容 MP3、WMA 多种格式，同时还兼具数码收音机功能，减少了手动调频带来的信号不稳定和影响效果的杂音。

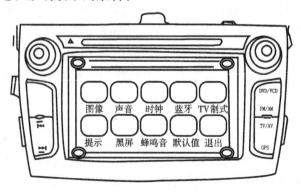

图 8-50　音响主机的控制面板

二、CD 碟盘

现代汽车用 CD 碟盘均为多片式，CD 匣中可放入 6 片、8 片或 10 片等 CD 碟片。因 CD 碟盘体积较大，故大部分汽车均将 CD 碟盘安装在行李舱中。有些汽车是将 CD 碟盘装在驾驶侧中央扶手内，便于 CD 碟片换装。单片型 CD 因体积小，可置于音响主机下方或主机内。

三、喇叭

喇叭也称为扩音器或扬声器，其安装位置，如图 8-51 所示。

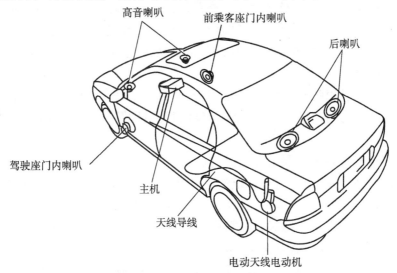

图 8-51　喇叭的安装位置

一般使用可动线圈型喇叭，其构造如图 8-52 所示。可以移动的线圈装在振动膜的中央，再放置于永久磁铁中。由低频放大电路所送来的信号，经变压器感应后，以电流的变化送到可动线圈，依左手定则可知，线圈因电流大小不同而发生不同程度的移动，因而带动振动膜振动而发出声音。

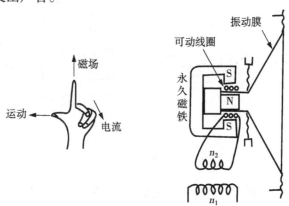

图 8-52　可动线圈型喇叭构造

四、天线

汽车用天线为无方向性,手动或电动天线均可伸缩。现代部分汽车为避免天线在高速行驶时弯曲,或被折断,并扩大接收范围,以提高接收品质,采用粘贴在后风窗玻璃上的隐藏式天线。

8.5 安全气囊系统

8.5.1 概述

安全气囊的全称为汽车安全辅助气囊系统(Supplement Restraint System, SRS),是现代轿车上的新技术装置。在汽车发生碰撞时,汽车安全气囊可以迅速在乘员和汽车内部结构之间打开一个充满气体的袋子,使乘员撞在气袋上,避免或减缓碰撞,从而到达保护乘员身体的目的。

由于乘员和气囊相碰撞时容易因振荡造成对乘员的伤害,所以在气囊背面会开有两个用于泄气的圆孔。这样,当乘员和气囊相碰撞时,借助圆孔的放气可减轻振荡,有助于保护乘员。

机械式安全气囊系统主要由传感器、气囊组件和气体发生器等组成,其工作原理是由传感器直接引爆点火。由于这种系统的可靠性差、容易误操作,所以已经很少使用。电子式安全气囊系统主要由传感器、气囊组件、气体发生器和电控单元等组成。

当前方或斜前方发生碰撞时,前部碰撞传感器输出信号给电控单元,当碰撞冲量超过预先设定值时,气体发生器点火,安全气囊便迅速膨胀。

其工作原理如图8-53所示。从碰撞→点火剂着火→产生气体→气囊充气→气囊泄气,整个过程时间仅0.1s即完成,为瞬间动作的高度安全装置。安全气囊的保护作用在系安全带时比不系安全带时的效果更好。

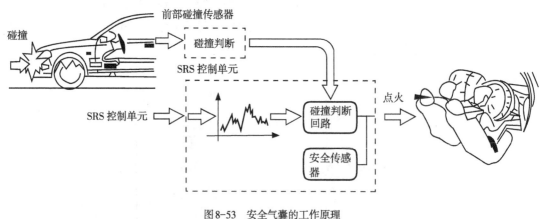

图8-53 安全气囊的工作原理

8.5.2 传感器分离式的电子控制式安全气囊系统

所谓传感器分离式,是指各碰撞传感器不与计算机及气囊装在一起。如图8-54所示，左侧及右侧碰撞传感器分别装在发动机室及乘客室间隔板下方的两侧。

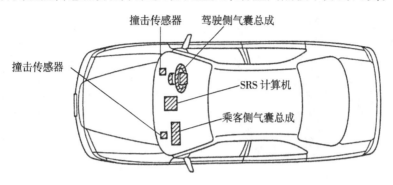

图8-54　碰撞传感器装在隔板下方

传感器分离式的电子控制式气囊系统的组成，如图8-55所示，由左侧及右侧碰撞传感器、SRS计算机、气体发生器、气囊、SRS警告灯及配线等组成。

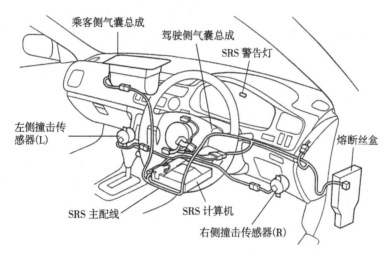

图8-55　传感器分离式的电子控制式气囊系统的组成

一、碰撞传感器

碰撞传感器又称撞击传感器，其外观及构造如图8-56与图8-57所示，为气体缓冲式，由膜片、螺旋弹簧及可动接点所组成，属于电子控制式传感器。金属外壳的传感器内封入惰性气体，各接点均经镀金处理，以确保导电性持久良好。平时可动接点被螺旋弹簧拉住，因此可动接点与固定接点是分开的，为"OFF"状态，如图8-57a)所示；当碰撞时，减速度产生的力量比螺旋弹簧弹力大，故可动接点与固定接点接触，为"ON"状态，如图8-57b)所示。

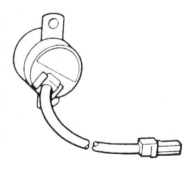

图8-56　碰撞传感器的外观

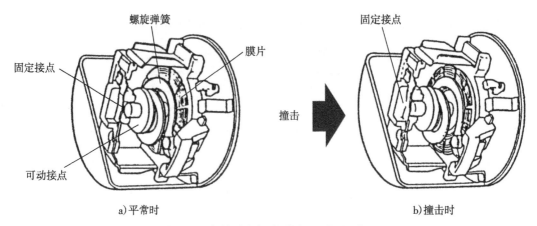

图 8-57 气体缓冲式碰撞传感器的构造及作用

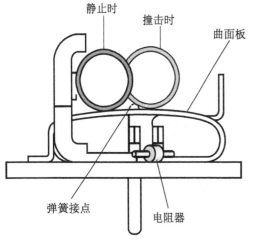

图 8-58 滚柱式碰撞传感器的构造

另一种滚柱式碰撞传感器,如图 8-58 所示,由滚柱、曲面板、弹簧接点及电阻器等组成,曲面板及弹簧接点各接出一条电线,也是属于电子机械式传感器。平时滚柱在静止位置,为"OFF"状态;当碰撞时,滚柱越过曲面板,使曲面板与弹簧接点成为"ON"状态,故电路接通。

二、SRS 计算机

SRS 计算机由主电路、辅助电路、升压电路及自我诊断电路等组成,且内藏滚柱斜接式的安全传感器,如图 8-59 所示。

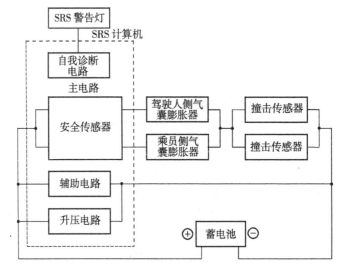

图 8-59 SRS 计算机的组成

主电路是由左右碰撞传感器、安全传感器及气体发生器所构成,当任何一侧或两侧的碰撞传感器与安全传感器同时为"ON"时,使气体发生器的电气点火装置点火。辅助电路是在发生碰撞,致使蓄电池接头脱落等时,用以确保电源,使气囊能产生作用,提高可靠性。而升压电路是在蓄电池电压下降时,用以稳定电源电压,以确保气囊产生作用的可靠性。

在整个气囊电路系统中,装设有自我诊断电路。当点火开关"ON",车辆在运转状态,若系统有异常时,仪表板上的SRS警告灯会点亮,以警告驾驶人。

三、气体发生器

气体发生器是包含在气囊总成内,由点火装置、点火剂、氮气产生剂及过滤器等组成,安装在金属容器内,如图8-60所示。

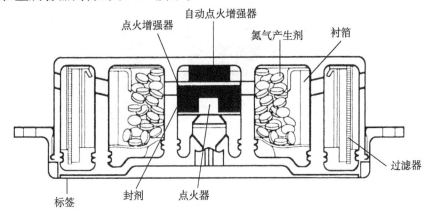

图8-60 气体发生器的构造

气体发生器的作用过程为SRS计算机将电流送至点火装置,使点火剂燃烧,产生的热量使氮气产生剂也燃烧,大量的氮气使气囊在瞬间发生充气气体。

四、气囊

气囊为尼龙布所制成,与气体发生器一起置放在气囊总成内,如图8-61所示。气囊通过大量的氮气而气体发生,在气囊后方有两个排气口,可在作用后排出氮气。

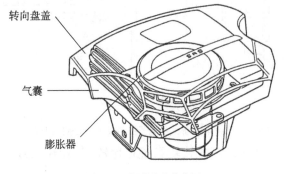

图8-61 气囊的安装位置

当有碰撞时，电流信号送达点火装置，约需0.025s（以50km/h碰撞墙壁的参考值）。气体发生器开始作用，至气囊气体发生，约需0.030 s。

8.5.3 传感器整体式的电子控制式气囊系统

所谓传感器整体式，是指各碰撞传感器与计算机、气囊等合装在一起，如图8-62所示。其碰撞传感器称为主传感器与安全传感器，与SRS计算机等合装在SRS机构内，如图8-63所示。主传感器与安全传感器均为电子机械式传感器。

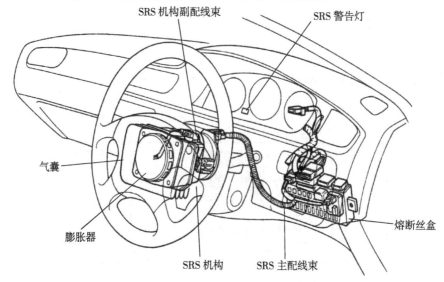

图8-62 传感器整体式的电子控制式气囊系统的组成（一）

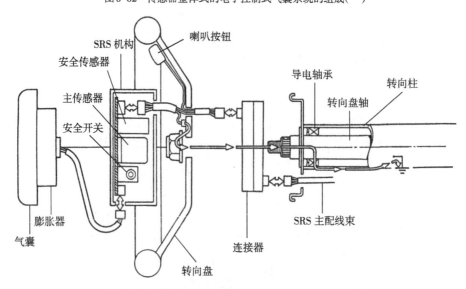

图8-63 传感器整体式的电子控制式气囊系统的组成（二）

与传感器分离式的电子控制式气囊系统相比较，其作用大致相同。以下仅说明不同部分。

SRS 机构内的主传感器、安全传感器及安全开关,如图 8-64 所示。主传感器与前述的气体缓冲式碰撞传感器的构造及作用完全相同。

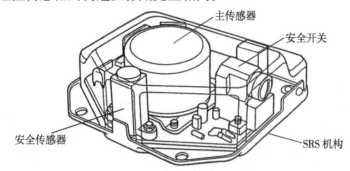

图 8-64 SRS 机构内部构造

安全传感器,如图 8-65 所示,为磁铁引导开关式,装在封入惰性气体的玻璃罐内,接点也是镀金。当发生碰撞时,磁铁受力产生滑动,使引导开关成为"ON"的状态。

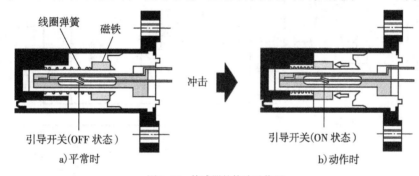

图 8-65 传感器的构造及作用

安全开关的作用是当气囊总成的固定螺栓拆下时,安全开关 1 "OFF" 状态,使 SRS 机构的主电路成为断路,以防止气囊误动。同时安全开关 2 使电容器的放电电路 "ON" 状态,以加速电容器的放电,如图 8-66 所示。

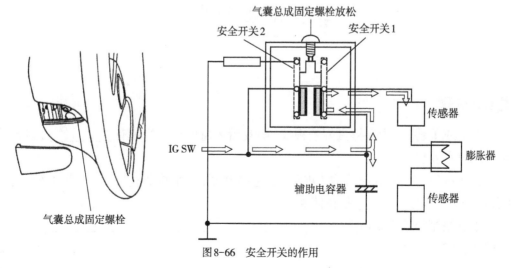

图 8-66 安全开关的作用

计算机的组成，电路的作用与前述均相同，但主电路中，必须主传感器与安全传感器均处"ON"位时，气囊才会作用。传感器整体式的电子控制式气囊系统的电路如图8-67所示。

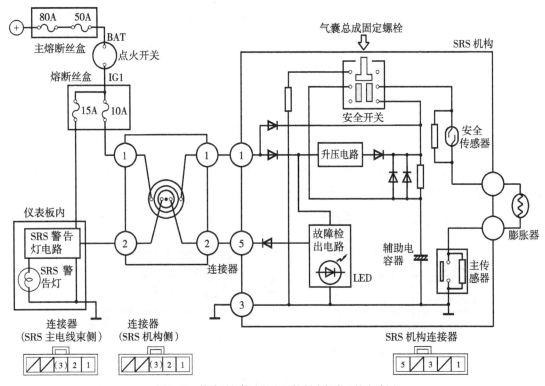

图8-67 传感器整体式的电子控制式气囊系统电路图

一、填空题

1. 下雨或下雪时，为保持良好的视线，前及后风窗玻璃上均装有_____，以扫除玻璃上的积水或积雪。

2. 目前汽车使用的洗涤器均为电动式，包括储液箱、水管及_____等部分，电动机（永久磁铁式）及_____装在储液箱上。

3. 中央控制门锁主要由_____、_____、_____、_____、_____和遥控器组成。

4. 汽车音响主要由_____、_____和_____等部分组成。
5. 传感器分离式的电子控制式气囊系统的组成,由左侧及右侧_____、_____、_____、_____、SRS警告灯及配线等所组成。

二 选择题

1. 目前使用的刮水器多数是_____。
   (A) 对向连动式　　　　　　(B) 平行连动式
   (C) 单臂式　　　　　　　　(D) 以上说法都不对
2. 现代汽车多采用_____的刮水器电动机。
   (A) 永久磁铁式　　　　　　(B) 双速复联式
   (C) 单速复联式　　　　　　(D) 线圈串联式
3. 一般前风窗玻璃刮水片动作的动力传递顺序为_____。
   (A) 电动机→刮水器
   (B) 电动机→刮水器臂→刮水片
   (C) 电动机→连杆→刮水器臂→刮水片
   (D) 电动机→刮水器臂
4. 刮水器开关上"间歇"位置标注的是_____。
   (A) Hi　　　　　　　　　　(B) WS
   (C) Low　　　　　　　　　 (D) INT
5. 现代汽车最常用的刮水片摆动速度是_____。
   (A) 单速式　　　　　　　　(B) 变速式
   (C) 间歇及变速式　　　　　(D) 无级变速式
6. 在讨论气囊胀开回路时,甲说如果起爆传感器触点闭合,该传感器就接通充气器到地线的电路;乙说如果两个判别传感器的触点闭合,气囊就胀开。试问谁正确?
   (A) 甲正确　　　　　　　　(B) 乙正确
   (C) 两人均正确　　　　　　(D) 两人均不正确

三 判断题

1. 刮水器的间歇作用是在电路上多装了一个间歇继电器。　　　　　　　(　)
2. 四门电动窗系统中,主开关装于驾驶人侧,有四个按键,可操作四个车门的电动窗;副开关装在乘员侧及后座,仅能操作一个车门的电动窗。　　　　　　(　)
3. 电动车窗的电动机可以做不同方向的转动。　　　　　　　　　　　　(　)
4. 电动座椅有三个电动机,分别控制座椅的前后移动和上下升降。　　　(　)
5. 安全气囊的保护作用在不系安全带时比系安全带时的效果更好。　　　(　)
6. 碰撞传感器其实就是安全传感器。　　　　　　　　　　　　　　　　(　)

四 简答题

1. 简述刮水器的工作过程。

2. 为什么要设置风窗玻璃清洗器?

3. 简述电动车窗的工作过程。

4. 简述电动座椅的工作工程。

5. 简述中央控制门锁的工作过程。

6. 简述安全气囊系统的工作过程。

参 考 文 献

[1] 孙海波,倪晋尚.汽车电气设备[M].北京:北京大学出版社,2017.
[2] 杨保成.汽车电器与电子控制技术[M].北京:清华大学出版社,2016.
[3] 张军.汽车舒适系统检修[M].北京:人民邮电出版社,2015.
[4] 邢海波.汽车电气构造与维修[M].北京:机械工业出版社,2015.
[5] 李培军.汽车电控技术[M].北京:人民邮电出版社,2015.
[6] 祁栋玉.汽车发动机电脑控制系统故障与维修[M].北京:机械工业出版社,2015.
[7] 李良洪.汽车车身电气系统[M].北京:北京理工大学出版社,2013.
[8] 李云杰,黄龙进.汽车电气设备构造与维修[M].北京:人民交通出版社,2012.
[9] 陈凡主,尹向阳.汽车电子与电器系统诊断与维修[M].北京:人民交通出版社,2012.

人民交通出版社汽车类中职教材部分书目

书 号	书 名	作 者	定 价	出版时间	课 件
一、全国交通运输职业教育教学指导委员会规划教材　教育部中等职业教育汽车专业技能课教材					
978-7-114-12216-3	汽车文化	李青、刘新江	38.00	2017.03	有
978-7-114-12517-1	汽车定期维护	陆松波	39.00	2017.03	有
978-7-114-12170-8	汽车机械基础	何向东	37.00	2017.03	有
978-7-114-12648-2	汽车电工电子基础	陈文均	36.00	2017.03	有
978-7-114-12241-5	汽车发动机机械维修	杨建良	25.00	2017.03	有
978-7-114-12383-2	汽车传动系统维修	曾丹	22.00	2017.03	有
978-7-114-12369-6	汽车悬架、转向与制动系统维修	郭碧宝	31.00	2017.03	有
978-7-114-12371-9	汽车发动机电器与控制系统检修	姚秀驰	33.00	2017.03	有
978-7-114-12314-6	汽车车身电气设备检修	占百春	22.00	2017.03	有
978-7-114-12467-9	汽车发动机及底盘常见故障的诊断与排除	杨永先	25.00	2017.03	有
978-7-114-12428-0	汽车自动变速器维修	王健	23.00	2017.03	有
978-7-114-12225-5	汽车网络控制系统检修	毛叔平	29.00	2017.03	有
978-7-114-12193-7	新能源汽车结构与检修	陈社会	38.00	2017.03	有
978-7-114-12209-5	汽车检测与诊断技术	蒋红梅、吴国强	26.00	2017.03	有
978-7-114-12565-2	汽车检测设备的使用与维护	刘宣传、梁钢	27.00	2017.03	有
978-7-114-12374-0	汽车维修接待实务	王彦峰	30.00	2017.06	有
978-7-114-12392-4	汽车保险与理赔	荆叶平	32.00	2017.06	有
978-7-114-12177-7	汽车维修基础	杨承明	26.00	2017.03	有
978-7-114-12538-6	汽车商务礼仪	赵颖	32.00	2017.06	有
978-7-114-12442-6	汽车销售流程	李雪婷	30.00	2017.06	有
978-7-114-12488-4	汽车配件基础知识	杨二杰	20.00	2017.03	有
978-7-114-12546-1	汽车配件管理	吕琪	33.00	2017.03	有
978-7-114-12539-3	客户关系管理	喻媛	30.00	2017.06	有
978-7-114-12446-4	汽车电子商务	李晶	30.00	2017.06	有
978-7-114-13054-0	汽车使用与维护	李春生	28.00	2017.04	有
978-7-114-12382-5	机械识图	林治平	24.00	2017.03	有
978-7-114-12804-2	汽车车身电气系统拆装	张炜	35.00	2017.03	有
978-7-114-12190-6	汽车材料	陈虹	29.00	2017.03	有
978-7-114-12466-2	汽车钣金工艺	林育彬	37.00	2017.03	有
978-7-114-12286-6	汽车车身与附属设备	胡建富、马涛	22.00	2017.03	有
978-7-114-12315-3	汽车美容	赵俊山	20.00	2017.03	有
978-7-114-12144-9	汽车构造	齐忠志	39.00	2017.03	有
978-7-114-12262-0	汽车涂装基础	易建红	30.00	2017.04	有
978-7-114-13290-2	汽车美容与装潢经营	邵伟军	28.00	2017.04	有
二、中等职业教育国家规划教材					
978-7-114-12992-6	机械基础（少学时）（第二版）	刘新江、袁亮	34.00	2016.06	有
978-7-114-12872-1	汽车电控发动机构造与维修（第三版）	王囤	32.00	2016.06	有
978-7-114-12902-5	汽车发动机构造与维修（第三版）	张嫣、苏畅	35.00	2016.05	有
978-7-114-12812-7	汽车底盘构造与维修（第三版）	王家青、孟华霞、陆志琴	39.00	2016.04	有
978-7-114-12903-2	汽车电气设备构造与维修（第三版）	周建平	43.00	2016.05	有
978-7-114-12820-2	汽车自动变速器构造与维修（第三版）	周志伟、韩彦明、顾雯斌	29.00	2016.04	有
978-7-114-12845-5	汽车使用性能与检测（第三版）	杨益明、郭彬	25.00	2016.04	有
978-7-114-12684-0	汽车材料（第三版）	周燕	31.00	2016.01	有
三、教育部职业教育与成人教育司推荐教材（技能型紧缺人才培养培训教材）					
978-7-114-11700-8	汽车文化（第二版）	屠卫星	35.00	2016.05	有
978-7-114-12394-8	汽车认识实训（第二版）	宋簏明	12.00	2015.10	有
978-7-114-11544-8	汽车机械基础（第二版）	凤勇	39.00	2016.05	有
978-7-114-12395-5	钳工实训（第二版）	石德勇	15.00	2016.05	有

书 号	书 名	作 者	定价	出版时间	课件
978-7-114-13199-8	汽车电工与电子基础（第二版）	任成尧	25.00	2016.09	有
978-7-114-08546-8	汽车电工电子基础（新编版）	张成利、张智	29.00	2016.04	有
978-7-114-08594-9	汽车发动机构造与维修（新编版）	王会、刘朝红	33.00	2016.05	有
978-7-114-09157-5	汽车发动机构造与维修习题集	邵伟军、李玉明	18.00	2016.05	
978-7-114-08560-4	汽车底盘构造与维修（新编版）	丛树林、张彬	27.00	2016.06	有
978-7-114-09160-5	汽车底盘构造与维修习题集	陈敬渊、刘常俊	25.00	2015.07	
978-7-114-08606-9	汽车电气设备构造与维修（新编版）	高元伟、吕学前	25.00	2016.06	有
978-7-114-09156-8	汽车电气设备构造与维修习题集	杜春盛、席梦轩	18.00	2015.07	
978-7-114-12242-2	汽车典型电路分析与检测	宋波舰	45.00	2015.08	有
978-7-114-11808-1	汽车典型电控系统构造与维修（第二版）	解福泉	38.00	2015.02	
978-7-114-12450-1	汽车车身电气及附属电气设备检修（第二版）	韩飒	36.00	2015.10	有
978-7-114-08603-8	汽车故障诊断技术（新编版）	戈国鹏、赵龙	22.00	2016.01	有
978-7-114-11750-3	汽车安全驾驶技术（第二版）	范立	39.00	2016.05	
978-7-114-08749-3	汽车实用英语（新编版）	赵金明、林振江	18.00	2015.02	有
978-7-114-12871-4	汽车车身修复技术（第二版）	黄平	26.00	2015.06	
	四、职业院校汽车运用与维修专业实训教材				
978-7-114-08057-9	▲汽车发动机常见维修项目实训教材	中国汽车维修行业协会	29.00	2016.06	有
978-7-114-08030-2	▲汽车底盘常见维修项目实训教材	中国汽车维修行业协会	39.00	2015.12	有
978-7-114-08058-6	▲汽车电器常见维修项目实训教材（黑白版）	中国汽车维修行业协会	18.00	2016.06	有
978-7-114-08224-5	汽车维修常用工量具使用（黑白版）	中国汽车维修行业协会	16.00	2016.06	
978-7-114-08464-5	汽车维修常用工量具使用（彩色版）	中国汽车维修行业协会	30.00	2016.07	有
978-7-114-09023-3	▲汽车钣金常见维修项目实训教材	中国汽车维修行业协会	38.00	2016.05	
978-7-114-13422-7	▲汽车喷漆常见维修项目实训教材（第二版）	中国汽车维修行业协会	40.00	2016.12	
	五、国家示范性中等职业学校重点建设专业教材				
978-7-114-13953-6	▲汽车发动机维修实训教材（第二版）	朱军、汪胜国、黄元杰	34.00	2017.07	
978-7-114-14020-4	▲汽车发动机电控系统故障诊断实训教材（第二版）	汪胜国、李东江、陈建惠	33.00	2017.07	
978-7-114-13597-2	▲汽车维护实训教材（第二版）	朱军、汪胜国、王瑞君	34.00	2017.04	有
978-7-114-13508-8	汽车维修基础技能实训教材（第二版）	朱军、汪胜国、陆志琴	32.00	2016.12	有
978-7-114-13854-6	▲汽车底盘和车身电器检测实训教材（第二版）	汪胜国、李东江	19.00	2017.06	
978-7-114-11101-3	汽车电器维修理实一体化教材	王成波、忻状存	32.00	2016.06	
978-7-114-11417-5	汽车底盘维修理实一体化教材	郑军强	43.00	2014.08	
978-7-114-11510-3	汽车自动变速维修理实一体化教材	杨婷	22.00	2014.09	
978-7-114-11420-5	汽车空调系统维修理实一体化教材	方作棋	20.00	2016.05	
978-7-114-11421-2	汽车发动机性能检测理实一体化教材	颜世凯	30.00	2014.09	
978-7-114-12530-0	汽车钣金理实一体化教材	林育彬	30.00	2015.11	有
978-7-114-12525-6	汽车喷漆理实一体化教材	葛建峰、叶诚昕	30.00	2015.11	有
	六、中等职业学校汽车运用与维修专业新课程教学用书				
978-7-114-10793-1	▲汽车发动机构造与拆装工作页（第二版）	武华、武剑飞	32.00	2016.06	
978-7-114-10771-9	▲汽车底盘构造与拆装工作页（第二版）	武华、何才	26.00	2016.06	
978-7-114-10719-1	汽车自动变速器维修工作页（第二版）	巫兴宏、齐忠志	21.00	2016.06	
978-7-114-10768-9	汽车发动机电器维修工作页（第二版）	林文工、李琦	24.00	2016.07	
978-7-114-10837-2	汽车发动机控制系统检测与维修工作页（第二版）	陈高路、蔡北勤	40.00	2015.08	
978-7-114-10776-4	汽车传动系统维修工作页（第二版）	邱志华、张发	24.00	2016.06	
978-7-114-10777-1	汽车制动系统维修工作页（第二版）	庞柳军、曾晖泽	24.00	2016.05	
978-7-114-10739-9	汽车空调系统维修工作页（第二版）	林志伟	28.00	2015.11	
978-7-114-10794-8	汽车悬架与转向系统维修工作页（第二版）	刘付金文、徐正国	24.00	2016.05	
978-7-114-10700-9	汽车车身电器维修工作页（第二版）	蔡北勤	24.00	2016.07	
978-7-114-10699-6	汽车发动机机械维修工作页（第二版）	刘建平、段群	25.00	2016.06	

▲为中等职业教育改革创新示范教材

咨询电话：010-85285962；010-85285977. 咨询QQ：616507284；99735898